201 GERMAN VERBS
FULLY CONJUGATED
IN ALL THE TENSES
Alphabetically arranged

Henry Strutz

Instructor in German
Skidmore College
Saratoga Springs, New York

BARRON'S EDUCATIONAL SERIES,
Woodbury, N. Y.

CONTENTS

FOREWORD

The verb is a very important part of speech; it denotes action or state of being. The noted American historian and poet, Carl Sandburg, once declared that the Civil War was fought over a verb, namely whether it was correct to say "The United States *is*" or "The United States *are*."

For each of the 201 verbs listed in this book, the student will find the principal parts of each verb at the top of the page. The principal parts consist of:

1. the Infinitive
2. the third person singular of the Past Tense
3. the Past Participle (preceded by 'ist' for 'sein' verbs)
4. the third person singular of the Present Tense

EXAMPLE: ENGLISH: *to speak, spoke, spoken, speaks*
GERMAN: *sprechen, sprach, gesprochen, spricht*

These are the basic forms of the verb and should be memorized, especially in the case of the irregular or strong verbs, i.e., verbs which change the stem vowel of the Infinitive to form the Past Tense and whose Past Participle ends in 'en'. More than one-half the verbs in this book are strong or irregular verbs.

Weak or regular verbs do not change the stem vowel of the Infinitive to form the Past Tense but merely add the ending 'te' (plus personal endings in the second person singular and the three persons of the plural). Past Participles of weak verbs end in 't'.

EXAMPLE: ENGLISH: *to play, played, played, plays*
GERMAN: *spielen, spielte, gespielt, spielt*

Both English and German have strong and weak verbs.

With the exception of a small group of verbs called irregular weak verbs (in some texts called mixed verbs or 'hybrids'—see index), verbs in German are either weak or strong. The strong or irregular verbs are not as difficult to learn as it might seem, if it is remembered that most of them can be classified into seven major groups. For example, the verbs *bleiben, leihen, meiden, preisen, reiben, scheiden, scheinen, schreien, schweigen, steigen, treiben, verzeihen, weisen,* etc., all follow the same pattern as *schreiben* in their principal parts:

schreiben, schrieb, geschrieben, schreibt

There are six other major groupings (the "Ablautsreihen") of the strong verbs with which the student should familiarize himself from his textbook and classroom drill. He will then agree that the English author, H. H. Munro (Saki), exaggerated the difficulty of German verbs when, in his story "Tobermory," he told of a professor who had to flee England after a cat, which he had trained to talk, compromised the weekend guests at an English manor house by revealing their secrets which it (the cat) had overheard. A few weeks thereafter, the newspapers reported that the professor had been found dead in the Dresden Zoo in Germany. Upon hearing this news, one of the guests, who had been embarrassed by the activities of the professor and his remarkable cat, commented that it served the professor right if he was trying to teach the poor animals those horrible German irregular verbs.

Below the principal parts, the student will find the Imperative or Command Form. Since there are three ways of saying *you* in German (*du, ihr* and *Sie*) there are thus three ways of giving commands to people. The first form of the Imperative is the *du* or familiar singular form which ends in *e* in most cases, although this *e* is frequently dropped in colloquial speech. The second form is the *ihr* or Familiar Plural Imperative. It is exactly the same as the *ihr* form (second person plural) of the Present Tense. The polite or *Sie* Imperative (called in some texts the Conventional or Formal Imperative) is simply the infinitive plus *Sie*, except for the imper. of *sein*, which is *seien Sie!*

The fully conjugated forms of the six tenses of the Indicative will be found on the left hand side of each page. These six tenses state a fact, or, in their interrogative (question) form, ask a question about a fact. The student is referred to his grammar for more detailed information concerning the use of these tenses: the idiomatic use of the Present for the Future; the use of the Present Perfect in colloquial speech and in non-connected narratives where English uses the past; the Future and Future Perfect used idiomatically to express probability, the very important matter of '*sein*' and intransitive verbs, etc.

The rest of each page is devoted to the tenses of the Subjunctive mood, which is used to denote unreality, possibility, doubt in the mind of the speaker, etc. For information concerning the use of the

Subjunctive (indirect discourse; the use of the Past Subjunctive or Present Subjunctive II for the Conditional etc.), the student is again referred to his grammar.

There are four "Times" in the Subjunctive: Present, Past, Future, and Future Perfect time. Each of these "Times" has a primary and a secondary form (indicated by I and II in many grammars). This more recent classification of the forms of the Subjunctive corresponds better to its actual use. However since some grammars still use the traditional names for the tenses of the Subjunctive (which parallel the names for the tenses of the Indicative), they have been given in parentheses. The form *ginge* for example, may be called the Imperfect or Past Subjunctive of *gehen* in some books. In most grammars published today, however, it will be called the Present Subjunctive Secondary (II). The student will find *ginge* listed in this book under Subjunctive, Present Time, Secondary. The alternate designation Imperfect Subjunctive is also given in parentheses.

The Present Participle of the verb (i.e. *dancing* dolls, *flying* saucers, *singing* dogs) has been omitted, since in almost all cases it merely adds a *d* to the infinitive. The student should remember that the Present Participle is used only adjectivally (as in the above examples) or adverbially. Verbal nouns are expressed in German by the infinitive: *das Tanzen*—dancing; *das Fliegen*—flying; *das Singen*—singing.

German verbs can often be combined with prefixes. The matter of prefixes is of great importance. The index therefore devotes considerable attention to them, although, of necessity, it is by no means complete in its listings of verbs which can be combined with prefixes. There are three groups of prefixes: the separable, inseparable and doubtful prefixes.

In the case of separable prefix verbs (see *sich an-ziehen*), the prefix is placed at the end of the clause in the Present and Past Tenses (except in subordinate clauses). The Past Participle is written as one word, with the prefix in front of the Past Participle of the verb itself (*angezogen*).

In the case of verbs beginning with an inseparable prefix (*be, ent, emp, er, ge, ver, zer* etc.), the Past Participle does not begin with *ge*.

The third group, the doubtful prefixes, is infrequently encountered, except for a few verbs like *übersetzen* and *wiederholen*. See *wiederholen* (to repeat) and *wieder-holen* (bring again). These prefixes are: *durch, hinter, um, unter, über*, and *wieder*. They are called "doubtful" because when used literally (pronounced with the stress on the prefix) the prefix separates as with separable prefix verbs; when used figuratively, they are conjugated like inseparable prefix verbs.

Word order is an extremely important topic in German. The basic rule is that the verb is always the second unit of a simple declarative sentence. The student is again referred to his grammar for rules on Normal (subject-verb), Inverted (verb-subject) and Transposed (in subordinate clauses) Word Order. Infinitives dependent on modal-auxiliaries and when used in the Future Tense are placed at the end of the clause. For these and many other points concerning the use of German verbs, the pertinent chapters in the student's grammar must be consulted.

Since the format of this book calls for the completely conjugated forms of German verbs, many verb forms have thus—of necessity —been conjugated which would not be encountered in ordinary speech, especially formal imperatives, such as: bersten Sie! (page 11), erlöschen Sie! (page 32), gären Sie! (page 47), quellen Sie! (page 105), spriessen Sie! (page 159), etc. Among the many other colorful examples is: ich werde gequollen sein!

It is hoped that this book will prove a useful adjunct to the regular classroom text and thereby facilitate the study of German. The chief reference works consulted in the preparation of this book were *Duden*, and the *Minimum Standard German Vocabulary* of the American Association of Teachers of German.

New Brunswick, N. J.
March, 1964   *Henry Strutz*

VERB FORMS

German	English
Infinitiv (Nennform)	Infinitive
Imperativ (Befehlsform)	Imperative or Command
Präsens (Gegenwart)	Present Indicative
Imperfekt (Vergangenheit)	Past or Imperfect Indicative
Perfekt (vollendete Gegenwart)	Present Perfect Indicative
Plusquamperfekt (vollendete Vergangenheit)	Pluperfect or Past Perfect Indicative
Futur, I *(Zukunft)*	Future Indicative
Futur, II *(vollendete Zukunft)*	Future Perfect Indicative
Konjunktiv (Möglichkeitsform) Präsens	Present Subjunctive, primary (Pres. Subj.)
Konjunktiv Imperfekt	Present Subjunctive, secondary (Past Subjunctive)
Konjunktiv Perfekt	Past Subjunctive, primary (Perfect Subjunctive)
Konjunktiv Plusquamperfekt	Past Subjunctive, secondary (Pluperf. Subj.)
Konjunktiv Futur I	Future Subjunctive, primary (Future Subjunctive)
Konjunktiv Futur, II	Future Perfect Subj., primary (Fut. Perf. Subj.)
Konditional (Bedingungsform)	Future Subjunctive, secondary (Pres. Conditional)
Konditional Perfekt	Future Perfect Subjunctive, secondary (Past Conditional)

SAMPLE ENGLISH VERB CONJUGATION

speak

PRINC. PARTS: to speak, spoke, spoken, speaks
IMPERATIVE: speak

	INDICATIVE	SUBJUNCTIVE	
		PRIMARY	SECONDARY
		Present Time	
	Present	*(Pres. Subj.)*	*(Imperf. Subj.)*
I	speak (am speaking, do speak)	speak (may speak)	spoke (might or would speak)
you	speak	speak	spoke
he (she, it)	speaks	speak	spoke
we	speak	speak	spoke
you	speak	speak	spoke
they	speak	speak	spoke

	Imperfect
I	spoke (was speaking, did speak)
you	spoke
he (she, it)	spoke
we	spoke
you	spoke
they	spoke

		Past Time	
	Perfect	*(Perf. Subj.)*	*(Pluperf. Subj.)*
I	have spoken (spoke)	have spoken (may have spoken)	had spoken (might or would have spoken)
you	have spoken	have spoken	had spoken
he (she, it)	has spoken	have spoken	had spoken
we	have spoken	have spoken	had spoken
you	have spoken	have spoken	had spoken
they	have spoken	have spoken	had spoken
		have spoken	had spoken

	Pluperfect
I	had spoken
you	had spoken
he (she, it)	had spoken
we	had spoken
you	had spoken
they	had spoken

		Future Time	
	Future	*(Fut. Subj.)*	*(Pres. Conditional)*
I	shall speak	shall speak (may speak)	should speak
you	will speak	will speak	would speak
he (she, it)	will speak	will speak	would speak
we	shall speak	shall speak	should speak
you	will speak	will speak	would speak
they	will speak	will speak	would speak

		Future Perfect Time	
	Future Perfect	*(Fut. Perf. Subj.)*	*(Past Conditional)*
I	shall have spoken	shall (would, may) have spoken	should have spoken
you	will have spoken	will have spoken	would have spoken
he (she, it)	will have spoken	will have spoken	would have spoken
we	shall have spoken	shall have spoken	should have spoken
you	will have spoken	will have spoken	would have spoken
they	will have spoken	will have spoken	would have spoken

SAMPLE GERMAN VERB CONJUGATION

PRINC. PARTS: sprechen, sprach, gesprochen, spricht
IMPERATIVE: sprich!, sprecht!, sprechen Sie!

	INDICATIVE		SUBJUNCTIVE		
			PRIMARY		**SECONDARY**
			Present Time		
	Present		(*Pres. Subj.*)		(*Imperf. Subj.*)
ich	sprech	E	sprech	E	spräch	E
du	sprich	ST	sprech	EST	spräch	EST
er	sprich	T	sprech	E	spräch	E
wir	sprech	EN	sprech	EN	spräch	EN
ihr	sprech	T	sprech	ET	spräch	ET
sie	sprech	EN	sprech	EN	spräch	EN

	Imperfect	
ich	sprach	
du	sprach	ST
er	sprach	
wir	sprach	EN
ihr	sprach	T
sie	sprach	EN

	Perfect	(*Perf. Subj.*)	(*Pluperf. Subj.*)
		Past Time	
ich	habe gesprochen	habe gesprochen	hätte gesprochen
du	hast gesprochen	habest gesprochen	hättest gesprochen
er	hat gesprochen	habe gesprochen	hätte gesprochen
wir	haben gesprochen	haben gesprochen	hätten gesprochen
ihr	habt gesprochen	habet gesprochen	hättet gesprochen
sie	haben gesprochen	haben gesprochen	hätten gesprochen

	Pluperfect
ich	hatte gesprochen
du	hattest gesprochen
er	hatte gesprochen
wir	hatten gesprochen
ihr	hattet gesprochen
sie	hatten gesprochen

	Future	(*Fut. Subj.*)	(*Pres. Conditional*)
		Future Time	
ich	werde sprechen	werde sprechen	würde sprechen
du	wirst sprechen	werdest sprechen	würdest sprechen
er	wird sprechen	werde sprechen	würde sprechen
wir	werden sprechen	werden sprechen	würden sprechen
ihr	werdet sprechen	werdet sprechen	würdet sprechen
sie	werden sprechen	werden sprechen	würden sprechen

	Future Perfect	(*Fut. Perf. Subj.*)	(*Past Conditional*)
		Future Perfect Time	
ich	werde gesprochen haben	werden gesprochen haben	würde gesprochen haben
du	wirst gesprochen haben	werdest gesprochen haben	würdest gesprochen haben
er	wird gesprochen haben	werde gesprochen haben	würde gesprochen haben
wir	werden gesprochen haben	werden gesprochen haben	würden gesprochen haben
ihr	werdet gesprochen haben	werdet gesprochen haben	würdet gesprochen haben
sie	werden gesprochen haben	werden gesprochen haben	würden gesprochen haben

to be loved

PRINC. PARTS: to be loved, was loved, has been loved, is loved
IMPERATIVE: be loved

INDICATIVE		SUBJUNCTIVE	
		PRIMARY	SECONDARY
		Present Time	
	Present	*(Pres. Subj.)*	*(Imperf. Subj.)*
I	am loved	may be loved	were loved (might or would be loved)
you	are loved	may be loved	were loved
he (she, it)	is loved	may be loved	were loved
we	are loved	may be loved	were loved
you	are loved	may be loved	were loved
they	are loved	may be loved	were loved
	Imperfect		
I	was loved		
you	were loved		
he (she, it)	was loved		
we	were loved		
you	were loved		
they	were loved		
		Past Time	
	Perfect	*(Perf. Subj.)*	*(Pluperf. Subj.)*
I	have been loved (was loved)	may have been loved	had been loved (might or would have been loved)
you	have been loved	may have been loved	had been loved
he (she, it)	has been loved	may have been loved	had been loved
we	have been loved	may have been loved	had been loved
you	have been loved	may have been loved	had been loved
they	have been loved	may have been loved	had been loved
	Pluperfect		
I	had been loved		
you	had been loved		
he (she, it)	had been loved		
we	had been loved		
you	had been loved		
they	had been loved		
		Future Time	
	Future	*(Fut. Subj.)*	*(Pres. Conditional)*
I	shall be loved	shall be loved (may be loved)	should be loved
you	will be loved	will be loved	would be loved
he (she, it)	will be loved	will be loved	would be loved
we	shall be loved	shall be loved	should be loved
you	will be loved	will be loved	would be loved
they	will be loved	will be loved	would be loved
		Future Perfect Time	
	Future Perfect	*(Fut. Perf. Subj.)*	*(Past Conditional)*
I	shall have been loved	shall (may, would) have been loved	should have been loved
you	will have been loved	will have been loved	would have been loved
he (she, it)	will have been loved	will have been loved	would have been loved
we	shall have been loved	shall have been loved	should have been loved
you	will have been loved	will have been loved	would have been loved
they	will have been loved	will have been loved	would have been loved

SAMPLE GERMAN VERB CONJUGATION— PASSIVE VOICE

PRINC. PARTS: geliebt werden, wurde geliebt, ist geliebt
worden, wird geliebt
IMPERATIVE: werde geliebt!, werdet geliebt!,
werden Sie geliebt!

geliebt werden

to be loved

	INDICATIVE	PRIMARY SUBJUNCTIVE	SECONDARY
		Present Time	
	Present	*(Pres. Subj.)*	*(Imperf. Subj.)*
ich	werde geliebt	werde geliebt	würde geliebt
du	wirst geliebt	werdest geliebt	würdest geliebt
er	wird geliebt	werde geliebt	würde geliebt
wir	werden geliebt	werden geliebt	würden geliebt
ihr	werdet geliebt	werdet geliebt	würdet geliebt
sie	werden geliebt	werden geliebt	würden geliebt
	Imperfect		
ich	wurde geliebt		
du	wurdest geliebt		
er	wurde geliebt		
wir	wurden geliebt		
ihr	wurdet geliebt		
sie	wurden geliebt	*Past Time*	
	Perfect	*(Perf. Subj.)*	*(Pluperf. Subj.)*
ich	bin geliebt worden	sei geliebt worden	wäre geliebt worden
du	bist geliebt worden	seiest geliebt worden	wärest geliebt worden
er	ist geliebt worden	sei geliebt worden	wäre geliebt worden
wir	sind geliebt worden	seien geliebt worden	wären geliebt worden
ihr	seid geliebt worden	seiet geliebt worden	wäret geliebt worden
sie	sind geliebt worden	seien geliebt worden	wären geliebt worden
	Pluperfect		
ich	war geliebt worden		
du	warst geliebt worden		
er	war geliebt worden		
wir	waren geliebt worden		
ihr	wart geliebt worden		
sie	waren geliebt worden	*Future Time*	
	Future	*(Fut. Subj.)*	*(Pres. Conditional)*
ich	werde geliebt werden	werde geliebt werden	würde geliebt werden
du	wirst geliebt werden	werdest geliebt werden	würdest geliebt werden
er	wird geliebt werden	werde geliebt werden	würde geliebt werden
wir	werden geliebt werden	werden geliebt werden	würden geliebt werden
ihr	werdet geliebt werden	werdet geliebt werden	würdet geliebt werden
sie	werden geliebt werden	werden geliebt werden	würden geliebt werden
		Future Perfect Time	
	Future Perfect	*(Fut. Perf. Subj.)*	*(Past Conditional)*
ich	werde geliebt worden sein	werde geliebt worden sein	würde geliebt worden sein
du	wirst geliebt worden sein	werdest geliebt worden sein	würdest geliebt worden sein
er	wird geliebt worden sein	werde geliebt worden sein	würde geliebt worden sein
wir	werden geliebt worden sein	werden geliebt worden sein	würden geliebt worden sein
ihr	werdet geliebt worden sein	werdet geliebt worden sein	würdet geliebt worden sein
sie	werden geliebt worden sein	werden geliebt worden sein	würden geliebt worden sein

PRINC. PARTS: anfangen, fing an, angefangen, fängt an
IMPERATIVE: fange an!, fangt an!, fangen Sie an!

INDICATIVE	SUBJUNCTIVE	
	PRIMARY	SECONDARY

Present Time

	Present	*(Pres. Subj.)*	*(Imperf. Subj.)*
ich	fange an	fange an	finge an
du	fängst an	fangest an	fingest an
er	fängt an	fange an	finge an
wir	fangen an	fangen an	fingen an
ihr	fangt an	fanget an	finget an
sie	fangen an	fangen an	fingen an

	Imperfect
ich	fing an
du	fingst an
er	fing an
wir	fingen an
ihr	fingt an
sie	fingen an

Past Time

	Perfect	*(Perf. Subj.)*	*(Pluperf. Subj.)*
ich	habe angefangen	habe angefangen	hätte angefangen
du	hast angefangen	habest angefangen	hättest angefangen
er	hat angefangen	habe angefangen	hätte angefangen
wir	haben angefangen	haben angefangen	hätten angefangen
ihr	habt angefangen	habet angefangen	hättet angefangen
sie	haben angefangen	haben angefangen	hätten angefangen

	Pluperfect
ich	hatte angefangen
du	hattest angefangen
er	hatte angefangen
wir	hatten angefangen
ihr	hattet angefangen
sie	hatten angefangen

Future Time

	Future	*(Fut. Subj.)*	*(Pres. Conditional)*
ich	werde anfangen	werde anfangen	würde anfangen
du	wirst anfangen	werdest anfangen	würdest anfangen
er	wird anfangen	werde anfangen	würde anfangen
wir	werden anfangen	werden anfangen	würden anfangen
ihr	werdet anfangen	werdet anfangen	würdet anfangen
sie	werden anfangen	werden anfangen	würden anfangen

Future Perfect Time

	Future Perfect	*(Fut. Perf. Subj.)*	*(Past Conditional)*
ich	werde angefangen haben	werde angefangen haben	würde angefangen haben
du	wirst angefangen haben	werdest angefangen haben	würdest angefangen haben
er	wird angefangen haben	werde angefangen haben	würde angefangen haben
wir	werden angefangen haben	werden angefangen haben	würden angefangen haben
ihr	werdet angefangen haben	werdet angefangen haben	würdet angefangen haben
sie	werden angefangen haben	werden angefangen haben	würden angefangen haben

1

antworten

to answer, reply

PRINC. PARTS: antworten, antwortete, geantwortet, antwortet
IMPERATIVE: antworte!, antwortet!, antworten Sie!

INDICATIVE		SUBJUNCTIVE	
		PRIMARY	SECONDARY
		Present Time	
	Present	*(Pres. Subj.)*	*(Imperf. Subj.)*
ich	antworte	antworte	antwortete
du	antwortest	antwortest	antwortetest
er	antwortet	antworte	antwortete
wir	antworten	antworten	antworteten
ihr	antwortet	antwortet	antwortetet
sie	antworten	antworten	antworteten
	Imperfect		
ich	antwortete		
du	antwortetest		
er	antwortete		
wir	antworteten		
ihr	antwortetet		
sie	antworteten		
		Past Time	
	Perfect	*(Perf. Subj.)*	*(Pluperf. Subj.)*
ich	habe geantwortet	habe geantwortet	hätte geantwortet
du	hast geantwortet	habest geantwortet	hättest geantwortet
er	hat geantwortet	habe geantwortet	hätte geantwortet
wir	haben geantwortet	haben geantwortet	hätten geantwortet
ihr	habt geantwortet	habet geantwortet	hättet geantwortet
sie	haben geantwortet	haben geantwortet	hätten geantwortet
	Pluperfect		
ich	hatte geantwortet		
du	hattest geantwortet		
er	hatte geantwortet		
wir	hatten geantwortet		
ihr	hattet geantwortet		
sie	hatten geantwortet		
		Future Time	
	Future	*(Fut. Subj.)*	*(Pres. Conditional)*
ich	werde antworten	werde antworten	würde antworten
du	wirst antworten	werdest antworten	würdest antworten
er	wird antworten	werde antworten	würde antworten
wir	werden antworten	werden antworten	würden antworten
ihr	werdet antworten	werdet antworten	würdet antworten
sie	werden antworten	werden antworten	würden antworten
		Future Perfect Time	
	Future Perfect	*(Fut. Perf. Subj.)*	*(Past Conditional)*
ich	werde geantwortet haben	werde geantwortet haben	würde geantwortet haben
du	wirst geantwortet haben	werdest geantwortet haben	würdest geantwortet haben
er	wird geantwortet haben	werde geantwortet haben	würde geantwortet haben
wir	werden geantwortet haben	werden geantwortet haben	würden geantwortet haben
ihr	werdet geantwortet haben	werdet geantwortet haben	würdet geantwortet haben
sie	werden geantwortet haben	werden geantwortet haben	würden geantwortet haben

PRINC. PARTS: sich anziehen, zog sich an,
sich angezogen, zieht sich an
IMPERATIVE: ziehe dich an!, zieht euch an!, ziehen Sie
sich an!

sich anziehen
to get dressed

	INDICATIVE	SUBJUNCTIVE	
		PRIMARY	SECONDARY
		Present Time	
	Present	*(Pres. Subj.)*	*(Imperf. Subj.)*
ich	ziehe mich an	ziehe mich an	zöge mich an
du	ziehst dich an	ziehest dich an	zögest dich an
er	zieht sich an	ziehe sich an	zöge sich an
wir	ziehen uns an	ziehen uns an	zögen uns an
ihr	zieht euch an	ziehet euch an	zöget euch an
sie	ziehen sich an	ziehen sich an	zögen sich an

	Imperfect
ich	zog mich an
du	zogst dich an
er	zog sich an
wir	zogen uns an
ihr	zogt euch an
sie	zogen sich an

			Past Time	
	Perfect	*(Perf. Subj.)*	*(Pluperf. Subj.)*
ich	habe mich angezogen	habe mich angezogen	hätte mich angezogen
du	hast dich angezogen	habest dich angezogen	hättest dich angezogen
er	hat sich angezogen	habe sich angezogen	hätte sich angezogen
wir	haben uns angezogen	haben uns angezogen	hätten uns angezogen
ihr	habt euch angezogen	habet euch angezogen	hättet euch angezogen
sie	haben sich angezogen	haben sich angezogen	hätten sich angezogen

	Pluperfect
ich	hatte mich angezogen
du	hattest dich angezogen
er	hatte sich angezogen
wir	hatten uns angezogen
ihr	hattet euch angezogen
sie	hatten sich angezogen

			Future Time	
	Future	*(Fut. Subj.)*	*(Pres. Conditional)*
ich	werde mich anziehen	werde mich anziehen	würde mich anziehen
du	wirst dich anziehen	werdest dich anziehen	würdest dich anziehen
er	wird sich anziehen	werde sich anziehen	würde sich anziehen
wir	werden uns anziehen	werden uns anziehen	würden uns anziehen
ihr	werdet euch anziehen	werdet euch anziehen	würdet euch anziehen
sie	werden sich anziehen	werden sich anziehen	würden sich anziehen

			Future Perfect Time	
	Future Perfect	*(Fut. Perf. Subj.)*	*(Past Conditional)*
ich	werde mich angezogen haben	werde mich angezogen haben	würde mich angezogen haben
du	wirst dich angezogen haben	werdest dich angezogen haben	würdest dich angezogen haben
er	wird sich angezogen haben	werde sich angezogen haben	würde sich angezogen haben
wir	werden uns angezogen haben	werden uns angezogen haben	würden uns angezogen haben
ihr	werdet euch angezogen haben	werdet euch angezogen haben	würdet euch angezogen haben
sie	werden sich angezogen haben	werden sich angezogen haben	würden sich angezogen haben

3

arbeiten

to work

	INDICATIVE	SUBJUNCTIVE	
		PRIMARY	SECONDARY
		Present Time	
	Present	(*Pres. Subj.*)	(*Imperf. Subj.*)
ich	arbeite	arbeite	arbeitete
du	arbeitest	arbeitest	arbeitetest
er	arbeitet	arbeite	arbeitete
wir	arbeiten	arbeiten	arbeiteten
ihr	arbeitetet	arbeitet	arbeitetet
sie	arbeiten	arbeiten	arbeiteten

	Imperfect
ich	arbeitete
du	arbeitetest
er	arbeitete
wir	arbeiteten
ihr	arbeitetet
sie	arbeiteten

	Perfect	*Past Time* (*Perf. Subj.*)	(*Pluperf. Subj.*)
ich	habe gearbeitet	habe gearbeitet	hätte gearbeitet
du	hast gearbeitet	habest gearbeitet	hättest gearbeitet
er	hat gearbeitet	habe gearbeitet	hätte gearbeitet
wir	haben gearbeitet	haben gearbeitet	hätten gearbeitet
ihr	habt gearbeitet	habet gearbeitet	hättet gearbeitet
sie	haben gearbeitet	haben gearbeitet	hätten gearbeitet

	Pluperfect
ich	hatte gearbeitet
du	hattest gearbeitet
er	hatte gearbeitet
wir	hatten gearbeitet
ihr	hattet gearbeitet
sie	hatten gearbeitet

	Future	*Future Time* (*Fut. Subj.*)	(*Pres. Conditional*)
ich	werde arbeiten	werde arbeiten	würde arbeiten
du	wirst arbeiten	werdest arbeiten	würdest arbeiten
er	wird arbeiten	werde arbeiten	würde arbeiten
wir	werden arbeiten	werden arbeiten	würden arbeiten
ihr	werdet arbeiten	werdet arbeiten	würdet arbeiten
sie	werden arbeiten	werden arbeiten	würden arbeiten

	Future Perfect	*Future Perfect Time* (*Fut. Perf. Subj.*)	(*Past Conditional*)
ich	werde gearbeitet haben	werde gearbeitet haben	würde gearbeitet haben
du	wirst gearbeitet haben	werdest gearbeitet haben	würdest gearbeitet haben
er	wird gearbeitet haben	werde gearbeitet haben	würde gearbeitet haben
wir	werden gearbeitet haben	werden gearbeitet haben	würden gearbeitet haben
ihr	werdet gearbeitet haben	werdet gearbeitet haben	würdet gearbeitet haben
sie	werden gearbeitet haben	werden gearbeitet haben	würden gearbeitet haben

PRINC. PARTS: backen, buk, gebacken, bäckt
IMPERATIVE: backe!, backt!, backen Sie!

backen

to bake

INDICATIVE		SUBJUNCTIVE		
		PRIMARY	SECONDARY	
		Present Time		
	Present	*(Pres. Subj.)*	*(Imperf. Subj.)*	
ich	backe	backe	büke	backte
du	bäckst	backest	bükest	backtest
er	bäckt	backe	büke *or* büken	backte
wir	backen	backen	büken	backten
ihr	backt	backet	büket	backtet
sie	backen	backen	büken	backten

	Imperfect	
ich	buk	backte
du	bukst	backtest
er	buk *or*	backte
wir	buken	backten
ihr	bukt	backtet
sie	buken	backten

	Perfect		*Past Time*	
		(Perf. Subj.)	*(Pluperf. Subj.)*	
ich	habe gebacken	habe gebacken	hätte gebacken	
du	hast gebacken	habest gebacken	hättest gebacken	
er	hat gebacken	habe gebacken	hätte gebacken	
wir	haben gebacken	haben gebacken	hätten gebacken	
ihr	habt gebacken	habet gebacken	hättet gebacken	
sie	haben gebacken	haben gebacken	hätten gebacken	

	Pluperfect
ich	hatte gebacken
du	hattest gebacken
er	hatte gebacken
wir	hatten gebacken
ihr	hattet gebacken
sie	hatten gebacken

	Future	*(Fut. Subj.)*	*Future Time* *(Pres. Conditional)*
ich	werde backen	werde backen	würde backen
du	wirst backen	werdest backen	würdest backen
er	wird backen	werde backen	würde backen
wir	werden backen	werden backen	würden backen
ihr	werdet backen	werdet backen	würdet backen
sie	werden backen	werden backen	würden backen

	Future Perfect	*(Fut. Perf. Subj.)*	*Future Perfect Time* *(Past Conditional)*
ich	werde gebacken haben	werde gebacken haben	würde gebacken haben
du	wirst gebacken haben	werdest gebacken haben	würdest gebacken haben
er	wird gebacken haben	werde gebacken haben	würde gebacken haben
wir	werden gebacken haben	werden gebacken haben	würden gebacken haben
ihr	werdet gebacken haben	werdet gebacken haben	würdet gebacken haben
sie	werden gebacken haben	werden gebacken haben	würden gebacken haben

5

bedingen

to stipulate, limit

PRINC. PARTS: bedingen, bedingte, bedungen, bedingt
IMPERATIVE: bedinge!, bedingt!, bedingen Sie!

	INDICATIVE	SUBJUNCTIVE	
		PRIMARY	SECONDARY
		Present Time	
	Present	*(Pres. Subj.)*	*(Imperf. Subj.)*
ich	bedinge	bedinge	bedünge
du	bedingst	bedingest	bedüngest
er	bedingt	bedinge	bedünge
wir	bedingen	bedingen	bedüngen
ihr	bedingt	bedinget	bedünget
sie	bedingen	bedingen	bedüngen

	Imperfect
ich	bedingte
du	bedingtest
er	bedingte
wir	bedingten
ihr	bedingtet
sie	bedingten

		Past Time	
	Perfect	*(Perf. Subj.)*	*(Pluperf. Subj.)*
ich	habe bedungen	habe bedungen	hätte bedungen
du	hast bedungen	habest bedungen	hättest bedungen
er	hat bedungen	habe bedungen	hätte bedungen
wir	haben bedungen	haben bedungen	hätten bedungen
ihr	habt bedungen	habet bedungen	hättet bedungen
sie	haben bedungen	haben bedungen	hätten bedungen

	Pluperfect
ich	hatte bedungen
du	hattest bedungen
er	hatte bedungen
wir	hatten bedungen
ihr	hattet bedungen
sie	hatten bedungen

		Future Time	
	Future	*(Fut. Subj.)*	*(Pres. Conditional)*
ich	werde bedingen	werde bedingen	würde bedingen
du	wirst bedingen	werdest bedingen	würdest bedingen
er	wird bedingen	werde bedingen	würde bedingen
wir	werden bedingen	werden bedingen	würden bedingen
ihr	werdet bedingen	werdet bedingen	würdet bedingen
sie	werden bedingen	werden bedingen	würden bedingen

		Future Perfect Time	
	Future Perfect	*(Fut. Perf. Subj.)*	*(Past Conditional)*
ich	werde bedungen haben	werde bedungen haben	würde bedungen haben
du	wirst bedungen haben	werdest bedungen haben	würdest bedungen haben
er	wird bedungen haben	werde bedungen haben	würde bedungen haben
wir	werden bedungen haben	werden bedungen haben	würden bedungen haben
ihr	werdet bedungen haben	werdet bedungen haben	würdet bedungen haben
sie	werden bedungen haben	werden bedungen haben	würden bedungen haben

PRINC. PARTS: befehlen, befahl, befohlen, befiehlt
IMPERATIVE: befiehl!, befehlt!, befehlen Sie!

to order, command

	INDICATIVE	SUBJUNCTIVE	
		PRIMARY	SECONDARY
		Present Time	
	Present	*(Pres. Subj.)*	*(Imperf. Subj.)*
ich	befehle	befehle	beföhle
du	befiehlst	befehlest	beföhlest
er	befiehlt	befehle	beföhle
wir	befehlen	befehlen	beföhlen
ihr	befehlt	befehlet	beföhlet
sie	befehlen	befehlen	beföhlen

	Imperfect
ich	befahl
du	befahlst
er	befahl
wir	befahlen
ihr	befahlt
sie	befahlen

			Past Time	
	Perfect	*(Perf. Subj.)*	*(Pluperf. Subj.)*
ich	habe befohlen	habe befohlen	hätte befohlen
du	hast befohlen	habest befohlen	hättest befohlen
er	hat befohlen	habe befohlen	hätte befohlen
wir	haben befohlen	haben befohlen	hätten befohlen
ihr	habt befohlen	habet befohlen	hättet befohlen
sie	haben befohlen	haben befohlen	hätten befohlen

	Pluperfect
ich	hatte befohlen
du	hattest befohlen
er	hatte befohlen
wir	hatten befohlen
ihr	hattet befohlen
sie	hatten befohlen

			Future Time	
	Future	*(Fut. Subj.)*	*(Pres. Conditional)*
ich	werde befehlen	werde befehlen	würde befehlen
du	werdest befehlen	werdest befehlen	würdest befehlen
er	wird befehlen	werde befehlen	würde befehlen
wir	werden befehlen	werden befehlen	würden befehlen
ihr	werdet befehlen	werdet befehlen	würdet befehlen
sie	werden befehlen	werden befehlen	würden befehlen

			Future Perfect Time	
	Future Perfect	*(Fut. Perf. Subj.)*	*(Past Conditional)*
ich	werde befohlen haben	werde befohlen haben	würde befohlen haben
du	wirst befohlen haben	werdest befohlen haben	würdest befohlen haben
er	wird befohlen haben	werde befohlen haben	würde befohlen haben
wir	werden befohlen haben	werden befohlen haben	würden befohlen haben
ihr	werdet befohlen haben	werdet befohlen haben	würdet befohlen haben
sie	werden befohlen haben	werden befohlen haben	würden befohlen haben

7

beginnen
to begin

PRINC. PARTS: beginnen, begann, begonnen, beginnt
IMPERATIVE: beginne!, beginnt! beginnen Sie!

	INDICATIVE	SUBJUNCTIVE	
		PRIMARY	SECONDARY
	Present	Present Time	
		(Pres. Subj.)	*(Imperf. Subj.)*
ich	beginne	beginne	begönne
du	beginnst	beginnest	begönnest
er	beginnt	beginne	begönne
wir	beginnen	beginnen	begönnen
ihr	beginnt	beginnet	begönnet
sie	beginnen	beginnen	begönnen

	Imperfect
ich	begann
du	begannst
er	begann
wir	begannen
ihr	begannt
sie	begannen

	Perfect	Past Time	
		(Perf. Subj.)	*(Pluperf. Subj.)*
ich	habe begonnen	habe begonnen	hätte begonnen
du	hast begonnen	habest begonnen	hättest begonnen
er	hat begonnen	habe begonnen	hätte begonnen
wir	haben begonnen	haben begonnen	hätten begonnen
ihr	habt begonnen	habet begonnen	hättet begonnen
sie	haben begonnen	haben begonnen	hätten begonnen

	Pluperfect
ich	hatte begonnen
du	hattest begonnen
er	hatte begonnen
wir	hatten begonnen
ihr	hattet begonnen
sie	hatten begonnen

	Future	Future Time	
		(Fut. Subj.)	*(Pres. Conditional)*
ich	werde beginnen	werde beginnen	würde beginnen
du	wirst beginnen	werdest beginnen	würdest beginnen
er	wird beginnen	werde beginnen	würde beginnen
wir	werden beginnen	werden beginnen	würden beginnen
ihr	werdet beginnen	werdet beginnen	würdet beginnen
sie	werden beginnen	werden beginnen	würden beginnen

	Future Perfect	Future Perfect Time	
		(Fut. Perf. Subj.)	*(Past Conditional)*
ich	werde begonnen haben	werde begonnen haben	würde begonnen haben
du	wirst begonnen haben	werdest begonnen haben	würdest begonnen haben
er	wird begonnen haben	werde begonnen haben	würde begonnen haben
wir	werden begonnen haben	werden begonnen haben	würden begonnen haben
ihr	werdet begonnen haben	werdet begonnen haben	würdet begonnen haben
sie	werden begonnen haben	werden begonnen haben	würden begonnen haben

PRINC. PARTS: beißen, biß, gebissen, beißt
IMPERATIVE: beiße!, beißt!, beißen Sie!

INDICATIVE	SUBJUNCTIVE	
	PRIMARY	SECONDARY
	Present Time	
Present	*(Pres. Subj.)*	*(Imperf. Subj.)*
ich beiße	beiße	bisse
du beißt	beißest	bissest
er beißt	beiße	bisse
wir beißen	beißen	bissen
ihr beißt	beißet	bisset
sie beißen	beißen	bissen

Imperfect
ich biß
du bissest
er biß
wir bissen
ihr bißt
sie bissen

		Past Time	
Perfect	*(Perf. Subj.)*	*(Pluperf. Subj.)*
ich habe gebissen	habe gebissen	hätte gebissen
du hast gebissen	habest gebissen	hättest gebissen
er hat gebissen	habe gebissen	hätte gebissen
wir haben gebissen	haben gebissen	hätten gebissen
ihr habt gebissen	habet gebissen	hättet gebissen
sie haben gebissen	haben gebissen	hätten gebissen

Pluperfect
ich hatte gebissen
du hattest gebissen
er hatte gebissen
wir hatten gebissen
ihr hattet gebissen
sie hatten gebissen

		Future Time	
Future	*(Fut. Subj.)*	*(Pres. Conditional)*
ich werde beißen	werde beißen	würde beißen
du wirst beißen	werdest beißen	würdest beißen
er wird beißen	werde beißen	würde beißen
wir werden beißen	werden beißen	würden beißen
ihr werdet beißen	werdet beißen	würdet beißen
sie werden beißen	werden beißen	würden beißen

		Future Perfect Time	
Future Perfect	*(Fut. Perf. Subj.)*	*(Past Conditional)*
ich werde gebissen haben	werde gebissen haben	würde gebissen haben
du wirst gebissen haben	werdest gebissen haben	würdest gebissen haben
er wird gebissen haben	werde gebissen haben	würde gebissen haben
wir werden gebissen haben	werden gebissen haben	würden gebissen haben
ihr werdet gebissen haben	werdet gebissen haben	würdet gebissen haben
sie werden gebissen haben	werden gebissen haben	würden gebissen haben

9

bergen

to save, salvage,
recover, conceal

PRINC. PARTS: bergen, barg, geborgen, **birgt**
IMPERATIVE: birg!, bergt!, bergen Sie!

INDICATIVE	SUBJUNCTIVE	
	PRIMARY	SECONDARY

Present Time

	Present	*(Pres. Subj.)*	*(Imperf. Subj.)*	
ich	berge	berge	bürge	bärge
du	birgst	bergest	bürgest	bärgest
er	birgt	berge	bürge *or*	bärge
wir	bergen	bergen	bürgen	bärgen
ihr	bergt	berget	bürget	bärget
sie	bergen	bergen	bürgen	bärgen

	Imperfect
ich	barg
du	bargst
er	barg
wir	bargen
ihr	bargt
sie	bargen

Past Time

	Perfect	*(Perf. Subj.)*	*(Pluperf. Subj.)*
ich	habe geborgen	habe geborgen	hätte geborgen
du	hast geborgen	habest geborgen	hättest geborgen
er	hat geborgen	habe geborgen	hätte geborgen
wir	haben geborgen	haben geborgen	hätten geborgen
ihr	habt geborgen	habet geborgen	hättet geborgen
sie	haben geborgen	haben geborgen	hätten geborgen

	Pluperfect
ich	hatte geborgen
du	hattest geborgen
er	hatte geborgen
wir	hatten geborgen
ihr	hattet geborgen
sie	hatten geborgen

Future Time

	Future	*(Fut. Subj.)*	*(Pres. Conditional)*
ich	werde bergen	werde bergen	würde bergen
du	wirst bergen	werdest bergen	würdest bergen
er	wird bergen	werde bergen	würde bergen
wir	werden bergen	werden bergen	würden bergen
ihr	werdet bergen	werdet bergen	würdet bergen
sie	werden bergen	werden bergen	würden bergen

Future Perfect Time

	Future Perfect	*(Fut. Perf. Subj.)*	*(Past Conditional)*
ich	werde geborgen haben	werde geborgen haben	würde geborgen haben
du	wirst geborgen haben	werdest geborgen haben	würdest geborgen haben
er	wird geborgen haben	werde geborgen haben	würde geborgen haben
wir	werden geborgen haben	werden geborgen haben	würden geborgen haben
ihr	werdet geborgen haben	werdet geborgen haben	würdet geborgen haben
sie	werden geborgen haben	werden geborgen haben	würden geborgen haben

INDICATIVE		SUBJUNCTIVE		
		PRIMARY	SECONDARY	
			Present Time	
	Present	*(Pres. Subj.)*	*(Imperf. Subj.)*	
ich	berste	berste	bärste	börste
du	birst	berstest	bärstest	börstest
er	birst	berste	bärste *or*	börste
wir	bersten	bersten	bärsten	börsten
ihr	berstet	berstet	bärstet	börstet
sie	bersten	bersten	bärsten	börsten

	Imperfect
ich	barst
du	barstest
er	barst
wir	barsten
ihr	barstet
sie	barsten

			Past Time	
	Perfect	*(Perf. Subj.)*	*(Pluperf. Subj.)*	
ich	bin geborsten	sei geborsten	wäre geborsten	
du	bist geborsten	seiest geborsten	wärest geborsten	
er	ist geborsten	sei geborsten	wäre geborsten	
wir	sind geborsten	seien geborsten	wären geborsten	
ihr	seid geborsten	seiet geborsten	wäret geborsten	
sie	sind geborsten	seien geborsten	wären geborsten	

	Pluperfect
ich	war geborsten
du	warst geborsten
er	war geborsten
wir	waren geborsten
ihr	wart geborsten
sie	waren geborsten

			Future Time	
	Future	*(Fut. Subj.)*	*(Pres. Conditional)*	
ich	werde bersten	werde bersten	würde bersten	
du	wirst bersten	werdest bersten	würdest bersten	
er	wird bersten	werde bersten	würde bersten	
wir	werden bersten	werden bersten	würden bersten	
ihr	werdet bersten	werdet bersten	würdet bersten	
sie	werden bersten	werden bersten	würden bersten	

			Future Perfect Time	
	Future Perfect	*(Fut. Perf. Subj.)*	*(Past Conditional)*	
ich	werde geborsten sein	werde geborsten sein	würde geborsten sein	
du	wirst geborsten sein	werdest geborsten sein	würdest geborsten sein	
er	wird geborsten sein	werde geborsten sein	würde geborsten sein	
wir	werden geborsten sein	werden geborsten sein	würden geborsten sein.	
ihr	werdet geborsten sein	werdet geborsten sein	würdet geborsten sein	
sie	werden geborsten sein	werden geborsten sein	würden geborsten sein	

* Forms other than the third person are infrequently found.
** The imperative is unusual.

beten
to pray

PRINC. PARTS: beten, betete, gebetet, betet
IMPERATIVE: bete!, betet!, beten Sie!

INDICATIVE	SUBJUNCTIVE	
	PRIMARY	SECONDARY
	Present Time	
Present	*(Pres. Subj.)*	*(Imperf. Subj.)*
ich bete	bete	betete
du betest	betest	betetest
er betet	bete	betete
wir beten	beten	beteten
ihr betet	betet	betetet
sie beten	beten	beteten

Imperfect

ich	betete
du	betetest
er	betete
wir	beteten
ihr	betetet
sie	beteten

		Past Time	
Perfect	*(Perf. Subj.)*	*(Pluperf. Subj.)*
ich habe gebetet	habe gebetet	hätte gebetet
du hast gebetet	habest gebetet	hättest gebetet
er hat gebetet	habe gebetet	hätte gebetet
wir haben gebetet	haben gebetet	hätten gebetet
ihr habet gebetet	habet gebetet	hättet gebetet
sie haben gebetet	haben gebetet	hätten gebetet

Pluperfect

ich	hatte gebetet
du	hattest gebetet
er	hatte gebetet
wir	hatten gebetet
ihr	hattet gebetet
sie	hatten gebetet

		Future Time	
Future	*(Fut. Subj.)*	*(Pres. Conditional)*
ich werde beten	werde beten	würde beten
du wirst beten	werdest beten	würdest beten
er wird beten	werde beten	würde beten
wir werden beten	werden beten	würden beten
ihr werdet beten	werdet beten	würdet beten
sie werden beten	werden beten	würden beten

		Future Perfect Time	
Future Perfect	*(Fut. Perf. Subj.)*	*(Past Conditional)*
ich werde gebetet haben	werde gebetet haben	würde gebetet haben
du wirst gebetet haben	werdest gebetet haben	würdest gebetet haben
er wird gebetet haben	werde gebetet haben	würde gebetet haben
wir werden gebetet haben	werden gebetet haben	würden gebetet haben
ihr werdet gebetet haben	werdet gebetet haben	würdet gebetet haben
sie werden gebetet haben	werden gebetet haben	würden gebetet haben

PRINC. PARTS: betrügen, betrog, betrogen, betrügt
IMPERATIVE: betrüge!, betrügt!, betrügen Sie!

	INDICATIVE		SUBJUNCTIVE	
			PRIMARY	SECONDARY
			Present Time	
	Present		*(Pres. Subj.)*	*(Imperf. Subj.)*
ich	betrüge		betrüge	betröge
du	betrügst		betrügest	betrögest
er	betrügt		betrüge	betröge
wir	betrügen		betrügen	betrögen
ihr	betrügt		betrüget	betröget
sie	betrügen		betrügen	betrögen

	Imperfect
ich	betrog
du	betrogst
er	betrog
wir	betrogen
ihr	betrogt
sie	betrogen

			Past Time	
	Perfect		*(Perf. Subj.)*	*(Pluperf. Subj.)*
ich	habe betrogen		habe betrogen	hätte betrogen
du	hast betrogen		habest betrogen	hättest betrogen
er	hat betrogen		habe betrogen	hätte betrogen
wir	haben betrogen		haben betrogen	hätten betrogen
ihr	habt betrogen		habet betrogen	hättet betrogen
sie	haben betrogen		haben betrogen	hätten betrogen

	Pluperfect
ich	hatte betrogen
du	hattest betrogen
er	hatte betrogen
wir	hatten betrogen
ihr	hattet betrogen
sie	hatten betrogen

			Future Time	
	Future		*(Fut. Subj.)*	*(Pres. Conditional)*
ich	werde betrügen		werde betrügen	würde betrügen
du	wirst betrügen		werdest betrügen	würdest betrügen
er	wird betrügen		werde betrügen	würde betrügen
wir	werden betrügen		werden betrügen	würden betrügen
ihr	werdet betrügen		werdet betrügen	würdet betrügen
sie	werden betrügen		werden betrügen	würden betrügen

			Future Perfect Time	
	Future Perfect		*(Fut. Perf. Subj.)*	*(Past Conditional)*
ich	werde betrogen haben		werde betrogen haben	würde betrogen haben
du	wirst betrogen haben		werdest betrogen haben	würdest betrogen haben
er	wird betrogen haben		werde betrogen haben	würde betrogen haben
wir	werden betrogen haben		werden betrogen haben	würden betrogen haben
ihr	werdet betrogen haben		werdet betrogen haben	würdet betrogen haben
sie	werden betrogen haben		werden betrogen haben	würden betrogen haben

bewegen

to move, agitate, shake

PRINC. PARTS: bewegen, bewegte, bewegt, bewegt
IMPERATIVE: bewege!, bewegt!, bewegen Sie!

	INDICATIVE	SUBJUNCTIVE	
		PRIMARY	SECONDARY
		Present Time	
	Present	*(Pres. Subj.)*	*(Imperf. Subj.)*
ich	bewege	bewege	bewegte
du	bewegst	bewegest	bewegtest
er	bewegt	bewege	bewegte
wir	bewegen	bewegen	bewegten
ihr	bewegt	beweget	bewegtet
sie	bewegen	bewegen	bewegten
	Imperfect		
ich	bewegte		
du	bewegtest		
er	bewegte		
wir	bewegten		
ihr	bewegtet		
sie	bewegten		
		Past Time	
	Perfect	*(Perf. Subj.)*	*(Pluperf. Subj.)*
ich	habe bewegt	habe bewegt	hätte bewegt
du	hast bewegt	hast bewegt	hättest bewegt
er	hat bewegt	hat bewegt	hätte bewegt
wir	haben bewegt	haben bewegt	hätten bewegt
ihr	habt bewegt	habet bewegt	hättet bewegt
sie	haben bewegt	haben bewegt	hätten bewegt
	Pluperfect		
ich	hatte bewegt		
du	hattest bewegt		
er	hatte bewegt		
wir	hatten bewegt		
ihr	hattet bewegt		
sie	hatten bewegt		
		Future Time	
	Future	*(Fut. Subj.)*	*(Pres. Conditional)*
ich	werde bewegen	werde bewegen	würde bewegen
du	wirst bewegen	werdest bewegen	würdest bewegen
er	wird bewegen	werde bewegen	würde bewegen
wir	werden bewegen	werden bewegen	würden bewegen
ihr	werdet bewegen	werdet bewegen	würdet bewegen
sie	werden bewegen	werden bewegen	würden bewegen
		Future Perfect Time	
	Future Perfect	*(Fut. Perf. Subj.)*	*(Past Conditional)*
ich	werde bewegt haben	werde bewegt haben	würde bewegt haben
du	wirst bewegt haben	werdest bewegt haben	würdest bewegt haben
er	wird bewegt haben	werde bewegt haben	würde bewegt haben
wir	werden bewegt haben	werden bewegt haben	würden bewegt haben
ihr	werdet bewegt haben	werdet bewegt haben	würdet bewegt haben
sie	werden bewegt haben	werden bewegt haben	würden bewegt haben

PRINC. PARTS: bewegen, bewog, bewogen, bewegt
IMPERATIVE: bewege!, bewegt!, bewegen Sie!

to induce, persuade,
prevail upon

	INDICATIVE		SUBJUNCTIVE	
			PRIMARY	SECONDARY
			Present Time	
	Present		(*Pres. Subj.*)	(*Imperf. Subj.*)
ich	bewege		bewege	bewöge
du	bewegst		bewegest	bewögest
er	bewegt		bewege	bewöge
wir	bewegen		bewegen	bewögen
ihr	bewegt		beweget	bewöget
sie	bewegen		bewegen	bewögen

	Imperfect
ich	bewog
du	bewogst
er	bewog
wir	bewogen
ihr	bewogt
sie	bewogen

				Past Time	
	Perfect		(*Perf. Subj.*)	(*Pluperf. Subj.*)
ich	habe bewogen		habe bewogen	hätte bewogen
du	hast bewogen		habest bewogen	hättest bewogen
er	hat bewogen		habe bewogen	hätte bewogen
wir	haben bewogen		haben bewogen	hätten bewogen
ihr	habt bewogen		habet bewogen	hättet bewogen
sie	haben bewogen		haben bewogen	hätten bewogen

	Pluperfect
ich	hatte bewogen
du	hattest bewogen
er	hatte bewogen
wir	hatten bewogen
ihr	hattet bewogen
sie	hatten bewogen

			Future Time	
	Future		(*Fut. Subj.*)	(*Pres. Conditional*)
ich	werde bewegen		werde bewegen	würde bewegen
du	wirst bewegen		werdest bewegen	würdest bewegen
er	wird bewegen		werde bewegen	würde bewegen
wir	werden bewegen		werden bewegen	würden bewegen
ihr	werdet bewegen		werdet bewegen	würdet bewegen
sie	werden bewegen		werden bewegen	würden bewegen

			Future Perfect Time	
	Future Perfect		(*Fut. Perf. Subj.*)	(*Past Conditional*)
ich	werde bewogen haben		werde bewogen haben	würde bewogen haben
du	wirst bewogen haben		werdest bewogen haben	würdest bewogen haben
er	wird bewogen haben		werde bewogen haben	würde bewogen haben
wir	werden bewogen haben		werden bewogen haben	würden bewogen haben
ihr	werdet bewogen haben		werdet bewogen haben	würdet bewogen haben
sie	werden bewogen haben		werden bewogen haben	würden bewogen haben

15

biegen
to bend

PRINC. PARTS: biegen, bog, gebogen, biegt
IMPERATIVE: biege!, biegt!, biegen Sie!

INDICATIVE		SUBJUNCTIVE	
		PRIMARY	SECONDARY
		Present Time	
	Present	*(Pres. Subj.)*	*(Imperf. Subj.)*
ich	biege	biege	böge
du	biegst	biegest	bögest
er	biegt	biege	böge
wir	biegen	biegen	bögen
ihr	biegt	bieget	böget
sie	biegen	biegen	bögen

	Imperfect
ich	bog
du	bogst
er	bogt
wir	bogen
ihr	bogt
sie	bogen

			Past Time	
	Perfect	*(Perf. Subj.)*	*(Pluperf. Subj.)*
ich	habe gebogen	habe gebogen	hätte gebogen
du	hast gebogen	habest gebogen	hättest gebogen
er	hat gebogen	habe gebogen	hätte gebogen
wir	haben gebogen	haben gebogen	hätten gebogen
ihr	habt gebogen	habet gebogen	hättet gebogen
sie	haben gebogen	haben gebogen	hätten gebogen

	Pluperfect
ich	hatte gebogen
du	hattest gebogen
er	hatte gebogen
wir	hatten gebogen
ihr	hattet gebogen
sie	hatten gebogen

			Future Time	
	Future	*(Fut. Subj.)*	*(Pres. Conditional)*
ich	werde biegen	werde biegen	würde biegen
du	wirst biegen	werdest biegen	würdest biegen
er	wird biegen	werde biegen	würde biegen
wir	werden biegen	werden biegen	würden biegen
ihr	werdet biegen	werdet biegen	würdet biegen
sie	werden biegen	werden biegen	würden biegen

			Future Perfect Time	
	Future Perfect	*(Fut. Perf. Subj.)*	*(Past Conditional)*
ich	werde gebogen haben	werde gebogen haben	würde gebogen haben
du	wirst gebogen haben	werdest gebogen haben	würdest gebogen haben
er	wird gebogen haben	werde gebogen haben	würde gebogen haben
wir	werden gebogen haben	werden gebogen haben	würden gebogen haben
ihr	werdet gebogen haben	werdet gebogen haben	würdet gebogen haben
sie	werden gebogen haben	werden gebogen haben	würden gebogen haben

PRINC. PARTS: bieten, bot, geboten, bietet
IMPERATIVE: biete!, bietet!, bieten Sie!

INDICATIVE		SUBJUNCTIVE	
		PRIMARY	SECONDARY
		Present Time	
	Present	(*Pres. Subj.*)	(*Imperf. Subj.*)
ich	biete	biete	böte
du	bietest	bietest	bötest
er	bietet	biete	bötet
wir	bieten	bieten	böten
ihr	bietet	bietet	bötet
sie	bieten	bieten	böten

	Imperfect
ich	bot
du	botest
er	bot
wir	boten
ihr	botet
sie	boten

			Past Time	
	Perfect	(*Perf. Subj.*)	(*Pluperf. Subj.*)
ich	habe geboten	habe geboten	hätte geboten
du	hast geboten	habest geboten	hättest geboten
er	hat geboten	habe geboten	hätte geboten
wir	haben geboten	haben geboten	hätten geboten
ihr	habt geboten	habet geboten	hättet geboten
sie	haben geboten	haben geboten	hätten geboten

	Pluperfect
ich	hatte geboten
du	hattest geboten
er	hatte geboten
wir	hatten geboten
ihr	hattet geboten
sie	hatten geboten

			Future Time	
	Future	(*Fut. Subj.*)	(*Pres. Conditional*)
ich	werde bieten	werde bieten	würde bieten
du	wirst bieten	werdest bieten	würdest bieten
er	wird bieten	werde bieten	würde bieten
wir	werden bieten	werden bieten	würden bieten
ihr	werdet bieten	werdet bieten	würdet bieten
sie	werden bieten	werden bieten	würden bieten

			Future Perfect Time	
	Future Perfect	(*Fut. Perf. Subj.*)	(*Past Conditional*)
ich	werde geboten haben	werde geboten haben	würde geboten haben
du	wirst geboten haben	werdest geboten haben	würdest geboten haben
er	wird geboten haben	werde geboten haben	würde geboten haben
wir	werden geboten haben	werden geboten haben	würden geboten haben
ihr	werdet geboten haben	werdet geboten haben	würdet geboten haben
sie	werden geboten haben	werden geboten haben	würden geboten haben

17

binden

to bind, tie

PRINC. PARTS: binden, band, gebunden, bindet
IMPERATIVE: binde!, bindet!, binden Sie!

	INDICATIVE		SUBJUNCTIVE	
			PRIMARY	SECONDARY
			Present Time	
	Present		*(Pres. Subj.)*	*(Imperf. Subj.)*
ich	binde		binde	bände
du	bindest		bindest	bändest
er	bindet		binde	bände
wir	binden		binden	bänden
ihr	bindet		bindet	bändet
sie	binden		binden	bänden

	Imperfect
ich	band
du	bandest
er	band
wir	banden
ihr	bandet
sie	banden

			Past Time	
	Perfect		*(Perf. Subj.)*	*(Pluperf. Subj.)*
ich	habe gebunden		habe gebunden	hätte gebunden
du	hast gebunden		habest gebunden	hättest gebunden
er	hat gebunden		habe gebunden	hätte gebunden
wir	haben gebunden		haben gebunden	hätten gebunden
ihr	habt gebunden		habet gebunden	hättet gebunden
sie	haben gebunden		haben gebunden	hätten gebunden

	Pluperfect
ich	hatte gebunden
du	hattest gebunden
er	hatte gebunden
wir	hatten gebunden
ihr	hattet gebunden
sie	hatten gebunden

			Future Time	
	Future		*(Fut. Subj.)*	*(Pres. Conditional)*
ich	werde binden		werde binden	würde binden
du	wirst binden		werdest binden	würdest binden
er	wird binden		werde binden	würde binden
wir	werden binden		werden binden	würden binden
ihr	werdet binden		werdet binden	würdet binden
sie	werden binden		werden binden	würden binden

			Future Perfect Time	
	Future Perfect		*(Fut. Perf. Subj.)*	*(Past Conditional)*
ich	werde gebunden haben		werde gebunden haben	würde gebunden haben
du	wirst gebunden haben		werdest gebunden haben	würdest gebunden haben
er	wird gebunden haben		werde gebunden haben	würde gebunden haben
wir	werden gebunden haben		werden gebunden haben	würden gebunden haben
ihr	werdet gebunden haben		werdet gebunden haben	würdet gebunden haben
sie	werden gebunden haben		werden gebunden haben	würden gebunden haben

PRINC. PARTS: bitten, bat, gebeten, bittet
IMPERATIVE: bitte!, bittet!, bitten Sie!

to ask (for), request, beg

INDICATIVE		SUBJUNCTIVE	
		PRIMARY	SECONDARY
		Present Time	
	Present	*(Pres. Subj.)*	*(Imperf. Subj.)*
ich	bitte	bitte	bäte
du	bittest	bittest	bätest
er	bittet	bitte	bäte
wir	bitten	bitten	bäten
ihr	bittet	bittet	bätet
sie	bitten	bitten	bäten

	Imperfect
ich	bat
du	batest
er	bat
wir	baten
ihr	batet
sie	baten

			Past Time	
	Perfect	*(Perf. Subj.)*	*(Pluperf. Subj.)*
ich	habe gebeten	habe gebeten	hätte gebeten
du	hast gebeten	habest gebeten	hättest gebeten
er	hat gebeten	habe gebeten	hätte gebeten
wir	haben gebeten	haben gebeten	hätten gebeten
ihr	habt gebeten	habet gebeten	hättet gebeten
sie	haben gebeten	haben gebeten	hätten gebeten

	Pluperfect
ich	hatte gebeten
du	hattest gebeten
er	hatte gebeten
wir	hatten gebeten
ihr	hattet gebeten
sie	hatten gebeten

			Future Time	
	Future	*(Fut. Subj.)*	*(Pres. Conditional)*
ich	werde bitten	werde bitten	würde bitten
du	wirst bitten	werdest bitten	würdest bitten
er	wird bitten	werde bitten	würde bitten
wir	werden bitten	werden bitten	würden bitten
ihr	werdet bitten	werdet bitten	würdet bitten
sie	werden bitten	werden bitten	würden bitten

			Future Perfect Time	
	Future Perfect	*(Fut. Perf. Subj.)*	*(Past Conditional)*
ich	werde gebeten haben	werde gebeten haben	würde gebeten haben
du	wirst gebeten haben	werdest gebeten haben	würdest gebeten haben
er	wird gebeten haben	werde gebeten haben	würde gebeten haben
wir	werden gebeten haben	werden gebeten haben	würden gebeten haben
ihr	werdet gebeten haben	werdet gebeten haben	würdet gebeten haben
sie	werden gebeten haben	werden gebeten haben	würden gebeten haben

19

blasen
to blow

PRINC. PARTS: blasen, blies, geblasen, bläst
IMPERATIVE: blase!, blast!, blasen Sie!

INDICATIVE	SUBJUNCTIVE	
	PRIMARY	SECONDARY
	Present Time	
Present	*(Pres. Subj.)*	*(Imperf. Subj.)*
ich blase	blase	bliese
du bläst	blasest	bliesest
er bläst	blase	bliese
wir blasen	blasen	bliesen
ihr blast	blaset	blieset
sie blasen	blasen	bliesen

Imperfect

ich	blies
du	bliesest
er	blies
wir	bliesen
ihr	bliest
sie	bliesen

		Past Time	
Perfect		*(Perf. Subj.)*	*(Pluperf. Subj.)*
ich	habe geblasen	habe geblasen	hätte geblasen
du	hast geblasen	habest geblasen	hättest geblasen
er	hat geblasen	habe geblasen	hätte geblasen
wir	haben geblasen	haben geblasen	hätten geblasen
ihr	habt geblasen	habet geblasen	hättet geblasen
sie	haben geblasen	haben geblasen	hätten geblasen

Pluperfect

ich	hatte geblasen
du	hattest geblasen
er	hatte geblasen
wir	hatten geblasen
ihr	hattet geblasen
sie	hatten geblasen

		Future Time	
Future		*(Fut. Subj.)*	*(Pres. Conditional)*
ich	werde blasen	werde blasen	würde blasen
du	wirst blasen	werdest blasen	würdest blasen
er	wird blasen	werde blasen	würde blasen
wir	werden blasen	werden blasen	würden blasen
ihr	werdet blasen	werdet blasen	würdet blasen
sie	werden blasen	werden blasen	würden blasen

		Future Perfect Time	
Future Perfect		*(Fut. Perf. Subj.)*	*(Past Conditional)*
ich	werde geblasen haben	werde geblasen haben	würde geblasen haben
du	wirst geblasen haben	werdest geblasen haben	würdest geblasen haben
er	wird geblasen haben	werde geblasen haben	würde geblasen haben
wir	werden geblasen haben	werden geblasen haben	würden geblasen haben
ihr	werdet geblasen haben	werdet geblasen haben	würdet geblasen haben
sie	werden geblasen haben	werden geblasen haben	würden geblasen haben

PRINC. PARTS: bleiben, blieb, ist geblieben, bleibt
IMPERATIVE: bleibe!, bleibt!, bleiben Sie!

to remain, stay

INDICATIVE		SUBJUNCTIVE	
		PRIMARY	SECONDARY
		Present Time	
	Present	*(Pres. Subj.)*	*(Imperf. Subj.)*
ich	bleibe	bleibe	bliebe
du	bleibst	bleibest	bliebest
er	bleibt	bleibe	bliebe
wir	bleiben	bleiben	blieben
ihr	bleibt	bleibet	bliebet
sie	bleiben	bleiben	blieben

	Imperfect
ich	blieb
du	bliebst
er	blieb
wir	blieben
ihr	bliebt
sie	blieben

Past Time

	Perfect	*(Perf. Subj.)*	*(Pluperf. Subj.)*
ich	bin geblieben	sei geblieben	wäre geblieben
du	bist geblieben	seiest geblieben	wärest geblieben
er	ist geblieben	sei geblieben	wäre geblieben
wir	sind geblieben	seien geblieben	wären geblieben
ihr	seid geblieben	seiet geblieben	wäret geblieben
sie	sind geblieben	seien geblieben	wären geblieben

	Pluperfect
ich	war geblieben
du	warst geblieben
er	war geblieben
wir	waren geblieben
ihr	wart geblieben
sie	waren geblieben

Future Time

	Future	*(Fut. Subj.)*	*(Pres. Conditional)*
ich	werde bleiben	werde bleiben	würde bleiben
du	wirst bleiben	werdest bleiben	würdest bleiben
er	wird bleiben	werde bleiben	würde bleiben
wir	werden bleiben	werden bleiben	würden bleiben
ihr	werdet bleiben	werdet bleiben	würdet bleiben
sie	werden bleiben	werden bleiben	würden bleiben

Future Perfect Time

	Future Perfect	*(Fut. Perf. Subj.)*	*(Past Conditional)*
ich	werde geblieben sein	werde geblieben sein	würde geblieben sein
du	wirst geblieben sein	werdest geblieben sein	würdest geblieben sein
er	wird geblieben sein	werde geblieben sein	würde geblieben sein
wir	werden geblieben sein	werden geblieben sein	würden geblieben sein
ihr	werdet geblieben sein	werdet geblieben sein	würdet geblieben sein
sie	werden geblieben sein	werden geblieben sein	würden geblieben sein

braten

to roast

PRINC. PARTS: braten, briet, gebraten, brät
IMPERATIVE: brate!, bratet!, braten Sie!

	INDICATIVE	SUBJUNCTIVE	
		PRIMARY	SECONDARY
		Present Time	
	Present	*(Pres. Subj.)*	*(Imperf. Subj.)*
ich	brate	brate	briete
du	brätst	bratest	brietest
er	brät	brate	briete
wir	braten	braten	brieten
ihr	bratet	bratet	brietet
sie	braten	braten	brieten

	Imperfect
ich	briet
du	brietst
er	briet
wir	brieten
ihr	brietet
sie	brieten

			Past Time	
	Perfect	*(Perf. Subj.)*	*(Pluperf. Subj.)*
ich	habe gebraten	habe gebraten	hätte gebraten
du	hast gebraten	habest gebraten	hättest gebraten
er	hat gebraten	habe gebraten	hätte gebraten
wir	haben gebraten	haben gebraten	hätten gebraten
ihr	habt gebraten	habet gebraten	hättet gebraten
sie	haben gebraten	haben gebraten	hätten gebraten

	Pluperfect
ich	hatte gebraten
du	hattest gebraten
er	hatte gebraten
wir	hatten gebraten
ihr	hattet gebraten
sie	hatten gebraten

			Future Time	
	Future	*(Fut. Subj.)*	*(Pres. Conditional)*
ich	werde braten	werde braten	würde braten
du	wirst braten	werdest braten	würdest braten
er	wird braten	werde braten	würde braten
wir	werden braten	werden braten	würden braten
ihr	werdet braten	werdet braten	würdet braten
sie	werden braten	werden braten	würden braten

			Future Perfect Time	
	Future Perfect	*(Fut. Perf. Subj.)*	*(Past Conditional)*
ich	werde gebraten haben	werde gebraten haben	würde gebraten haben
du	wirst gebraten haben	werdest gebraten haben	würdest gebraten haben
er	wird gebraten haben	werde gebraten haben	würde gebraten haben
wir	werden gebraten haben	werden gebraten haben	würden gebraten haben
ihr	werdet gebraten haben	werdet gebraten haben	würdet gebraten haben
sie	werden gebraten haben	werden gebraten haben	würden gebraten haben

PRINC. PARTS: brauchen, brauchte, gebraucht, braucht
IMPERATIVE: brauche!, braucht!, brauchen Sie!

INDICATIVE		SUBJUNCTIVE	
		PRIMARY	SECONDARY
		Present Time	
	Present	*(Pres. Subj.)*	*(Imperf. Subj.)*
ich	brauche	brauche	brauchte
du	brauchst	brauchest	brauchtest
er	braucht	brauche	brauchte
wir	brauchen	brauchen	brauchten
ihr	braucht	brauchet	brauchtet
sie	brauchen	brauchen	brauchten
	Imperfect		
ich	brauchte		
du	brauchtest		
er	brauchte		
wir	brauchten		
ihr	brauchtet		
sie	brauchten		
		Past Time	
	Perfect	*(Perf. Subj.)*	*(Pluperf. Subj.)*
ich	habe gebraucht	habe gebraucht	hätte gebraucht
du	hast gebraucht	habest gebraucht	hättest gebraucht
er	hat gebraucht	habe gebraucht	hätte gebraucht
wir	haben gebraucht	haben gebraucht	hätten gebraucht
ihr	habt gebraucht	habet gebraucht	hättet gebraucht
sie	haben gebraucht	haben gebraucht	hätten gebraucht
	Pluperfect		
ich	hatte gebraucht		
du	hattest gebraucht		
er	hatte gebraucht		
wir	hatten gebraucht		
ihr	hattet gebraucht		
sie	hatten gebraucht		
		Future Time	
	Future	*(Fut. Subj.)*	*(Pres. Conditional)*
ich	werde brauchen	werde brauchen	würde brauchen
du	wirst brauchen	werdest brauchen	würdest brauchen
er	wird brauchen	werde brauchen	würde brauchen
wir	werden brauchen	werden brauchen	würden brauchen
ihr	werdet brauchen	werdet brauchen	würdet brauchen
sie	werden brauchen	werden brauchen	würden brauchen
		Future Perfect Time	
	Future Perfect	*(Fut. Perf. Subj.)*	*(Past Conditional)*
ich	werde gebraucht haben	werde gebraucht haben	würde gebraucht haben
du	wirst gebraucht haben	werdest gebraucht haben	würdest gebraucht haben
er	wird gebraucht haben	werde gebraucht haben	würde gebraucht haben
wir	werden gebraucht haben	werden gebraucht haben	würden gebraucht haben
ihr	werdet gebraucht haben	werdet gebraucht haben	würdet gebraucht haben
sie	werden gebraucht haben	werden gebraucht haben	würden gebraucht haben

23

brechen

to break

PRINC. PARTS: brechen, brach, gebrochen, bricht
IMPERATIVE: brich!, brecht!, brechen Sie!

INDICATIVE		SUBJUNCTIVE	
		PRIMARY	SECONDARY
		Present Time	
	Present	*(Pres. Subj.)*	*(Imperf. Subj.)*
ich	breche	breche	bräche
du	brichst	brechest	brächest
er	bricht	breche	bräche
wir	brechen	brechen	brächen
ihr	brecht	brechet	brächet
sie	brechen	brechen	brächen

	Imperfect
ich	brach
du	brachst
er	brach
wir	brachen
ihr	bracht
sie	brachen

| | | | *Past Time* | |
	Perfect	*(Perf. Subj.)*	*(Pluperf. Subj.)*
ich	habe gebrochen	habe gebrochen	hätte gebrochen
du	hast gebrochen	habest gebrochen	hättest gebrochen
er	hat gebrochen	habe gebrochen	hätte gebrochen
wir	haben gebrochen	haben gebrochen	hätten gebrochen
ihr	habt gebrochen	habet gebrochen	hättet gebrochen
sie	haben gebrochen	haben gebrochen	hätten gebrochen

	Pluperfect
ich	hatte gebrochen
du	hattest gebrochen
er	hatte gebrochen
wir	hatten gebrochen
ihr	hattet gebrochen
sie	hatten gebrochen

| | | | *Future Time* | |
	Future	*(Fut. Subj.)*	*(Pres. Conditional)*
ich	werde brechen	werde brechen	würde brechen
du	wirst brechen	werdest brechen	würdest brechen
er	wird brechen	werde brechen	würde brechen
wir	werden brechen	werden brechen	würden brechen
ihr	werdet brechen	werdet brechen	würdet brechen
sie	werden brechen	werden brechen	würden brechen

| | | | *Future Perfect Time* | |
	Future Perfect	*(Fut. Perf. Subj.)*	*(Past Conditional)*
ich	werde gebrochen haben	werde gebrochen haben	würde gebrochen haben
du	wirst gebrochen haben	werdest gebrochen haben	würdest gebrochen haben
er	wird gebrochen haben	werde gebrochen haben	würde gebrochen haben
wir	werden gebrochen haben	werden gebrochen haben	würden gebrochen haben
ihr	werdet gebrochen haben	werdet gebrochen haben	würdet gebrochen haben
sie	werden gebrochen haben	werden gebrochen haben	würden gebrochen haben

PRINC. PARTS: brennen, brannte, gebrannt, brennt
IMPERATIVE: brenne!, brennt!, brennen Sie!

	INDICATIVE		SUBJUNCTIVE	
			PRIMARY	SECONDARY
			Present Time	
	Present		*(Pres. Subj.)*	*(Imperf. Subj.)*
ich	brenne		brenne	brennte
du	brennst		brennest	brenntest
er	brennt		brenne	brennte
wir	brennen		brennen	brennten
ihr	brennt		brennet	brenntet
sie	brennen		brennen	brennten

	Imperfect
ich	brannte
du	branntest
er	brannte
wir	brannten
ihr	branntet
sie	brannten

				Past Time	
	Perfect		*(Perf. Subj.)*	*(Pluperf. Subj.)*
ich	habe gebrannt		habe gebrannt	hätte gebrannt
du	hast gebrannt		habest gebrannt	hättest gebrannt
er	hat gebrannt		habe gebrannt	hätte gebrannt
wir	haben gebrannt		haben gebrannt	hätten gebrannt
ihr	habt gebrannt		habet gebrannt	hättet gebrannt
sie	haben gebrannt		haben gebrannt	hätten gebrannt

	Pluperfect
ich	hatte gebrannt
du	hattest gebrannt
er	hatte gebrannt
wir	hatten gebrannt
ihr	hattet gebrannt
sie	hatten gebrannt

				Future Time	
	Future		*(Fut. Subj.)*	*(Pres. Conditional)*
ich	werde brennen		werde brennen	würde brennen
du	wirst brennen		werdest brennen	würdest brennen
er	wird brennen		werde brennen	würde brennen
wir	werden brennen		werden brennen	würden brennen
ihr	werdet brennen		werdet brennen	würdet brennen
sie	werden brennen		werden brennen	würden brennen

				Future Perfect Time	
	Future Perfect		*(Fut. Perf. Subj.)*	*(Past Conditional)*
ich	werde gebrannt haben		werde gebrannt haben	würde gebrannt haben
du	wirst gebrannt haben		werdest gebrannt haben	würdest gebrannt haben
er	wird gebrannt haben		werde gebrannt haben	würde gebrannt haben
wir	werden gebrannt haben		werden gebrannt haben	würden gebrannt haben
ihr	werdet gebrannt haben		werdet gebrannt haben	würdet gebrannt haben
sie	werden gebrannt haben		werden gebrannt haben	würden gebrannt haben

bringen
to bring, convey

PRINC. PARTS: bringen, brachte, gebracht, bringt
IMPERATIVE: bringe!, bringt!, bringen Sie!

INDICATIVE		SUBJUNCTIVE	
		PRIMARY	SECONDARY
		Present Time	
	Present	*(Pres. Subj.)*	*(Imperf. Subj.)*
ich	bringe	bringe	brächte
du	bringst	bringest	brächtest
er	bringt	bringe	brächte
wir	bringen	bringen	brächten
ihr	bringt	bringet	brächtet
sie	bringen	bringen	brächten

	Imperfect
ich	brachte
du	brachtest
er	brachte
wir	brachten
ihr	brachtet
sie	brachten

		Past Time	
	Perfect	*(Perf. Subj.)*	*(Pluperf. Subj.)*
ich	habe gebracht	habe gebracht	hätte gebracht
du	hast gebracht	habest gebracht	hättest gebracht
er	hat gebracht	habe gebracht	hätte gebracht
wir	haben gebracht	haben gebracht	hätten gebracht
ihr	habt gebracht	habet gebracht	hättet gebracht
sie	haben gebracht	haben gebracht	hätten gebracht

	Pluperfect
ich	hatte gebracht
du	hattest gebracht
er	hatte gebracht
wir	hatten gebracht
ihr	hattet gebracht
sie	hatten gebracht

		Future Time	
	Future	*(Fut. Subj.)*	*(Pres. Conditional)*
ich	werde bringen	werde bringen	würde bringen
du	wirst bringen	werdest bringen	würdest bringen
er	wird bringen	werde bringen	würde bringen
wir	werden bringen	werden bringen	würden bringen
ihr	werdet bringen	werdet bringen	würdet bringen
sie	werden bringen	werden bringen	würden bringen

		Future Perfect Time	
	Future Perfect	*(Fut. Perf. Subj.)*	*(Past Conditional)*
ich	werde gebracht haben	werde gebracht haben	würde gebracht haben
du	wirst gebracht haben	werdest gebracht haben	würdest gebracht haben
er	wird gebracht haben	werde gebracht haben	würde gebracht haben
wir	werden gebracht haben	werden gebracht haben	würden gebracht haben
ihr	werdet gebracht haben	werdet gebracht haben	würdet gebracht haben
sie	werden gebracht haben	werden gebracht haben	würden gebracht haben

PRINC. PARTS: denken, dachte, gedacht, denkt
IMPERATIVE: denke!, denkt!, denken Sie!

to think

INDICATIVE		SUBJUNCTIVE	
		PRIMARY	SECONDARY
		Present Time	
	Present	*(Pres. Subj.)*	*(Imperf. Subj.)*
ich	denke	denke	dächte
du	denkst	denkest	dächtest
er	denkt	denke	dächte
wir	denken	denken	dächten
ihr	denkt	denket	dächtet
sie	denken	denken	dächten

	Imperfect
ich	dachte
du	dachtest
er	dachte
wir	dachten
ihr	dachtet
sie	dachten

			Past Time	
	Perfect	*(Perf. Subj.)*	*(Pluperf. Subj.)*
ich	habe gedacht	habe gedacht	hätte gedacht
du	hast gedacht	habest gedacht	hättest gedacht
er	hat gedacht	habe gedacht	hätte gedacht
wir	haben gedacht	haben gedacht	hätten gedacht
ihr	habt gedacht	habet gedacht	hättet gedacht
sie	haben gedacht	haben gedacht	hätten gedacht

	Pluperfect
ich	hatte gedacht
du	hattest gedacht
er	hatte gedacht
wir	hatten gedacht
ihr	hattet gedacht
sie	hatten gedacht

			Future Time	
	Future	*(Fut. Subj.)*	*(Pres. Conditional)*
ich	werde denken	werde denken	würde denken
du	wirst denken	werdest denken	würdest denken
er	wird denken	werde denken	würde denken
wir	werden denken	werden denken	würden denken
ihr	werdet denken	werdet denken	würdet denken
sie	werden denken	werden denken	würden denken

			Future Perfect Time	
	Future Perfect	*(Fut. Perf. Subj.)*	*(Past Conditional)*
ich	werde gedacht haben	werde gedacht haben	würde gedacht haben
du	wirst gedacht haben	werdest gedacht haben	würdest gedacht haben
er	wird gedacht haben	werde gedacht haben	würde gedacht haben
wir	werden gedacht haben	werden gedacht haben	würden gedacht haben
ihr	werdet gedacht haben	werdet gedacht haben	würdet gedacht haben
sie	werden gedacht haben	werden gedacht haben	würden gedacht haben

27

dringen

to urge, press forward,
rush, pierce, penetrate

PRINC. PARTS: dringen, drang, ist gedrungen, dringt
IMPERATIVE: dringe!, dringt!, dringen Sie!

	INDICATIVE	PRIMARY SUBJUNCTIVE	SECONDARY
		Present Time	
	Present	*(Pres. Subj.)*	*(Imperf. Subj.)*
ich	dringe	dringe	dränge
du	dringst	dringest	drängest
er	dringt	dringe	dränge
wir	dringen	dringen	drängen
ihr	dringt	dringet	dränget
sie	dringen	dringen	drängen

	Imperfect
ich	drang
du	drangst
er	drang
wir	drangen
ihr	drangt
sie	drangen

	Perfect	*(Perf. Subj.)*	*Past Time* *(Pluperf. Subj.)*
ich	bin gedrungen	sei gedrungen	wäre gedrungen
du	bist gedrungen	seiest gedrungen	wärest gedrungen
er	ist gedrungen	sei gedrungen	wäre gedrungen
wir	sind gedrungen	seien gedrungen	wären gedrungen
ihr	seid gedrungen	seiet gedrungen	wäret gedrungen
sie	sind gedrungen	seien gedrungen	wären gedrungen

	Pluperfect
ich	war gedrungen
du	warst gedrungen
er	war gedrungen
wir	waren gedrungen
ihr	wart gedrungen
sie	waren gedrungen

	Future	*(Fut. Subj.)*	*Future Time* *(Pres. Conditional)*
ich	werde dringen	werde dringen	würde dringen
du	wirst dringen	werdest dringen	würdest dringen
er	wird dringen	werde dringen	würde dringen
wir	werden dringen	werden dringen	würden dringen
ihr	werdet dringen	werdet dringen	würdet dringen
sie	werden dringen	werden dringen	würden dringen

	Future Perfect	*(Fut. Perf. Subj.)*	*Future Perfect Time* *(Past Conditional)*
ich	werde gedrungen sein	werde gedrungen sein	würde gedrungen sein
du	wirst gedrungen sein	werdest gedrungen sein	würdest gedrungen sein
er	wird gedrungen sein	werde gedrungen sein	würde gedrungen sein
wir	werden gedrungen sein	werden gedrungen sein	würden gedrungen sein
ihr	werdet gedrungen sein	werdet gedrungen sein	würdet gedrungen sein
sie	werden gedrungen sein	werden gedrungen sein	würden gedrungen sein

dürfen

INDICATIVE	SUBJUNCTIVE	
	PRIMARY	SECONDARY
		Present Time
Present	*(Pres. Subj.)*	*(Imperf. Subj.)*
ich darf	dürfe	dürfte
du darfst	dürfest	dürftest
er darf	dürfe	dürfte
wir dürfen	dürfen	dürften
ihr dürft	dürfet	dürftet
sie dürfen	dürfen	dürften

Imperfect
ich durfte
du durftest
er durfte
wir durften
ihr durftet
sie durften

Past Time

Perfect	*(Perf. Subj.)*	*(Pluperf. Subj.)*
ich habe gedurft	habe gedurft	hätte gedurft
du hast gedurft	habest gedurft	hättest gedurft
er hat gedurft	habe gedurft	hätte gedurft
wir haben gedurft	haben gedurft	hätten gedurft
ihr habt gedurft	habet gedurft	hättet gedurft
sie haben gedurft	haben gedurft	hätten gedurft

Pluperfect
ich hatte gedurft
du hattest gedurft
er hatte gedurft
wir hatten gedurft
ihr hattet gedurft
sie hatten gedurft

Future Time

Future	*(Fut. Subj.)*	*(Pres. Conditional)*
ich werde dürfen	werde dürfen	würde dürfen
du wirst dürfen	werdest dürfen	würdest dürfen
er wird dürfen	werde dürfen	würde dürfen
wir werden dürfen	werden dürfen	würden dürfen
ihr werdet dürfen	werdet dürfen	würdet dürfen
sie werden dürfen	werden dürfen	würden dürfen

Future Perfect Time

Future Perfect	*(Fut. Perf. Subj.)*	*(Past Conditional)*
ich werde gedurft haben	werde gedurft haben	würde gedurft haben
du wirst gedurft haben	werdest gedurft haben	würdest gedurft haben
er wird gedurft haben	werde gedurft haben	würde gedurft haben
wir werden gedurft haben	werden gedurft haben	würden gedurft haben
ihr werdet gedurft haben	werdet gedurft haben	würdet gedurft haben
sie werden gedurft haben	werden gedurft haben	würden gedurft haben

* **Dürfen** when preceded by an infinitive. See sprechen dürfen.

empfangen
to receive

PRINC. PARTS: empfangen, empfing, empfangen, empfängt
IMPERATIVE: empfange!, empfangt!, empfangen Sie!

	INDICATIVE	SUBJUNCTIVE	
		PRIMARY	SECONDARY
		Present Time	
	Present	*(Pres. Subj.)*	*(Imperf. Subj.)*
ich	empfange	empfange	empfinge
du	empfängst	empfangest	empfingest
er	empfängt	empfange	empfinge
wir	empfangen	empfangen	empfingen
ihr	empfangt	empfanget	empfinget
sie	empfangen	empfangen	empfingen
	Imperfect		
ich	empfing		
du	empfingst		
er	empfing		
wir	empfingen		
ihr	empfingt		
sie	empfingen		
		Past Time	
	Perfect	*(Perf. Subj.)*	*(Pluperf. Subj.)*
ich	habe empfangen	habe empfangen	hätte empfangen
du	hast empfangen	habest empfangen	hättest empfangen
er	hat empfangen	habe empfangen	hätte empfangen
wir	haben empfangen	haben empfangen	hätten empfangen
ihr	habt empfangen	habet empfangen	hättet empfangen
sie	haben empfangen	haben empfangen	hätten empfangen
	Pluperfect		
ich	hatte empfangen		
du	hattest empfangen		
er	hatte empfangen		
wir	hatten empfangen		
ihr	hattet empfangen		
sie	hatten empfangen		
		Future Time	
	Future	*(Fut. Subj.)*	*(Pres. Conditional)*
ich	werde empfangen	werde empfangen	würde empfangen
du	wirst empfangen	werdest empfangen	würdest empfangen
er	wird empfangen	werde empfangen	würde empfangen
wir	werden empfangen	werden empfangen	würden empfangen
ihr	werdet empfangen	werdet empfangen	würdet empfangen
sie	werden empfangen	werden empfangen	würden empfangen
		Future Perfect Time	
	Future Perfect	*(Fut. Perf. Subj.)*	*(Past Conditional)*
ich	werde empfangen haben	werde empfangen haben	würde empfangen haben
du	wirst empfangen haben	werdest empfangen haben	würdest empfangen haben
er	wird empfangen haben	werde empfangen haben	würde empfangen haben
wir	werden empfangen haben	werden empfangen haben	würden empfangen haben
ihr	werdet empfangen haben	werdet empfangen haben	würdet empfangen haben
sie	werden empfangen haben	werden empfangen haben	würden empfangen haben

PRINC. PARTS: empfehlen, empfahl, empfohlen, empfiehlt
IMPERATIVE: empfiehl!, empfehlt!, empfehlen Sie!

	INDICATIVE	SUBJUNCTIVE		
		PRIMARY	SECONDARY	
			Present Time	
	Present	*(Pres. Subj.)*	*(Imperf. Subj.)*	
ich	empfehle	empfehle	empföhle	empfähle
du	empfiehlst	empfehlest	empföhlest	empfählest
er	empfiehlt	empfehle	empföhle *or*	empfähle
wir	empfehlen	empfehlen	empföhlen	empfählen
ihr	empfehlt	empfehlet	empföhlet	empfählet
sie	empfehlen	empfehlen	empföhlen	empfählen

	Imperfect
ich	empfahl
du	empfahlst
er	empfahl
wir	empfahlen
ihr	empfahlt
sie	empfahlen

			Past Time	
	Perfect	*(Perf. Subj.)*	*(Pluperf. Subj.)*	
ich	habe empfohlen	habe empfohlen	hätte empfohlen	
du	hast empfohlen	habest empfohlen	hättest empfohlen	
er	hat empfohlen	habe empfohlen	hätte empfohlen	
wir	haben empfohlen	haben empfohlen	hätten empfohlen	
ihr	habt empfohlen	habet empfohlen	hättet empfohlen	
sie	haben empfohlen	haben empfohlen	hätten empfohlen	

	Pluperfect
ich	hatte empfohlen
du	hattest empfohlen
er	hatte empfohlen
wir	hatten empfohlen
ihr	hattet empfohlen
sie	hatten empfohlen

			Future Time	
	Future	*(Fut. Subj.)*	*(Pres. Conditional)*	
ich	werde empfehlen	werde empfehlen	würde empfehlen	
du	wirst empfehlen	werdest empfehlen	würdest empfehlen	
er	wird empfehlen	werde empfehlen	würde empfehlen	
wir	werden empfehlen	werden empfehlen	würden empfehlen	
ihr	werdet empfehlen	werdet empfehlen	würdet empfehlen	
sie	werden empfehlen	werden empfehlen	würden empfehlen	

			Future Perfect Time	
	Future Perfect	*(Fut. Perf. Subj.)*	*(Past Conditional)*	
ich	werde empfohlen haben	werde empfohlen haben	würde empfohlen haben	
du	wirst empfohlen haben	werdest empfohlen haben	würdest empfohlen haben	
er	wird empfohlen haben	werde empfohlen haben	würde empfohlen haben	
wir	werden empfohlen haben	werden empfohlen haben	würden empfohlen haben	
ihr	werdet empfohlen haben	werdet empfohlen haben	würdet empfohlen haben	
sie	werden empfohlen haben	werden empfohlen haben	würden empfohlen haben	

erlöschen

to become extinguished,
dim, go out

PRINC. PARTS: erlöschen,* erlosch, ist erloschen,
erlischt
IMPERATIVE: erlisch!, erlöscht!, erlöschen Sie!**

	INDICATIVE	SUBJUNCTIVE	
		PRIMARY	SECONDARY
		Present Time	
	Present	*(Pres. Subj.)*	*(Imperf. Subj.)*
ich	erlösche	erlösche	erlösche
du	erlischst	erlöschest	erlöschest
er	erlischt	erlösche	erlösche
wir	erlöschen	erlöschen	erlöschen
ihr	erlöscht	erlöschet	erlöschet
sie	erlöschen	erlöschen	erlöschen

	Imperfect
ich	erlosch
du	erloschest
er	erlosch
wir	erloschen
ihr	erloscht
sie	erloschen

		Past Time	
	Perfect	*(Perf. Subj.)*	*(Pluperf. Subj.)*
ich	bin erloschen	sei erloschen	wäre erloschen
du	bist erloschen	seiest erloschen	wärest erloschen
er	ist erloschen	sei erloschen	wäre erloschen
wir	sind erloschen	seien erloschen	wären erloschen
ihr	seid erloschen	seiet erloschen	wäret erloschen
sie	sind erloschen	seien erloschen	wären erloschen

	Pluperfect
ich	war erloschen
du	warst erloschen
er	war erloschen
wir	waren erloschen
ihr	wart erloschen
sie	waren erloschen

		Future Time	
	Future	*(Fut. Subj.)*	*(Pres. Conditional)*
ich	werde erlöschen	werde erlöschen	würde erlöschen
du	wirst erlöschen	werdest erlöschen	würdest erlöschen
er	wird erlöschen	werde erlöschen	würde erlöschen
wir	werden erlöschen	werden erlöschen	würden erlöschen
ihr	werdet erlöschen	werdet erlöschen	würdet erlöschen
sie	werden erlöschen	werden erlöschen	würden erlöschen

		Future Perfect Time	
	Future Perfect	*(Fut. Perf. Subj.)*	*(Past Conditional)*
ich	werde erloschen sein	werde erloschen sein	würde erloschen sein
du	wirst erloschen sein	werdest erloschen sein	würdest erloschen sein
er	wird erloschen sein	werde erloschen sein	würde erloschen sein
wir	werden erloschen sein	werden erloschen sein	würden erloschen sein
ihr	werdet erloschen sein	werdet erloschen sein	würdet erloschen sein
sie	werden erloschen sein	werden erloschen sein	würden erloschen sein

* Forms other than the third person are infrequently found.
** The imperative is unusual.

PRINC. PARTS: erschrecken,* erschrak, ist erschrocken,
erschrickt
IMPERATIVE: erschrick!, erschreckt!, erschrecken Sie!

erschrecken

to be frightened

	INDICATIVE		SUBJUNCTIVE	
			PRIMARY	SECONDARY
			Present Time	
	Present		*(Pres. Subj.)*	*(Imperf. Subj.)*
ich	erschrecke		erschrecke	erschräke
du	erschrickst		erschreckest	erschräkest
er	erschrickt		erschrecke	erschräke
wir	erschrecken		erschrecken	erschräken
ihr	erschreckt		erschrecket	erschräket
sie	erschrecken		erschrecken	erschräken

	Imperfect
ich	erschrak
du	erschrakst
er	erschrak
wir	erschraken
ihr	erschrakt
sie	erschraken

			Past Time	
	Perfect		*(Perf. Subj.)*	*(Pluperf. Subj.)*
ich	bin erschrocken		sei erschrocken	wäre erschrocken
du	bist erschrocken		seiest erschrocken	wärest erschrocken
er	ist erschrocken		sei erschrocken	wäre erschrocken
wir	sind erschrocken		seien erschrocken	wären erschrocken
ihr	seid erschrocken		seiet erschrocken	wäret erschrocken
sie	sind erschrocken		seien erschrocken	wären erschrocken

	Pluperfect
ich	war erschrocken
du	warst erschrocken
er	war erschrocken
wir	waren erschrocken
ihr	wart erschrocken
sie	waren erschrocken

			Future Time	
	Future		*(Fut. Subj.)*	*(Pres. Conditional)*
ich	werde erschrecken		werde erschrecken	würde erschrecken
du	wirst erschrecken		werdest erschrecken	würdest erschrecken
er	wird erschrecken		werde erschrecken	würde erschrecken
wir	werden erschrecken		werden erschrecken	würden erschrecken
ihr	werdet erschrecken		werdet erschrecken	würdet erschrecken
sie	werden erschrecken		werden erschrecken	würden erschrecken

			Future Perfect Time	
	Future Perfect		*(Fut. Perf. Subj.)*	*(Past Conditional)*
ich	werde erschrocken sein		werde erschrocken sein	würde erschrocken sein
du	wirst erschrocken sein		werdest erschrocken sein	würdest erschrocken sein
er	wird erschrocken sein		werde erschrocken sein	würde erschrocken sein
wir	werden erschrocken sein		werden erschrocken sein	würden erschrocken sein
ihr	werdet erschrocken sein		werdet erschrocken sein	würdet erschrocken sein
sie	werden erschrocken sein		werden erschrocken sein	würden erschrocken sein

* **Erschrecken** meaning "to frighten" is a weak verb. PRINC. PARTS: erschrecken, erschreckte, erschreckt, erschreckt.

erwägen

to consider, ponder

PRINC. PARTS: erwägen, erwog, erwogen, erwägt
IMPERATIVE: erwäge!, erwägt!, erwägen Sie!

	INDICATIVE	PRIMARY	SECONDARY
		SUBJUNCTIVE	
			Present Time
	Present	*(Pres. Subj.)*	*(Imperf. Subj.)*
ich	erwäge	erwäge	erwöge
du	erwägst	erwägest	erwögest
er	erwägt	erwäge	erwöge
wir	erwägen	erwägen	erwögen
ihr	erwägt	erwäget	erwöget
sie	erwägen	erwägen	erwögen

	Imperfect
ich	erwog
du	erwogst
er	erwog
wir	erwogen
ihr	erwogt
sie	erwogen

			Past Time
	Perfect	*(Perf. Subj.)*	*(Pluperf. Subj.)*
ich	habe erwogen	habe erwogen	hätte erwogen
du	hast erwogen	habest erwogen	hättest erwogen
er	hat erwogen	habe erwogen	hätte erwogen
wir	haben erwogen	haben erwogen	hätten erwogen
ihr	habt erwogen	habet erwogen	hättet erwogen
sie	haben erwogen	haben erwogen	hätten erwogen

	Pluperfect
ich	hatte erwogen
du	hattest erwogen
er	hatte erwogen
wir	hatten erwogen
ihr	hattet erwogen
sie	hatten erwogen

			Future Time
	Future	*(Fut. Subj.)*	*(Pres. Conditional)*
ich	werde erwägen	werde erwägen	würde erwägen
du	wirst erwägen	werdest erwägen	würdest erwägen
er	wird erwägen	werde erwägen	würde erwägen
wir	werden erwägen	werden erwägen	würden erwägen
ihr	werdet erwägen	werdet erwägen	würdet erwägen
sie	werden erwägen	werden erwägen	würden erwägen

			Future Perfect Time
	Future Perfect	*(Fut. Perf. Subj.)*	*(Past Conditional)*
ich	werde erwogen haben	werde erwogen haben	würde erwogen haben
du	wirst erwogen haben	werdest erwogen haben	würdest erwogen haben
er	wird erwogen haben	werde erwogen haben	würde erwogen haben
wir	werden erwogen haben	werden erwogen haben	würden erwogen haben
ihr	werdet erwogen haben	werdet erwogen haben	würdet erwogen haben
sie	werden erwogen haben	werden erwogen haben	würden erwogen haben

INDICATIVE	SUBJUNCTIVE	
	PRIMARY	SECONDARY
	Present Time	
Present	(*Pres. Subj.*)	(*Imperf. Subj.*)
ich esse	esse	äße
du ißt	essest	äßest
er ißt	esse	äße
wir essen	essen	äßen
ihr eßt	esset	äßet
sie essen	essen	äßen

Imperfect

ich aß
du aßest
er aß
wir aßen
ihr aßt
sie aßen

		Past Time	
Perfect	(*Perf. Subj.*)	(*Pluperf. Subj.*)	
ich habe gegessen	habe gegessen	hätte gegessen	
du hast gegessen	habest gegessen	hättest gegessen	
er hat gegessen	habe gegessen	hätte gegessen	
wir haben gegessen	haben gegessen	hätten gegessen	
ihr habt gegessen	habet gegessen	hättet gegessen	
sie haben gegessen	haben gegessen	hätten gegessen	

Pluperfect

ich hatte gegessen
du hattest gegessen
er hatte gegessen
wir hatten gegessen
ihr hattet gegessen
sie hatten gegessen

		Future Time	
Future	(*Fut. Subj.*)	(*Pres. Conditional*)	
ich werde essen	werde essen	würde essen	
du wirst essen	werdest essen	würdest essen	
er wird essen	werde essen	würde essen	
wir werden essen	werden essen	würden essen	
ihr werdet essen	werdet essen	würdet essen	
sie werden essen	werden essen	würden essen	

		Future Perfect Time	
Future Perfect	(*Fut. Perf. Subj.*)	(*Past Conditional*)	
ich werde gegessen haben	werde gegessen haben	würde gegessen haben	
du wirst gegessen haben	werdest gegessen haben	würdest gegessen haben	
er wird gegessen haben	werde gegessen haben	würde gegessen haben	
wir werden gegessen haben	werden gegessen haben	würden gegessen haben	
ihr werdet gegessen haben	werdet gegessen haben	würdet gegessen haben	
sie werden gegessen haben	werden gegessen haben	würden gegessen haben	

35

fahren

to travel, drive, ride, go

PRINC. PARTS: fahren, fuhr, ist gefahren, fährt
IMPERATIVE: fahre!, fahrt!, fahren Sie!

	INDICATIVE	PRIMARY	SUBJUNCTIVE	SECONDARY

Present Time

	Present	(Pres. Subj.)	(Imperf. Subj.)
ich	fahre	fahre	führe
du	fährst	fahrest	führest
er	fährt	fahre	führe
wir	fahren	fahren	führen
ihr	fahrt	fahret	führet
sie	fahren	fahren	führen

	Imperfect
ich	fuhr
du	fuhrst
er	fuhr
wir	fuhren
ihr	fuhrt
sie	fuhren

Past Time

	Perfect	(Perf. Subj.)	(Pluperf. Subj.)
ich	bin gefahren	sei gefahren	wäre gefahren
du	bist gefahren	seiest gefahren	wärest gefahren
er	ist gefahren	sei gefahren	wäre gefahren
wir	sind gefahren	seien gefahren	wären gefahren
ihr	seid gefahren	seiet gefahren	wäret gefahren
sie	sind gefahren	seien gefahren	wären gefahren

	Pluperfect
ich	war gefahren
du	warst gefahren
er	war gefahren
wir	waren gefahren
ihr	wart gefahren
sie	waren gefahren

Future Time

	Future	(Fut. Subj.)	(Pres. Conditional)
ich	werde fahren	werde fahren	würde fahren
du	wirst fahren	werdest fahren	würdest fahren
er	wird fahren	werde fahren	würde fahren
wir	werden fahren	werden fahren	würden fahren
ihr	werdet fahren	werdet fahren	würdet fahren
sie	werden fahren	werden fahren	würden fahren

Future Perfect Time

	Future Perfect	(Fut. Perf. Subj.)	(Past Conditional)
ich	werde gefahren sein	werde gefahren sein	würde gefahren sein
du	wirst gefahren sein	werdest gefahren sein	würdest gefahren sein
er	wird gefahren sein	werde gefahren sein	würde gefahren sein
wir	werden gefahren sein	werden gefahren sein	würden gefahren sein
ihr	werdet gefahren sein	werdet gefahren sein	würdet gefahren sein
sie	werden gefahren sein	werden gefahren sein	würden gefahren sein

PRINC. PARTS: fallen, fiel, ist gefallen, fällt
IMPERATIVE: falle!, fallt!, fallen Sie!

INDICATIVE		SUBJUNCTIVE	
		PRIMARY	SECONDARY
		Present Time	
	Present	*(Pres. Subj.)*	*(Imperf. Subj.)*
ich	falle	falle	fiele
du	fällst	fallest	fielest
er	fällt	falle	fiele
wir	fallen	fallen	fielen
ihr	fallt	fallet	fielet
sie	fallen	fallen	fielen

	Imperfect
ich	fiel
du	fielst
er	fiel
wir	fielen
ihr	fielt
sie	fielen

Past Time

	Perfect	*(Perf. Subj.)*	*(Pluperf. Subj.)*
ich	bin gefallen	sei gefallen	wäre gefallen
du	bist gefallen	seiest gefallen	wärest gefallen
er	ist gefallen	sei gefallen	wäre gefallen
wir	sind gefallen	seien gefallen	wären gefallen
ihr	seid gefallen	seiet gefallen	wäret gefallen
sie	sind gefallen	seien gefallen	wären gefallen

	Pluperfect
ich	war gefallen
du	warst gefallen
er	war gefallen
wir	waren gefallen
ihr	wart gefallen
sie	waren gefallen

Future Time

	Future	*(Fut. Subj.)*	*(Pres. Conditional)*
ich	werde fallen	werde fallen	würde fallen
du	wirst fallen	werdest fallen	würdest fallen
er	wird fallen	werde fallen	würde fallen
wir	werden fallen	werden fallen	würden fallen
ihr	werdet fallen	werdet fallen	würdet fallen
sie	werden fallen	werden fallen	würden fallen

Future Perfect Time

	Future Perfect	*(Fut. Perf. Subj.)*	*(Past Conditional)*
ich	werde gefallen sein	werde gefallen sein	würde gefallen sein
du	wirst gefallen sein	werdest gefallen sein	würdest gefallen sein
er	wird gefallen sein	werde gefallen sein	würde gefallen sein
wir	werden gefallen sein	werden gefallen sein	würden gefallen sein
ihr	werdet gefallen sein	werdet gefallen sein	würdet gefallen sein
sie	werden gefallen sein	werden gefallen sein	würden gefallen sein

fangen
to catch, capture

PRINC. PARTS: fangen, fing, gefangen, fängt
IMPERATIVE: fange!, fangt!, fangen Sie!

	INDICATIVE		SUBJUNCTIVE	
			PRIMARY	SECONDARY
			Present Time	
	Present		*(Pres. Subj.)*	*(Imperf. Subj.)*
ich	fange		fange	finge
du	fängst		fangest	fingest
er	fängt		fange	finge
wir	fangen		fangen	fingen
ihr	fangt		fanget	finget
sie	fangen		fangen	fingen

	Imperfect
ich	fing
du	fingst
er	fing
wir	fingen
ihr	fingt
sie	fingen

				Past Time	
	Perfect		*(Perf. Subj.)*	*(Pluperf. Subj.)*	
ich	habe gefangen		habe gefangen	hätte gefangen	
du	hast gefangen		habest gefangen	hättest gefangen	
er	hat gefangen		habe gefangen	hätte gefangen	
wir	haben gefangen		haben gefangen	hätten gefangen	
ihr	habt gefangen		habet gefangen	hättet gefangen	
sie	haben gefangen		haben gefangen	hätten gefangen	

	Pluperfect
ich	hatte gefangen
du	hattest gefangen
er	hatte gefangen
wir	hatten gefangen
ihr	hattet gefangen
sie	hatten gefangen

			Future Time	
	Future		*(Fut. Subj.)*	*(Pres. Conditional)*
ich	werde fangen		werde fangen	würde fangen
du	wirst fangen		werdest fangen	würdest fangen
er	wird fangen		werde fangen	würde fangen
wir	werden fangen		werden fangen	würden fangen
ihr	werdet fangen		werdet fangen	würdet fangen
sie	werden fangen		werden fangen	würden fangen

			Future Perfect Time	
	Future Perfect		*(Fut. Perf. Subj.)*	*(Past Conditional)*
ich	werde gefangen haben		werde gefangen haben	würde gefangen haben
du	wirst gefangen haben		werdest gefangen haben	würdest gefangen haben
er	wird gefangen haben		werde gefangen haben	würde gefangen haben
wir	werden gefangen haben		werden gefangen haben	würden gefangen haben
ihr	werdet gefangen haben		werdet gefangen haben	würdet gefangen haben
sie	werden gefangen haben		werden gefangen haben	würden gefangen haben

PRINC. PARTS: fechten, focht, gefochten, ficht
IMPERATIVE: ficht!, fechtet!, fechten Sie!

to fight, fence

	INDICATIVE		SUBJUNCTIVE	
			PRIMARY	SECONDARY
			Present Time	
	Present		*(Pres. Subj.)*	*(Imperf. Subj.)*
ich	fechte		fechte	föchte
du	fichtst		fechtest	föchtest
er	ficht		fechte	föchte
wir	fechten		fechten	föchten
ihr	fechtet		fechtet	föchtet
sie	fechten		fechten	föchten

	Imperfect
ich	focht
du	fochtest
er	focht
wir	fochten
ihr	fochtet
sie	fochten

			Past Time	
	Perfect		*(Perf. Subj.)*	*(Pluperf. Subj.)*
ich	habe gefochten		habe gefochten	hätte gefochten
du	hast gefochten		habest gefochten	hättest gefochten
er	hat gefochten		habe gefochten	hätte gefochten
wir	haben gefochten		haben gefochten	hätten gefochten
ihr	habt gefochten		habet gefochten	hättet gefochten
sie	haben gefochten		haben gefochten	hätten gefochten

	Pluperfect
ich	hatte gefochten
du	hattest gefochten
er	hatte gefochten
wir	hatten gefochten
ihr	hattet gefochten
sie	hatten gefochten

			Future Time	
	Future		*(Fut. Subj.)*	*(Pres. Conditional)*
ich	werde fechten		werde gefochten	würde fechten
du	wirst fechten		werdest gefochten	würdest fechten
er	wird fechten		werde gefochten	würde fechten
wir	werden fechten		werden gefochten	würden fechten
ihr	werdet fechten		werdet gefochten	würdet fechten
sie	werden fechten		werden gefochten	würden fechten

			Future Perfect Time	
	Future Perfect		*(Fut. Perf. Subj.)*	*(Past Conditional)*
ich	werde gefochten haben		werde gefochten haben	würde gefochten haben
du	wirst gefochten haben		werdest gefochten haben	würdest gefochten haben
er	wird gefochten haben		werde gefochten haben	würde gefochten haben
wir	werden gefochten haben		werden gefochten haben	würden gefochten haben
ihr	werdet gefochten haben		werdet gefochten haben	würdet gefochten haben
sie	werden gefochten haben		werden gefochten haben	würden gefochten haben

finden
to find

PRINC. PARTS: finden, fand, gefunden, findet
IMPERATIVE: finde!, findet!, finden Sie!

	INDICATIVE	SUBJUNCTIVE	
		PRIMARY	SECONDARY
		Present Time	
	Present	*(Pres. Subj.)*	*(Imperf. Subj.)*
ich	finde	finde	fände
du	findest	findest	fändest
er	findet	finde	fände
wir	finden	finden	fänden
ihr	findet	findet	fändet
sie	finden	finden	fänden

	Imperfect
ich	fand
du	fandst
er	fand
wir	fanden
ihr	fandet
sie	fanden

			Past Time	
	Perfect	*(Perf. Subj.)*	*(Pluperf. Subj.)*
ich	habe gefunden	habe gefunden	hätte gefunden
du	hast gefunden	habest gefunden	hättest gefunden
er	hat gefunden	habe gefunden	hätte gefunden
wir	haben gefunden	haben gefunden	hätten gefunden
ihr	habt gefunden	habet gefunden	hättet gefunden
sie	haben gefunden	haben gefunden	hätten gefunden

	Pluperfect
ich	hatte gefunden
du	hattest gefunden
er	hatte gefunden
wir	hatten gefunden
ihr	hattet gefunden
sie	hatten gefunden

		Future Time	
	Future	*(Fut. Subj.)*	*(Pres. Conditional)*
ich	werde finden	werde finden	würde finden
du	wirst finden	werdest finden	würdest finden
er	wird finden	werde finden	würde finden
wir	werden finden	werden finden	würden finden
ihr	werdet finden	werdet finden	würdet finden
sie	werden finden	werden finden	würden finden

		Future Perfect Time	
	Future Perfect	*(Fut. Perf. Subj.)*	*(Past Conditional)*
ich	werde gefunden haben	werde gefunden haben	würde gefunden haben
du	wirst gefunden haben	werdest gefunden haben	würdest gefunden haben
er	wird gefunden haben	werde gefunden haben	würde gefunden haben
wir	werden gefunden haben	werden gefunden haben	würden gefunden haben
ihr	werdet gefunden haben	werdet gefunden haben	würdet gefunden haben
sie	werden gefunden haben	werden gefunden haben	würden gefunden haben

PRINC. PARTS: fliegen, flog, ist geflogen, fliegt
IMPERATIVE: fliege!, fliegt!, fliegen Sie!

fliegen

to fly

INDICATIVE	SUBJUNCTIVE	
	PRIMARY	SECONDARY
	Present Time	
Present	*(Pres. Subj.)*	*(Imperf. Subj.)*
ich fliege	fliege	flöge
du fliegst	fliegest	flögest
er fliegt	fliege	flöge
wir fliegen	fliegen	flögen
ihr fliegt	flieget	flöget
sie fliegen	fliegen	flögen

	Imperfect
ich	flog
du	flogst
er	flog
wir	flogen
ihr	flogt
sie	flogen

		Past Time	
	Perfect	*(Perf. Subj.)*	*(Pluperf. Subj.)*
ich	bin geflogen	sei geflogen	wäre geflogen
du	bist geflogen	seiest geflogen	wärest geflogen
er	ist geflogen	sei geflogen	wäre geflogen
wir	sind geflogen	seien geflogen	wären geflogen
ihr	seid geflogen	seiet geflogen	wäret geflogen
sie	sind geflogen	seien geflogen	wären geflogen

	Pluperfect
ich	war geflogen
du	warst geflogen
er	war geflogen
wir	waren geflogen
ihr	wart geflogen
sie	waren geflogen

		Future Time	
	Future	*(Fut. Subj.)*	*(Pres. Conditional)*
ich	werde fliegen	werde fliegen	würde fliegen
du	wirst fliegen	werdest fliegen	würdest fliegen
er	wird fliegen	werde fliegen	würde fliegen
wir	werden fliegen	werden fliegen	würden fliegen
ihr	werdet fliegen	werdet fliegen	würdet fliegen
sie	werden fliegen	werden fliegen	würden fliegen

		Future Perfect Time	
	Future Perfect	*(Fut. Perf. Subj.)*	*(Past Conditional)*
ich	werde geflogen sein	werde geflogen sein	würde geflogen sein
du	wirst geflogen sein	werdest geflogen sein	würdest geflogen sein
er	wird geflogen sein	werde geflogen sein	würde geflogen sein
wir	werden geflogen sein	werden geflogen sein	würden geflogen sein
ihr	werdet geflogen sein	werdet geflogen sein	würdet geflogen sein
sie	werden geflogen sein	werden geflogen sein	würden geflogen sein

fliehen

to flee, shun, avoid

PRINC. PARTS: fliehen, floh, ist geflohen, flieht
IMPERATIVE: fliehe!, flieht!, fliehen Sie!

INDICATIVE		SUBJUNCTIVE	
		PRIMARY	SECONDARY
		Present Time	
	Present	*(Pres. Subj.)*	*(Imperf. Subj.)*
ich	fliehe	fliehe	flöhe
du	fliehst	fliehest	flöhest
er	flieht	fliehe	flöhe
wir	fliehen	fliehen	flöhen
ihr	flieht	fliehet	flöhet
sie	fliehen	fliehen	flöhen

	Imperfect
ich	floh
du	flohst
er	floh
wir	flohen
ihr	floht
sie	flohen

			Past Time	
	Perfect	*(Perf. Subj.)*	*(Pluperf. Subj.)*
ich	bin geflohen	sei geflohen	wäre geflohen
du	bist geflohen	seiest geflohen	wärest geflohen
er	ist geflohen	sei geflohen	wäre geflohen
wir	sind geflohen	seien geflohen	wären geflohen
ihr	seid geflohen	seiet geflohen	wäret geflohen
sie	sind geflohen	seien geflohen	wären geflohen

	Pluperfect
ich	war geflohen
du	warst geflohen
er	war geflohen
wir	waren geflohen
ihr	wart geflohen
sie	waren geflohen

			Future Time	
	Future	*(Fut. Subj.)*	*(Pres. Conditional)*
ich	werde fliehen	werde fliehen	würde fliehen
du	wirst fliehen	werdest fliehen	würdest fliehen
er	wird fliehen	werde fliehen	würde fliehen
wir	werden fliehen	werden fliehen	würden fliehen
ihr	werdet fliehen	werdet fliehen	würdet fliehen
sie	werden fliehen	werden fliehen	würden fliehen

			Future Perfect Time	
	Future Perfect	*(Fut. Perf. Subj.)*	*(Past Conditional)*
ich	werde geflohen sein	werde geflohen sein	würde geflohen sein
du	wirst geflohen sein	werdest geflohen sein	würdest geflohen sein
er	wird geflohen sein	werde geflohen sein	würde geflohen sein
wir	werden geflohen sein	werden geflohen sein	würden geflohen sein
ihr	werdet geflohen sein	werdet geflohen sein	würdet geflohen sein
sie	werden geflohen sein	werden geflohen sein	würden geflohen sein

	INDICATIVE		SUBJUNCTIVE	
		PRIMARY		SECONDARY
			Present Time	
	Present	*(Pres. Subj.)*		*(Imperf. Subj.)*
ich	fließe	fließe		flösse
du	fließt	fließest		flössest
er	fließt	fließe		flösse
wir	fließen	fließen		flössen
ihr	fließt	fließet		flösset
sie	fließen	fließen		flössen

	Imperfect
ich	floß
du	flossest
er	floß
wir	flossen
ihr	floßt
sie	flossen

				Past Time	
	Perfect	*(Perf. Subj.)*		*(Pluperf. Subj.)*
ich	bin geflossen	sei geflossen		wäre geflossen
du	bist geflossen	seiest geflossen		wärest geflossen
er	ist geflossen	sei geflossen		wäre geflossen
wir	sind geflossen	seien geflossen		wären geflossen
ihr	seid geflossen	seiet geflossen		wäret geflossen
sie	sind geflossen	seien geflossen		wären geflossen

	Pluperfect
ich	war geflossen
du	warst geflossen
er	war geflossen
wir	waren geflossen
ihr	wart geflossen
sie	waren geflossen

				Future Time	
	Future	*(Fut. Subj.)*		*(Pres. Conditional)*
ich	werde fließen	werde fließen		würde fließen
du	wirst fließen	werdest fließen		würdest fließen
er	wird fließen	werde fließen		würde fließen
wir	werden fließen	werden fließen		würden fließen
ihr	werdet fließen	werdet fließen		würdet fließen
sie	werden fließen	werden fließen		würden fließen

				Future Perfect Time	
	Future Perfect	*(Fut. Perf. Subj.)*		*(Past Conditional)*
ich	werde geflossen sein	werde geflossen sein		würde geflossen sein
du	wirst geflossen sein	werdest geflossen sein		würdest geflossen sein
er	wird geflossen sein	werde geflossen sein		würde geflossen sein
wir	werden geflossen sein	werden geflossen sein		würden geflossen sein
ihr	werdet geflossen sein	werdet geflossen sein		würdet geflossen sein
sie	werden geflossen sein	werden geflossen sein		würden geflossen sein

* Forms other than the third person are infrequently found.
** The imperative is unusual.

fragen
to ask (a question)

	INDICATIVE	SUBJUNCTIVE	
		PRIMARY	SECONDARY
		Present Time	
	Present	*(Pres. Subj.)*	*(Imperf. Subj.)*
ich	frage	frage	fragte
du	fragst	fragest	fragtest
er	fragt	frage	fragte
wir	fragen	fragen	fragten
ihr	fragt	fraget	fragtet
sie	fragen	fragen	fragten

	Imperfect
ich	fragte
du	fragtest
er	fragte
wir	fragten
ihr	fragtet
sie	fragten

			Past Time	
	Perfect	*(Perf. Subj.)*	*(Pluperf. Subj.)*	
ich	habe gefragt	habe gefragt	hätte gefragt
du	hast gefragt	habest gefragt	hättest gefragt
er	hat gefragt	habe gefragt	hätte gefragt
wir	haben gefragt	haben gefragt	hätten gefragt
ihr	habt gefragt	habet gefragt	hättet gefragt
sie	haben gefragt	haben gefragt	hätten gefragt

	Pluperfect
ich	hatte gefragt
du	hattest gefragt
er	hatte gefragt
wir	hatten gefragt
ihr	hattet gefragt
sie	hatten gefragt

			Future Time	
	Future	*(Fut. Subj.)*	*(Pres. Conditional)*	
ich	werde fragen	werde fragen	würde fragen
du	wirst fragen	werdest fragen	würdest fragen
er	wird fragen	werde fragen	würde fragen
wir	werden fragen	werden fragen	würden fragen
ihr	werdet fragen	werdet fragen	würdet fragen
sie	werden fragen	werden fragen	würden fragen

			Future Perfect Time	
	Future Perfect	*(Fut. Perf. Subj.)*	*(Past Conditional)*	
ich	werde gefragt haben	werde gefragt haben	würde gefragt haben
du	wirst gefragt haben	werdest gefragt haben	würdest gefragt haben
er	wird gefragt haben	werde gefragt haben	würde gefragt haben
wir	werden gefragt haben	werden gefragt haben	würden gefragt haben
ihr	werdet gefragt haben	werdet gefragt haben	würdet gefragt haben
sie	werden gefragt haben	werden gefragt haben	würden gefragt haben

PRINC. PARTS: fressen, fraß, gefressen, frißt
IMPERATIVE: friß!, freßt!, fressen Sie!

fressen *

to eat, feed, devour

	INDICATIVE		SUBJUNCTIVE	
			PRIMARY	SECONDARY
			Present Time	
	Present		*(Pres. Subj.)*	*(Imperf. Subj.)*
ich	fresse		fresse	fräße
du	frißt		fressest	fräßest
er	frißt		fresse	fräße
wir	fressen		fressen	fräßen
ihr	freßt		fresset	fräßet
sie	fressen		fressen	fräßen

Imperfect

ich	fraß
du	fraßest
er	fraß
wir	fraßen
ihr	fraßt
sie	fraßen

Past Time

	Perfect	*(Perf. Subj.)*	*(Pluperf. Subj.)*
ich	habe gefressen	habe gefressen	hätte gefressen
du	hast gefressen	habest gefressen	hättest gefressen
er	hat gefressen	habe gefressen	hätte gefressen
wir	haben gefressen	haben gefressen	hätten gefressen
ihr	habt gefressen	habet gefressen	hättet gefressen
sie	haben gefressen	haben gefressen	hätten gefressen

Pluperfect

ich	hatte gefressen
du	hattest gefressen
er	hatte gefressen
wir	hatten gefressen
ihr	hattet gefressen
sie	hatten gefressen

Future Time

	Future	*(Fut. Subj.)*	*(Pres. Conditional)*
ich	werde fressen	werde fressen	würde fressen
du	wirst fressen	werdest fressen	würdest fressen
er	wird fressen	werde fressen	würde fressen
wir	werden fressen	werden fressen	würden fressen
ihr	werdet fressen	werdet fressen	würdet fressen
sie	werden fressen	werden fressen	würden fressen

Future Perfect Time

	Future Perfect	*(Fut. Perf. Subj.)*	*(Past Conditional)*
ich	werde gefressen haben	werde gefressen haben	würde gefressen haben
du	wirst gefressen haben	werdest gefressen haben	würdest gefressen haben
er	wird gefressen haben	werde gefressen haben	würde gefressen haben
wir	werden gefressen haben	werden gefressen haben	würden gefressen haben
ihr	werdet gefressen haben	werdet gefressen haben	würdet gefressen haben
sie	werden gefressen haben	werden gefressen haben	würden gefressen haben

* Used for animals and humans who eat ravenously.

frieren

to freeze, feel cold

PRINC. PARTS: frieren, fror, gefroren, friert
IMPERATIVE: friere!, friert!, frieren Sie!

INDICATIVE	SUBJUNCTIVE	
	PRIMARY	SECONDARY

Present Time

	Present	(Pres. Subj.)	(Imperf. Subj.)
ich	friere	friere	fröre
du	frierst	frierest	frörest
er	friert	friere	fröre
wir	frieren	frieren	frören
ihr	friert	frieret	fröret
sie	frieren	frieren	frören

	Imperfect
ich	fror
du	frorst
er	fror
wir	froren
ihr	frort
sie	froren

Past Time

	Perfect	(Perf. Subj.)	(Pluperf. Subj.)
ich	habe gefroren	habe gefroren	hätte gefroren
du	hast gefroren	habest gefroren	hättest gefroren
er	hat gefroren	habe gefroren	hätte gefroren
wir	haben gefroren	haben gefroren	hätten gefroren
ihr	habt gefroren	habet gefroren	hättet gefroren
sie	haben gefroren	haben gefroren	hätten gefroren

	Pluperfect
ich	hatte gefroren
du	hattest gefroren
er	hatte gefroren
wir	hatten gefroren
ihr	hattet gefroren
sie	hatten gefroren

Future Time

	Future	(Fut. Subj.)	(Pres. Conditional)
ich	werde frieren	werde frieren	würde frieren
du	wirst frieren	werdest frieren	würdest frieren
er	wird frieren	werde frieren	würde frieren
wir	werden frieren	werden frieren	würden frieren
ihr	werdet frieren	werdet frieren	würdet frieren
sie	werden frieren	werden frieren	würden frieren

Future Perfect Time

	Future Perfect	(Fut. Perf. Subj.)	(Past Conditional)
ich	werde gefroren haben	werde gefroren haben	würde gefroren haben
du	wirst gefroren haben	werdest gefroren haben	würdest gefroren haben
er	wird gefroren haben	werde gefroren haben	würde gefroren haben
wir	werden gefroren haben	werden gefroren haben	würden gefroren haben
ihr	werdet gefroren haben	werdet gefroren haben	würdet gefroren haben
sie	werden gefroren haben	werden gefroren haben	würden gefroren haben

46

	INDICATIVE	SUBJUNCTIVE	
		PRIMARY	**SECONDARY**
		Present Time	
	Present	*(Pres. Subj.)*	*(Imperf. Subj.)*
ich	gäre	gäre	göre
du	gärst	gärest	görest
er	gärt	gäre	göre
wir	gären	gären	gören
ihr	gärt	gäret	göret
sie	gären	gären	gören

	Imperfect
ich	gor
du	gorst
er	gor
wir	goren
ihr	gort
sie	goren

			Past Time	
	Perfect	*(Perf. Subj.)*	*(Pluperf. Subj.)*
ich	habe gegoren	habe gegoren	hätte gegoren
du	hast gegoren	habest gegoren	hättest gegoren
er	hat gegoren	habe gegoren	hätte gegoren
wir	haben gegoren	haben gegoren	hätten gegoren
ihr	habt gegoren	habet gegoren	hättet gegoren
sie	haben gegoren	haben gegoren	hätten gegoren

	Pluperfect
ich	hatte gegoren
du	hattest gegoren
er	hatte gegoren
wir	hatten gegoren
ihr	hattet gegoren
sie	hatten gegoren

			Future Time	
	Future	*(Fut. Subj.)*	*(Pres. Conditional)*
ich	werde gären	werde gären	würde gären
du	wirst gären	werdest gären	würdest gären
er	wird gären	werde gären	würde gären
wir	werden gären	werden gären	würden gären
ihr	werdet gären	werdet gären	würdet gären
sie	werden gären	werden gären	würden gären

			Future Perfect Time	
	Future Perfect	*(Fut. Perf. Subj.)*	*(Past Conditional)*
ich	werde gegoren haben	werde gegoren haben	würde gegoren haben
du	wirst gegoren haben	werdest gegoren haben	würdest gegoren haben
er	wird gegoren haben	werde gegoren haben	würde gegoren haben
wir	werden gegoren haben	werden gegoren haben	würden gegoren haben
ihr	werdet gegoren haben	werdet gegoren haben	würdet gegoren haben
sie	werden gegoren haben	werden gegoren haben	würden gegoren haben

* Forms other than the third person are infrequently found.
** When used figuratively, **gären** is weak. PRINC. PARTS: gären, gärte, gegärt, gärt.
† The imperative is unusual.

gebären

to give birth to

PRINC. PARTS: gebären, gebar, hat geboren,* gebiert
IMPERATIVE: gebier!, gebiert!, gebären Sie!

	INDICATIVE	SUBJUNCTIVE	
		PRIMARY	SECONDARY
		Present Time	
	Present	*(Pres. Subj.)*	*(Imperf. Subj.)*
ich	gebäre	gebäre	gebäre
du	gebierst	gebärest	gebärest
er	gebiert	gebäre	gebäre
wir	gebären	gebären	gebären
ihr	gebärt	gebäret	gebäret
sie	gebären	gebären	gebären
	Imperfect		
ich	gebar		
du	gebarst		
er	gebar		
wir	gebaren		
ihr	gebart		
sie	gebaren		
		Past Time	
	Perfect	*(Perf. Subj.)*	*(Pluperf. Subj.)*
ich	habe geboren	habe geboren	hätte geboren
du	hast geboren	habest geboren	hättest geboren
er	hat geboren	habe geboren	hätte geboren
wir	haben geboren	haben geboren	hätten geboren
ihr	habt geboren	habet geboren	hättet geboren
sie	haben geboren	haben geboren	hätten geboren
	Pluperfect		
ich	war geboren		
du	warst geboren		
er	war geboren		
wir	waren geboren		
ihr	wart geboren		
sie	waren geboren		
		Future Time	
	Future	*(Fut. Subj.)*	*(Pres. Conditional)*
ich	werde gebären	werde gebären	würde gebären
du	wirst gebären	werdest gebären	würdest gebären
er	wird gebären	werde gebären	würde gebären
wir	werden gebären	werden gebären	würden gebären
ihr	werdet gebären	werdet gebären	würdet gebären
sie	werden gebären	werden gebären	würden gebären
		Future Perfect Time	
	Future Perfect	*(Fut. Perf. Subj.)*	*(Past Conditional)*
ich	werde geboren haben	werde geboren haben	würde geboren haben
du	wirst geboren haben	werdest geboren haben	würdest geboren haben
er	wird geboren haben	werde geboren haben	würde geboren haben
wir	werden geboren haben	werden geboren haben	würden geboren haben
ihr	werdet geboren haben	werdet geboren haben	würdet geboren haben
sie	werden geboren haben	werden geboren haben	würden geboren haben

* The active perfect forms of this verb, which can only be used by a mother, are given above. The passive perfect forms (I was born, etc.), use *sein* (for living persons) or *werden* (for persons no longer living), not *haben*, as the auxiliary verb and will be more commonly found.

PRINC. PARTS: geben, gab, gegeben, gibt
IMPERATIVE: gib!, gebt!, geben Sie!

	INDICATIVE		SUBJUNCTIVE	
			PRIMARY	SECONDARY
			Present Time	
	Present		*(Pres. Subj.)*	*(Imperf. Subj.)*
ich	gebe		gebe	gäbe
du	gibst		gebest	gäbest
er	gibt		gebe	gäbe
wir	geben		geben	gäben
ihr	gebt		gebet	gäbet
sie	geben		geben	gäben

Imperfect

ich	gab
du	gabst
er	gab
wir	gaben
ihr	gabt
sie	gaben

			Past Time	
	Perfect		*(Perf. Subj.)*	*(Pluperf. Subj.)*
ich	habe gegeben		habe gegeben	hätte gegeben
du	hast gegeben		habest gegeben	hättest gegeben
er	hat gegeben		habe gegeben	hätte gegeben
wir	haben gegeben		haben gegeben	hätten gegeben
ihr	habt gegeben		habet gegeben	hättet gegeben
sie	haben gegeben		haben gegeben	hätten gegeben

Pluperfect

ich	hatte gegeben
du	hattest gegeben
er	hatte gegeben
wir	hatten gegeben
ihr	hattet gegeben
sie	hatten gegeben

			Future Time	
	Future		*(Fut. Subj.)*	*(Pres. Conditional)*
ich	werde geben		werde geben	würde geben
du	wirst geben		werdest geben	würdest geben
er	wird geben		werde geben	würde geben
wir	werden geben		werden geben	würden geben
ihr	werdet geben		werdet geben	würdet geben
sie	werden geben		werden geben	würden geben

			Future Perfect Time	
	Future Perfect		*(Fut. Perf. Subj.)*	*(Past Conditional)*
ich	werde gegeben haben		werde gegeben haben	würde gegeben haben
du	wirst gegeben haben		werdest gegeben haben	würdest gegeben haben
er	wird gegeben haben		werde gegeben haben	würde gegeben haben
wir	werden gegeben haben		werden gegeben haben	würden gegeben haben
ihr	werdet gegeben haben		werdet gegeben haben	würdet gegeben haben
sie	werden gegeben haben		werden gegeben haben	würden gegeben haben

49

gedeihen
to thrive, prosper

PRINC. PARTS: gedeihen, gedieh, ist gediehen, gedeiht
IMPERATIVE: gedeihe!, gedeiht!, gedeihen Sie!

	INDICATIVE		SUBJUNCTIVE	
		PRIMARY		SECONDARY
			Present Time	
	Present	*(Pres. Subj.)*		*(Imperf. Subj.)*
ich	gedeihe	gedeihe		gediehe
du	gedeihst	gedeihest		gediehest
er	gedeiht	gedeihe		gediehe
wir	gedeihen	gedeihen		gediehen
ihr	gedeiht	gedeihet		gediehet
sie	gedeihen	gedeihen		gediehen

	Imperfect
ich	gedieh
du	gediehst
er	gedieh
wir	gediehen
ihr	gedieht
sie	gediehen

			Past Time	
	Perfect	*(Perf. Subj.)*		*(Pluperf. Subj.)*
ich	bin gediehen	sei gediehen		wäre gediehen
du	bist gediehen	seiest gediehen		wärest gediehen
er	ist gediehen	sei gediehen		wäre gediehen
wir	sind gediehen	seien gediehen		wären gediehen
ihr	seid gediehen	seiet gediehen		wäret gediehen
sie	sind gediehen	seien gediehen		wären gediehen

	Pluperfect
ich	war gediehen
du	warst gediehen
er	war gediehen
wir	waren gediehen
ihr	wart gediehen
sie	waren gediehen

			Future Time	
	Future	*(Fut. Subj.)*		*(Pres. Conditional)*
ich	werde gedeihen	werde gedeihen		würde gedeihen
du	wirst gedeihen	werdest gedeihen		würdest gedeihen
er	wird gedeihen	werde gedeihen		würde gedeihen
wir	werden gedeihen	werden gedeihen		würden gedeihen
ihr	werdet gedeihen	werdet gedeihen		würdet gedeihen
sie	werden gedeihen	werden gedeihen		würden gedeihen

			Future Perfect Time	
	Future Perfect	*(Fut. Perf. Subj.)*		*(Past Conditional)*
ich	werde gediehen sein	werde gediehen sein		würde gediehen sein
du	wirst gediehen sein	werdest gediehen sein		würdest gediehen sein
er	wird gediehen sein	werde gediehen sein		würde gediehen sein
wir	werden gediehen sein	werden gediehen sein		würden gediehen sein
ihr	werdet gediehen sein	werdet gediehen sein		würdet gediehen sein
sie	werden gediehen sein	werden gediehen sein		würden gediehen sein

PRINC. PARTS: gefallen, gefiel, gefallen, gefällt
IMPERATIVE: gefalle!, gefallt!, gefallen Sie!

to be pleasing, like

INDICATIVE		SUBJUNCTIVE	
		PRIMARY	SECONDARY
		Present Time	
	Present	*(Pres. Subj.)*	*(Imperf. Subj.)*
ich	gefalle	gefalle	gefiele
du	gefällst	gefallest	gefielest
er	gefällt	gefalle	gefiele
wir	gefallen	gefallen	gefielen
ihr	gefallt	gefallet	gefielet
sie	gefallen	gefallen	gefielen

	Imperfect
ich	gefiel
du	gefielst
er	gefiel
wir	gefielen
ihr	gefielt
sie	gefielen

			Past Time	
	Perfect	*(Perf. Subj.)*	*(Pluperf. Subj.)*
ich	habe gefallen	habe gefallen	hätte gefallen
du	hast gefallen	habest gefallen	hättest gefallen
er	hat gefallen	habe gefallen	hätte gefallen
wir	haben gefallen	haben gefallen	hätten gefallen
ihr	habt gefallen	habet gefallen	hättet gefallen
sie	haben gefallen	haben gefallen	hätten gefallen

	Pluperfect
ich	hatte gefallen
du	hattest gefallen
er	hatte gefallen
wir	hatten gefallen
ihr	hattet gefallen
sie	hatten gefallen

		Future Time	
	Future	*(Fut. Subj.)*	*(Pres. Conditional)*
ich	werde gefallen	werde gefallen	würde gefallen
du	wirst gefallen	werdest gefallen	würdest gefallen
er	wird gefallen	werde gefallen	würde gefallen
wir	werden gefallen	werden gefallen	würden gefallen
ihr	werdet gefallen	werdet gefallen	würdet gefallen
sie	werden gefallen	werden gefallen	würden gefallen

		Future Perfect Time	
	Future Perfect	*(Fut. Perf. Subj.)*	*(Past Conditional)*
ich	werde gefallen haben	werde gefallen haben	würde gefallen haben
du	wirst gefallen haben	werdest gefallen haben	würdest gefallen haben
er	wird gefallen haben	werde gefallen haben	würde gefallen haben
wir	werden gefallen haben	werden gefallen haben	würden gefallen haben
ihr	werdet gefallen haben	werdet gefallen haben	würdet gefallen haben
sie	werden gefallen haben	werden gefallen haben	würden gefallen haben

gehen
to go, walk

PRINC. PARTS: gehen, ging, ist gegangen, geht
IMPERATIVE: gehe!, geht!, gehen Sie!

	INDICATIVE	SUBJUNCTIVE	
		PRIMARY	SECONDARY
		Present Time	
	Present	*(Pres. Subj.)*	*(Imperf. Subj.)*
ich	gehe	gehe	ginge
du	gehst	gehest	gingest
er	geht	gehe	ginge
wir	gehen	gehen	gingen
ihr	geht	gehet	ginget
sie	gehen	gehen	gingen

	Imperfect
ich	ging
du	gingst
er	ging
wir	gingen
ihr	gingt
sie	gingen

			Past Time	
	Perfect	*(Perf. Subj.)*	*(Pluperf. Subj.)*	
ich	bin gegangen	sei gegangen	wäre gegangen
du	bist gegangen	seiest gegangen	wärest gegangen
er	ist gegangen	sei gegangen	wäre gegangen
wir	sind gegangen	seien gegangen	wären gegangen
ihr	seid gegangen	seiet gegangen	wäret gegangen
sie	sind gegangen	seien gegangen	wären gegangen

	Pluperfect
ich	war gegangen
du	warst gegangen
er	war gegangen
wir	waren gegangen
ihr	wart gegangen
sie	waren gegangen

			Future Time	
	Future	*(Fut. Subj.)*	*(Pres. Conditional)*	
ich	werde gehen	werde gehen	würde gehen
du	wirst gehen	werdest gehen	würdest gehen
er	wird gehen	werde gehen	würde gehen
wir	werden gehen	werden gehen	würden gehen
ihr	werdet gehen	werdet gehen	würdet gehen
sie	werden gehen	werden gehen	würden gehen

			Future Perfect Time	
	Future Perfect	*(Fut. Perf. Subj.)*	*(Past Conditional)*	
ich	werde gegangen sein	werde gegangen sein	würde gegangen sein
du	wirst gegangen sein	werdest gegangen sein	würdest gegangen sein
er	wird gegangen sein	werde gegangen sein	würde gegangen sein
wir	werden gegangen sein	werden gegangen sein	würden gegangen sein
ihr	werdet gegangen sein	werdet gegangen sein	würdet gegangen sein
sie	werden gegangen sein	werden gegangen sein	würden gegangen sein

PRINC. PARTS: geliebt werden, wurde geliebt, ist geliebt
worden, wird geliebt
IMPERATIVE: werde geliebt!, werdet geliebt!,
werden Sie geliebt!

geliebt werden
to be loved

	INDICATIVE	PRIMARY SUBJUNCTIVE	SECONDARY
		Present Time	
	Present	*(Pres. Subj.)*	*(Imperf. Subj.)*
ich	werde geliebt	werde geliebt	würde geliebt
du	wirst geliebt	werdest geliebt	würdest geliebt
er	wird geliebt	werde geliebt	würde geliebt
wir	werden geliebt	werden geliebt	würden geliebt
ihr	werdet geliebt	werdet geliebt	würdet geliebt
sie	werden geliebt	werden geliebt	würden geliebt
	Imperfect		
ich	wurde geliebt		
du	wurdest geliebt		
er	wurde geliebt		
wir	wurden geliebt		
ihr	wurdet geliebt		
sie	wurden geliebt	*Past Time*	
	Perfect	*(Perf. Subj.)*	*(Pluperf. Subj.)*
ich	bin geliebt worden	sei geliebt worden	wäre geliebt worden
du	bist geliebt worden	seiest geliebt worden	wärest geliebt worden
er	ist geliebt worden	sei geliebt worden	wäre geliebt worden
wir	sind geliebt worden	seien geliebt worden	wären geliebt worden
ihr	seid geliebt worden	seiet geliebt worden	wäret geliebt worden
sie	sind geliebt worden	seien geliebt worden	wären geliebt worden
	Pluperfect		
ich	war geliebt worden		
du	warst geliebt worden		
er	war geliebt worden		
wir	waren geliebt worden		
ihr	wart geliebt worden		
sie	waren geliebt worden	*Future Time*	
	Future	*(Fut. Subj.)*	*(Pres. Conditional)*
ich	werde geliebt werden	werde geliebt werden	würde geliebt werden
du	wirst geliebt werden	werdest geliebt werden	würdest geliebt werden
er	wird geliebt werden	werde geliebt werden	würde geliebt werden
wir	werden geliebt werden	werden geliebt werden	würden geliebt werden
ihr	werdet geliebt werden	werdet geliebt werden	würdet geliebt werden
sie	werden geliebt werden	werden geliebt werden	würden geliebt werden
		Future Perfect Time	
	Future Perfect	*(Fut. Perf. Subj.)*	*(Past Conditional)*
ich	werde geliebt worden sein	werde geliebt worden sein	würde geliebt worden sein
du	wirst geliebt worden sein	werdest geliebt worden sein	würdest geliebt worden sein
er	wird geliebt worden sein	werde geliebt worden sein	würde geliebt worden sein
wir	werden geliebt worden sein	werden geliebt worden sein	würden geliebt worden sein
ihr	werdet geliebt worden sein	werdet geliebt worden sein	würdet geliebt worden sein
sie	werden geliebt worden sein	werden geliebt worden sein	würden geliebt worden sein

53

gelingen*
to succeed

PRINC. PARTS: gelingen, gelang, ist gelungen, gelingt
IMPERATIVE: gelinge!, gelingt!, gelingen Sie!

	INDICATIVE		SUBJUNCTIVE	
			PRIMARY	SECONDARY
	Present		*Present Time*	
			(Pres. Subj.)	*(Imperf. Subj.)*
ich				
du				
es	gelingt (mir, dir, ihm, ihr, ihm, uns, euch, ihnen, Ihnen)		gelinge	gelänge
wir				
ihr				
sie	gelingen		gelingen	gelängen
	Imperfect			
ich				
du				
es	gelang			
wir				
ihr				
sie	gelangen			
	Perfect		*Past Time*	
			(Perf. Subj.)	*(Pluperf. Subj.)*
ich				
du				
es	ist gelungen		sei gelungen	wäre gelungen
wir				
ihr				
sie	sind gelungen		seien gelungen	wären gelungen
	Pluperfect			
ich				
du				
es	war gelungen			
wir				
ihr				
sie	waren gelungen			
	Future		*Future Time*	
			(Fut. Subj.)	*(Pres. Conditional)*
ich				
du				
es	wird gelingen		werde gelingen	würde gelingen
wir				
ihr				
sie	werden gelingen		werden gelingen	würden gelingen
	Future Perfect		*Future Perfect Time*	
			(Fut. Perf. Subj.)	*(Past Conditional)*
ich				
du				
es	wird gelungen sein		werde gelungen sein	würde gelungen sein
wir				
ihr				
sie	werden gelungen sein		werden gelungen sein	würden gelungen sein

* impersonal verb—only third person forms are used

PRINC. PARTS: gelten, galt, gegolten, gilt
IMPERATIVE: gilt!, geltet!, gelten Sie!

to be valid, be worth, hold good

INDICATIVE		SUBJUNCTIVE		
		PRIMARY	SECONDARY	
			Present Time	
	Present	*(Pres. Subj.)*	*(Imperf. Subj.)*	
ich	gelte	gelte	gölte	gälte
du	giltst	geltest	göltest	gältest
er	gilt	gelte	gölte *or* gälte	
wir	gelten	gelten	gölten	gälten
ihr	geltet	geltet	göltet	gältet
sie	gelten	gelten	gölten	gälten

	Imperfect
ich	galt
du	galtest
er	galt
wir	galten
ihr	galtet
sie	galten

			Past Time	
	Perfect	*(Perf. Subj.)*	*(Pluperf. Subj.)*
ich	habe gegolten	habe gegolten	hätte gegolten
du	hast gegolten	habest gegolten	hättest gegolten
er	hat gegolten	habe gegolten	hätte gegolten
wir	haben gegolten	haben gegolten	hätten gegolten
ihr	habt gegolten	habet gegolten	hättet gegolten
sie	haben gegolten	haben gegolten	hätten gegolten

	Pluperfect
ich	hatte gegolten
du	hattest gegolten
er	hatte gegolten
wir	hatten gegolten
ihr	hattet gegolten
sie	hatten gegolten

			Future Time	
	Future	*(Fut. Subj.)*	*(Pres. Conditional)*
ich	werde gelten	werde gelten	würde gelten
du	wirst gelten	werdest gelten	würdest gelten
er	wird gelten	werde gelten	würde gelten
wir	werden gelten	werden gelten	würden gelten
ihr	werdet gelten	werdet gelten	würdet gelten
sie	werden gelten	werden gelten	würden gelten

			Future Perfect Time	
	Future Perfect	*(Fut. Perf. Subj.)*	*(Past Conditional)*
ich	werde gegolten haben	werde gegolten haben	würde gegolten haben
du	wirst gegolten haben	werdest gegolten haben	würdest gegolten haben
er	wird gegolten haben	werde gegolten haben	würde gegolten haben
wir	werden gegolten haben	werden gegolten haben	würden gegolten haben
ihr	werdet gegolten haben	werdet gegolten haben	würdet gegolten haben
sie	werden gegolten haben	werden gegolten haben	würden gegolten haben

55

genesen

to recover, convalesce

PRINC. PARTS: genesen, genas, ist genesen, genest
IMPERATIVE: genese!, genest!, genesen Sie!

INDICATIVE	SUBJUNCTIVE	
	PRIMARY	SECONDARY

Present Time

	Present	*(Pres. Subj.)*	*(Imperf. Subj.)*
ich	genese	genese	genäse
du	genest	genesest	genäsest
er	genest	genese	genäse
wir	genesen	genesen	genäsen
ihr	genest	geneset	genäset
sie	genesen	genesen	genäsen

	Imperfect
ich	genas
du	genasest
er	genas
wir	genasen
ihr	genast
sie	genasen

Past Time

	Perfect	*(Perf. Subj.)*	*(Pluperf. Subj.)*
ich	bin genesen	sei genesen	wäre genesen
du	bist genesen	seiest genesen	wärest genesen
er	ist genesen	sei genesen	wäre genesen
wir	sind genesen	seien genesen	wären genesen
ihr	seid genesen	seiet genesen	wäret genesen
sie	sind genesen	seien genesen	wären genesen

	Pluperfect
ich	war genesen
du	warst genesen
er	war genesen
wir	waren genesen
ihr	wart genesen
sie	waren genesen

Future Time

	Future	*(Fut. Subj.)*	*(Pres. Conditional)*
ich	werde genesen	werde genesen	würde genesen
du	wirst genesen	werdest genesen	würdest genesen
er	wird genesen	werde genesen	würde genesen
wir	werden genesen	werden genesen	würden genesen
ihr	werdet genesen	werdet genesen	würdet genesen
sie	werden genesen	werden genesen	würden genesen

Future Perfect Time

	Future Perfect	*(Fut. Perf. Subj.)*	*(Past Conditional)*
ich	werde genesen sein	werde genesen sein	würde genesen sein
du	wirst genesen sein	werdest genesen sein	würdest genesen sein
er	wird genesen sein	werde genesen sein	würde genesen sein
wir	werden genesen sein	werden genesen sein	würden genesen sein
ihr	werdet genesen sein	werdet genesen sein	würdet genesen sein
sie	werden genesen sein	werden genesen sein	würden genesen sein

genießen
to enjoy

	INDICATIVE		SUBJUNCTIVE	
		PRIMARY		SECONDARY
			Present Time	
	Present	*(Pres. Subj.)*		*(Imperf. Subj.)*
ich	genieße	genieße		genösse
du	genießt	genießest		genössest
er	genießt	genieße		genösse
wir	genießen	genießen		genössen
ihr	genießt	genießet		genösset
sie	genießen	genießen		genössen

	Imperfect
ich	genoß
du	genossest
er	genoß
wir	genossen
ihr	genoßt
sie	genossen

			Past Time	
	Perfect	*(Perf. Subj.)*		*(Pluperf. Subj.)*
ich	habe genossen	habe genossen		hätte genossen
du	hast genossen	habest genossen		hättest genossen
er	hat genossen	habe genossen		hätte genossen
wir	haben genossen	haben genossen		hätten genossen
ihr	habt genossen	habet genossen		hättet genossen
sie	haben genossen	haben genossen		hätten genossen

	Pluperfect
ich	hatte genossen
du	hattest genossen
er	hatte genossen
wir	hatten genossen
ihr	hattet genossen
sie	hatten genossen

			Future Time	
	Future	*(Fut. Subj.)*		*(Pres. Conditional)*
ich	werde genießen	werde genießen		würde genießen
du	wirst genießen	werdest genießen		würdest genießen
er	wird genießen	werde genießen		würde genießen
wir	werden genießen	werden genießen		würden genießen
ihr	werdet genießen	werdet genießen		würdet genießen
sie	werden genießen	werden genießen		würden genießen

			Future Perfect Time	
	Future Perfect	*(Fut. Perf. Subj.)*		*(Past Conditional)*
ich	werde genossen haben	werde genossen haben		würde genossen haben
du	wirst genossen haben	werdest genossen haben		würdest genossen haben
er	wird genossen haben	werde genossen haben		würde genossen haben
wir	werden genossen haben	werden genossen haben		würden genossen haben
ihr	werdet genossen haben	werdet genossen haben		würdet genossen haben
sie	werden genossen haben	werden genossen haben		würden genossen haben

geraten

to get into, fall into or
upon, turn out, prosper

PRINC. PARTS: geraten, geriet, ist geraten, gerät
IMPERATIVE: gerate!, geratet!, geraten Sie!

	INDICATIVE		SUBJUNCTIVE	
			PRIMARY	SECONDARY
			Present Time	
	Present		*(Pres. Subj.)*	*(Imperf. Subj.)*
ich	gerate		gerate	geriete
du	gerätst		geratest	gerietest
er	gerät		gerate	geriete
wir	geraten		geraten	gerieten
ihr	geratet		geratet	gerietet
sie	geraten		geraten	gerieten
	Imperfect			
ich	geriet			
du	gerietest			
er	geriet			
wir	gerieten			
ihr	gerietet			
sie	gerieten			
			Past Time	
	Perfect		*(Perf. Subj.)*	*(Pluperf. Subj.)*
ich	bin geraten		sei geraten	wäre geraten
du	bist geraten		seiest geraten	wärest geraten
er	ist geraten		sei geraten	wäre geraten
wir	sind geraten		seien geraten	wären geraten
ihr	seid geraten		seiet geraten	wäret geraten
sie	sind geraten		seien geraten	wären geraten
	Pluperfect			
ich	war geraten			
du	warst geraten			
er	war geraten			
wir	waren geraten			
ihr	wart geraten			
sie	waren geraten			
			Future Time	
	Future		*(Fut. Subj.)*	*(Pres. Conditional)*
ich	werde geraten		werde geraten	würde geraten
du	wirst geraten		werdest geraten	würdest geraten
er	wird geraten		werde geraten	würde geraten
wir	werden geraten		werden geraten	würden geraten
ihr	werdet geraten		werdet geraten	würdet geraten
sie	werden geraten		werden geraten	würden geraten
			Future Perfect Time	
	Future Perfect		*(Fut. Perf. Subj.)*	*(Past Conditional)*
ich	werde geraten sein		werde geraten sein	würde geraten sein
du	wirst geraten sein		werdest geraten sein	würdest geraten sein
er	wird geraten sein		werde geraten sein	würde geraten sein
wir	werden geraten sein		werden geraten sein	würden geraten sein
ihr	werdet geraten sein		werdet geraten sein	würdet geraten sein
sie	werden geraten sein		werden geraten sein	würden geraten sein

58

geschehen*

*to happen, to take place,
to come to pass*

	INDICATIVE	SUBJUNCTIVE	
		PRIMARY	SECONDARY
		Present Time	
	Present	*(Pres. Subj.)*	*(Imperf. Subj.)*
ich			
du			
es	geschieht	geschehe	geschähe
wir			
ihr			
sie	geschehen	geschehen	geschähen
ich	*Imperfect*		
du			
es	geschah		
wir			
ihr			
sie	geschahen		
		Past Time	
	Perfect	*(Perf. Subj.)*	*(Pluperf. Subj.)*
ich			
du			
es	ist geschehen	sei geschehen	wäre geschehen
wir			
ihr			
sie	sind geschehen	seien geschehen	wären geschehen
ich	*Pluperfect*		
du			
es	war geschehen		
wir			
ihr			
sie	waren geschehen		
		Future Time	
	Future	*(Fut. Subj.)*	*(Pres. Conditional)*
ich			
du			
es	wird geschehen	werde geschehen	würde geschehen
wir			
ihr			
sie	werden geschehen	werden geschehen	würden geschehen
		Future Perfect Time	
	Future Perfect	*(Fut. Perf. Subj.)*	*(Past Conditional)*
ich			
du			
es	wird geschehen sein	werde geschehen sein	würde geschehen sein
wir			
ihr			
sie	werden geschehen sein	werden geschehen sein	würden geschehen sein

* impersonal verb—only third person singular and plural are used

59

gewinnen
to win, gain

PRINC. PARTS: gewinnen, gewann, gewonnen, gewinnt
IMPERATIVE: gewinne!, gewinnt!, gewinnen Sie!

	INDICATIVE		SUBJUNCTIVE	
		PRIMARY	SECONDARY	
			Present Time	
	Present	*(Pres. Subj.)*	*(Imperf. Subj.)*	
ich	gewinne	gewinne	gewönne	gewänne
du	gewinnst	gewinnest	gewönnest	gewännest
er	gewinnt	gewinne	gewönne *or*	gewänne
wir	gewinnen	gewinnen	gewönnen	gewännen
ihr	gewinnt	gewinnet	gewönnet	gewännet
sie	gewinnen	gewinnen	gewönnen	gewännen

	Imperfect
ich	gewann
du	gewannst
er	gewann
wir	gewannen
ihr	gewannt
sie	gewannen

			Past Time	
	Perfect	*(Perf. Subj.)*	*(Pluperf. Subj.)*
ich	habe gewonnen	habe gewonnen	hätte gewonnen
du	hast gewonnen	habest gewonnen	hättest gewonnen
er	hat gewonnen	habe gewonnen	hätte gewonnen
wir	haben gewonnen	haben gewonnen	hätten gewonnen
ihr	habt gewonnen	habet gewonnen	hättet gewonnen
sie	haben gewonnen	haben gewonnen	hätten gewonnen

	Pluperfect
ich	hatte gewonnen
du	hattest gewonnen
er	hatte gewonnen
wir	hatten gewonnen
ihr	hattet gewonnen
sie	hatten gewonnen

			Future Time	
	Future	*(Fut. Subj.)*	*(Pres. Conditional)*
ich	werde gewinnen	werde gewinnen	würde gewinnen
du	wirst gewinnen	werdest gewinnen	würdest gewinnen
er	wird gewinnen	werde gewinnen	würde gewinnen
wir	werden gewinnen	werden gewinnen	würden gewinnen
ihr	werdet gewinnen	werdet gewinnen	würdet gewinnen
sie	werden gewinnen	werden gewinnen	würden gewinnen

			Future Perfect Time	
	Future Perfect	*(Fut. Perf. Subj.)*	*(Past Conditional)*
ich	werde gewonnen haben	werde gewonnen haben	würde gewonnen haben
du	wirst gewonnen haben	werdest gewonnen haben	würdest gewonnen haben
er	wird gewonnen haben	werde gewonnen haben	würde gewonnen haben
wir	werden gewonnen haben	werden gewonnen haben	würden gewonnen haben
ihr	werdet gewonnen haben	werdet gewonnen haben	würdet gewonnen haben
sie	werden gewonnen haben	werden gewonnen haben	würden gewonnen haben

PRINC. PARTS: gießen, goß, gegossen, gießt
IMPERATIVE: gieße!, gießt!, gießen Sie!

to pour, cast (metal)

INDICATIVE	SUBJUNCTIVE	
	PRIMARY	SECONDARY
	Present Time	
Present	*(Pres. Subj.)*	*(Imperf. Subj.)*
ich gieße	gieße	gösse
du gießt	gießest	gössest
er gießt	gieße	gösse
wir gießen	gießen	gössen
ihr gießt	gießet	gösset
sie gießen	gießen	gössen

Imperfect

ich goß
du gossest
er goß
wir gossen
ihr goßt
sie gossen

	Past Time	
Perfect	*(Perf. Subj.)*	*(Pluperf. Subj.)*
ich habe gegossen	habe gegossen	hätte gegossen
du hast gegossen	habest gegossen	hättest gegossen
er hat gegossen	habe gegossen	hätte gegossen
wir haben gegossen	haben gegossen	hätten gegossen
ihr habt gegossen	habet gegossen	hättet gegossen
sie haben gegossen	haben gegossen	hätten gegossen

Pluperfect

ich hatte gegossen
du hattest gegossen
er hatte gegossen
wir hatten gegossen
ihr hattet gegossen
sie hatten gegossen

	Future Time	
Future	*(Fut. Subj.)*	*(Pres. Conditional)*
ich werde gießen	werde gießen	würde gießen
du wirst gießen	werdest gießen	würdest gießen
er wird gießen	werde gießen	würde gießen
wir werden gießen	werden gießen	würden gießen
ihr werdet gießen	werdet gießen	würdet gießen
sie werden gießen	werden gießen	würden gießen

	Future Perfect Time	
Future Perfect	*(Fut. Perf. Subj.)*	*(Past Conditional)*
ich werde gegossen haben	werde gegossen haben	würde gegossen haben
du wirst gegossen haben	werdest gegossen haben	würdest gegossen haben
er wird gegossen haben	werde gegossen haben	würde gegossen haben
wir werden gegossen haben	werden gegossen haben	würden gegossen haben
ihr werdet gegossen haben	werdet gegossen haben	würdet gegossen haben
sie werden gegossen haben	werden gegossen haben	würden gegossen haben

61

glauben

to believe

PRINC. PARTS: glauben, glaubte, geglaubt, glaubt
IMPERATIVE: glaube!, glaubt!, glauben Sie!

	INDICATIVE		SUBJUNCTIVE	
			PRIMARY	SECONDARY
			Present Time	
	Present		*(Pres. Subj.)*	*(Imperf. Subj.)*
ich	glaube		glaube	glaubte
du	glaubst		glaubest	glaubtest
er	glaubt		glaube	glaubte
wir	glauben		glauben	glaubten
ihr	glaubt		glaubet	glaubtet
sie	glauben		glauben	glaubten

	Imperfect
ich	glaubte
du	glaubtest
er	glaubte
wir	glaubten
ihr	glaubtet
sie	glaubten

			Past Time	
	Perfect		*(Perf. Subj.)*	*(Pluperf. Subj.)*
ich	habe geglaubt		habe geglaubt	hätte geglaubt
du	hast geglaubt		habest geglaubt	hättest geglaubt
er	hat geglaubt		habe geglaubt	hätte geglaubt
wir	haben geglaubt		haben geglaubt	hätten geglaubt
ihr	habt geglaubt		habet geglaubt	hättet geglaubt
sie	haben geglaubt		haben geglaubt	hätten geglaubt

	Pluperfect
ich	hatte geglaubt
du	hattest geglaubt
er	hatte geglaubt
wir	hatten geglaubt
ihr	hattet geglaubt
sie	hatten geglaubt

			Future Time	
	Future		*(Fut. Subj.)*	*(Pres. Conditional)*
ich	werde glauben		werde glauben	würde glauben
du	wirst glauben		werdest glauben	würdest glauben
er	wird glauben		werde glauben	würde glauben
wir	werden glauben		werden glauben	würden glauben
ihr	werdet glauben		werdet glauben	würdet glauben
sie	werden glauben		werden glauben	würden glauben

			Future Perfect Time	
	Future Perfect		*(Fut. Perf. Subj.)*	*(Past Conditional)*
ich	werde geglaubt haben		werde geglaubt haben	würde geglaubt haben
du	wirst geglaubt haben		werdest geglaubt haben	würdest geglaubt haben
er	wird geglaubt haben		werde geglaubt haben	würde geglaubt haben
wir	werden geglaubt haben		werden geglaubt haben	würden geglaubt haben
ihr	werdet geglaubt haben		werdet geglaubt haben	würdet geglaubt haben
sie	werden geglaubt haben		werden geglaubt haben	würden geglaubt haben

PRINC. PARTS: gleichen, glich, geglichen, gleicht
IMPERATIVE: gleiche!, gleicht!, gleichen Sie!

be like, resemble, equal

INDICATIVE	SUBJUNCTIVE	
	PRIMARY	SECONDARY
		Present Time
Present	*(Pres. Subj.)*	*(Imperf. Subj.)*
ich gleiche	gleiche	gliche
du gleichst	gleichest	glichest
er gleicht	gleiche	gliche
wir gleichen	gleichen	glichen
ihr gleicht	gleichet	glichet
sie gleichen	gleichen	glichen

Imperfect
ich glich
du glichst
er glich
wir glichen
ihr glicht
sie glichen

		Past Time
Perfect	*(Perf. Subj.)*	*(Pluperf. Subj.)*
ich habe geglichen	habe geglichen	hätte geglichen
du hast geglichen	habest geglichen	hättest geglichen
er hat geglichen	habe geglichen	hätte geglichen
wir haben geglichen	haben geglichen	hätten geglichen
ihr habt geglichen	habet geglichen	hättet geglichen
sie haben geglichen	haben geglichen	hätten geglichen

Pluperfect
ich hatte geglichen
du hattest geglichen
er hatte geglichen
wir hatten geglichen
ihr hattet geglichen
sie hatten geglichen

		Future Time
Future	*(Fut. Subj.)*	*(Pres. Conditional)*
ich werde gleichen	werde gleichen	würde gleichen
du wirst gleichen	werdest gleichen	würdest gleichen
er wird gleichen	werde gleichen	würde gleichen
wir werden gleichen	werden gleichen	würden gleichen
ihr werdet gleichen	werdet gleichen	würdet gleichen
sie werden gleichen	werden gleichen	würden gleichen

	Future Perfect Time	
Future Perfect	*(Fut. Perf. Subj.)*	*(Past Conditional)*
ich werde geglichen haben	werde geglichen haben	würde geglichen haben
du wirst geglichen haben	werdest geglichen haben	würdest geglichen haben
er wird geglichen haben	werde geglichen haben	würde geglichen haben
wir werden geglichen haben	werden geglichen haben	würden geglichen haben
ihr werdet geglichen haben	werdet geglichen haben	würdet geglichen haben
sie werden geglichen haben	werden geglichen haben	würden geglichen haben

gleiten

to slide, glide

PRINC. PARTS: gleiten, glitt, ist geglitten, gleitet
IMPERATIVE: gleite!, gleitet!, gleiten Sie!

INDICATIVE		SUBJUNCTIVE	
		PRIMARY	SECONDARY
		Present Time	
	Present	*(Pres. Subj.)*	*(Imperf. Subj.)*
ich	gleite	gleite	glitte
du	gleitest	gleitest	glittest
er	gleitet	gleite	glitte
wir	gleiten	gleiten	glitten
ihr	gleitet	gleitet	glittet
sie	gleiten	gleiten	glitten

	Imperfect
ich	glitt
du	glittest
er	glitt
wir	glitten
ihr	glittet
sie	glitten

	Perfect	*(Perf. Subj.)*	*(Pluperf. Subj.)*
			Past Time
ich	bin geglitten	sei geglitten	wäre geglitten
du	bist geglitten	seiest geglitten	wärest geglitten
er	ist geglitten	sei geglitten	wäre geglitten
wir	sind geglitten	seien geglitten	wären geglitten
ihr	seid geglitten	seiet geglitten	wäret geglitten
sie	sind geglitten	seien geglitten	wären geglitten

ich	war geglitten
du	warst geglitten
er	war geglitten
wir	waren geglitten
ihr	wart geglitten
sie	waren geglitten

	Future	*(Fut. Subj.)*	*(Pres. Conditional)*
			Future Time
ich	werde gleiten	werde gleiten	würde gleiten
du	wirst gleiten	werdest gleiten	würdest gleiten
er	wird gleiten	werde gleiten	würde gleiten
wir	werden gleiten	werden gleiten	würden gleiten
ihr	werdet gleiten	werdet gleiten	würdet gleiten
sie	werden gleiten	werden gleiten	würden gleiten

	Future Perfect	*(Fut. Perf. Subj.)*	*(Past Conditional)*
			Future Perfect Time
ich	werde geglitten sein	werde geglitten sein	würde geglitten sein
du	wirst geglitten sein	werdest geglitten sein	würdest geglitten sein
er	wird geglitten sein	werde geglitten sein	würde geglitten sein
wir	werden geglitten sein	werden geglitten sein	würden geglitten sein
ihr	werdet geglitten sein	werdet geglitten sein	würdet geglitten sein
sie	werden geglitten sein	werden geglitten sein	würden geglitten sein

PRINC. PARTS: graben, grub, gegraben, gräbt
IMPERATIVE: grabe!, grabt!, graben Sie!

INDICATIVE		SUBJUNCTIVE	
		PRIMARY	SECONDARY
		Present Time	
	Present	*(Pres. Subj.)*	*(Imperf. Subj.)*
ich	grabe	grabe	grübe
du	gräbst	grabest	grübest
er	gräbt	grabe	grübe
wir	graben	graben	grüben
ihr	grabt	grabet	grübet
sie	graben	graben	grüben

	Imperfect
ich	grub
du	grubst
er	grub
wir	gruben
ihr	grubt
sie	gruben

			Past Time	
	Perfect	*(Perf. Subj.)*	*(Pluperf. Subj.)*	
ich	habe gegraben	habe gegraben	hätte gegraben
du	hast gegraben	habest gegraben	hättest gegraben
er	hat gegraben	habe gegraben	hätte gegraben
wir	haben gegraben	haben gegraben	hätten gegraben
ihr	habt gegraben	habet gegraben	hättet gegraben
sie	haben gegraben	haben gegraben	hätten gegraben

	Pluperfect
ich	hatte gegraben
du	hattest gegraben
er	hatte gegraben
wir	hatten gegraben
ihr	hattet gegraben
sie	hatten gegraben

			Future Time	
	Future	*(Fut. Subj.)*	*(Pres. Conditional)*	
ich	werde graben	werde graben	würde graben
du	wirst graben	werdest graben	würdest graben
er	wird graben	werde graben	würde graben
wir	werden graben	werden graben	würden graben
ihr	werdet graben	werdet graben	würdet graben
sie	werden graben	werden graben	würden graben

			Future Perfect Time	
	Future Perfect	*(Fut. Perf. Subj.)*	*(Past Conditional)*	
ich	werde gegraben haben	werde gegraben haben	würde gegraben haben
du	wirst gegraben haben	werdest gegraben haben	würdest gegraben haben
er	wird gegraben haben	werde gegraben haben	würde gegraben haben
wir	werden gegraben haben	werden gegraben haben	würden gegraben haben
ihr	werdet gegraben haben	werdet gegraben haben	würdet gegraben haben
sie	werden gegraben haben	werden gegraben haben	würden gegraben haben

greifen

to seize, grasp, grab

PRINC. PARTS: greifen, griff, gegriffen, greift
IMPERATIVE: greife!, greift!, greifen Sie!

INDICATIVE		SUBJUNCTIVE	
		PRIMARY	SECONDARY
		Present Time	
	Present	*(Pres. Subj.)*	*(Imperf. Subj.)*
ich	greife	greife	griffe
du	greifst	greifest	griffest
er	greift	greife	griffe
wir	greifen	greifen	griffen
ihr	greift	greifet	griffet
sie	greifen	greifen	griffen

	Imperfect
ich	griff
du	griffst
er	griff
wir	griffen
ihr	grifft
sie	griffen

		Past Time	
	Perfect	*(Perf. Subj.)*	*(Pluperf. Subj.)*
ich	habe gegriffen	habe gegriffen	hätte gegriffen
du	hast gegriffen	habest gegriffen	hättest gegriffen
er	hat gegriffen	habe gegriffen	hätte gegriffen
wir	haben gegriffen	haben gegriffen	hätten gegriffen
ihr	habt gegriffen	habet gegriffen	hättet gegriffen
sie	haben gegriffen	haben gegriffen	hätten gegriffen

	Pluperfect
ich	hatte gegriffen
du	hattest gegriffen
er	hatte gegriffen
wir	hatten gegriffen
ihr	hattet gegriffen
sie	hatten gegriffen

		Future Time	
	Future	*(Fut. Subj.)*	*(Pres. Conditional)*
ich	werde greifen	werde greifen	würde greifen
du	wirst greifen	werdest greifen	würdest greifen
er	wird greifen	werde greifen	würde greifen
wir	werden greifen	werden greifen	würden greifen
ihr	werdet greifen	werdet greifen	würdet greifen
sie	werden greifen	werden greifen	würden greifen

		Future Perfect Time	
	Future Perfect	*(Fut. Perf. Subj.)*	*(Past Conditional)*
ich	werde gegriffen haben	werde gegriffen haben	würde gegriffen haben
du	wirst gegriffen haben	werdest gegriffen haben	würdest gegriffen haben
er	wird gegriffen haben	werde gegriffen haben	würde gegriffen haben
wir	werden gegriffen haben	werden gegriffen haben	würden gegriffen haben
ihr	werdet gegriffen haben	werdet gegriffen haben	würdet gegriffen haben
sie	werden gegriffen haben	werden gegriffen haben	würden gegriffen haben

PRINC. PARTS: haben, hatte, gehabt, hat
IMPERATIVE: habe!, habt!, haben Sie!

INDICATIVE		SUBJUNCTIVE	
		PRIMARY	SECONDARY
		Present Time	
	Present	*(Pres. Subj.)*	*(Imperf. Subj.)*
ich	habe	habe	hätte
du	hast	habest	hättest
er	hat	habe	hätte
wir	haben	haben	hätten
ihr	habt	habet	hättet
sie	haben	haben	hätten

	Imperfect
ich	hatte
du	hattest
er	hatte
wir	hatten
ihr	hattet
sie	hatten

			Past Time	
	Perfect		*(Perf. Subj.)*	*(Pluperf. Subj.)*
ich	habe gehabt		habe gehabt	hätte gehabt
du	hast gehabt		habest gehabt	hättest gehabt
er	hat gehabt		habe gehabt	hätte gehabt
wir	haben gehabt		haben gehabt	hätten gehabt
ihr	habt gehabt		habet gehabt	hättet gehabt
sie	haben gehabt		haben gehabt	hätten gehabt

	Pluperfect
ich	hatte gehabt
du	hattest gehabt
er	hatte gehabt
wir	hatten gehabt
ihr	hattet gehabt
sie	hatten gehabt

			Future Time	
	Future		*(Fut. Subj.)*	*(Pres. Conditional)*
ich	werde haben		werde haben	würde haben
du	wirst haben		werdest haben	würdest haben
er	wird haben		werde haben	würde haben
wir	werden haben		werden haben	würden haben
ihr	werdet haben		werdet haben	würdet haben
sie	werden haben		werden haben	würden haben

			Future Perfect Time	
	Future Perfect		*(Fut. Perf. Subj.)*	*(Past Conditional)*
ich	werde gehabt haben		werde gehabt haben	würde gehabt haben
du	wirst gehabt haben		werdest gehabt haben	würdest gehabt haben
er	wird gehabt haben		werde gehabt haben	würde gehabt haben
wir	werden gehabt haben		werden gehabt haben	würden gehabt haben
ihr	werdet gehabt haben		werdet gehabt haben	würdet gehabt haben
sie	werden gehabt haben		werden gehabt haben	würden gehabt haben

halten

to hold, stop, keep, consider

PRINC. PARTS: halten, hielt, gehalten, hält
IMPERATIVE: halte!, haltet!, halten Sie!

INDICATIVE		SUBJUNCTIVE	
		PRIMARY	SECONDARY
		Present Time	
	Present	*(Pres. Subj.)*	*(Imperf. Subj.)*
ich	halte	halte	hielte
du	hältst	haltest	hieltest
er	hält	halte	hielte
wir	halten	halten	hielten
ihr	haltet	haltet	hieltet
sie	halten	halten	hielten

	Imperfect
ich	hielt
du	hieltest
er	hielt
wir	hielten
ihr	hieltet
sie	hielten

			Past Time	
	Perfect		*(Perf. Subj.)*	*(Pluperf. Subj.)*
ich	habe gehalten		habe gehalten	hätte gehalten
du	hast gehalten		habest gehalten	hättest gehalten
er	hat gehalten		habe gehalten	hätte gehalten
wir	haben gehalten		haben gehalten	hätten gehalten
ihr	habt gehalten		habet gehalten	hättet gehalten
sie	haben gehalten		haben gehalten	hätten gehalten

	Pluperfect
ich	hatte gehalten
du	hattest gehalten
er	hatte gehalten
wir	hatten gehalten
ihr	hattet gehalten
sie	hatten gehalten

		Future Time	
	Future	*(Fut. Subj.)*	*(Pres. Conditional)*
ich	werde halten	werde halten	würde halten
du	wirst halten	werdest halten	würdest halten
er	wird halten	werde halten	würde halten
wir	werden halten	werden halten	würden halten
ihr	werdet halten	werdet halten	würdet halten
sie	werden halten	werden halten	würden halten

		Future Perfect Time	
	Future Perfect	*(Fut. Perf. Subj.)*	*(Past Conditional)*
ich	werde gehalten haben	werde gehalten haben	würde gehalten haben
du	wirst gehalten haben	werdest gehalten haben	würdest gehalten haben
er	wird gehalten haben	werde gehalten haben	würde gehalten haben
wir	werden gehalten haben	werden gehalten haben	würden gehalten haben
ihr	werdet gehalten haben	werdet gehalten haben	würdet gehalten haben
sie	werden gehalten haben	werden gehalten haben	würden gehalten haben

PRINC. PARTS: hängen, hing, gehangen, hängt
IMPERATIVE: hänge!, hängt!, hängen Sie!

	INDICATIVE		SUBJUNCTIVE	
		PRIMARY		SECONDARY
			Present Time	
	Present	(*Pres. Subj.*)		(*Imperf. Subj.*)
ich	hänge	hänge		hinge
du	hängst	hängest		hingest
er	hängt	hänge		hinge
wir	hängen	hängen		hingen
ihr	hängt	hänget		hinget
sie	hängen	hängen		hingen

	Imperfect
ich	hing
du	hingst
er	hing
wir	hingen
ihr	hingt
sie	hingen

			Past Time	
	Perfect	(*Perf. Subj.*)		(*Pluperf. Subj.*)
ich	habe gehangen	habe gehangen		hätte gehangen
du	hast gehangen	habest gehangen		hättest gehangen
er	hat gehangen	habe gehangen		hätte gehangen
wir	haben gehangen	haben gehangen		hätten gehangen
ihr	habt gehangen	habet gehangen		hättet gehangen
sie	haben gehangen	haben gehangen		hätten gehangen

	Pluperfect
ich	hatte gehangen
du	hattest gehangen
er	hatte gehangen
wir	hatten gehangen
ihr	hattet gehangen
sie	hatten gehangen

			Future Time	
	Future	(*Fut. Subj.*)		(*Pres. Conditional*)
ich	werde hängen	werde hängen		würde hängen
du	wirst hängen	werdest hängen		würdest hängen
er	wird hängen	werde hängen		würde hängen
wir	werden hängen	werden hängen		würden hängen
ihr	werdet hängen	werdet hängen		würdet hängen
sie	werden hängen	werden hängen		würden hängen

			Future Perfect Time	
	Future Perfect	(*Fut. Perf. Subj.*)		(*Past Conditional*)
ich	werde gehangen haben	werde gehangen haben		würde gehangen haben
du	wirst gehangen haben	werdest gehangen haben		würdest gehangen haben
er	wird gehangen haben	werde gehangen haben		würde gehangen haben
wir	werden gehangen haben	werden gehangen haben		würden gehangen haben
ihr	werdet gehangen haben	werdet gehangen haben		würdet gehangen haben
sie	werden gehangen haben	werden gehangen haben		würden gehangen haben

hauen

to strike, hew, cut, chop, beat

PRINC. PARTS: hauen, hieb,* gehauen, haut
IMPERATIVE: haue!, haut!, hauen Sie!

	INDICATIVE	SUBJUNCTIVE	
		PRIMARY	SECONDARY
		Present Time	
	Present	*(Pres. Subj.)*	*(Imperf. Subj.)*
ich	haue	haue	hiebe
du	haust	hauest	hiebest
er	haut	haue	hiebe
wir	hauen	hauen	hieben
ihr	haut	hauet	hiebet
sie	hauen	hauen	hieben

	Imperfect
ich	hieb
du	hiebst
er	hieb
wir	hieben
ihr	hiebt
sie	hieben

		Past Time	
	Perfect	*(Perf. Subj.)*	*(Pluperf. Subj.)*
ich	habe gehauen	habe gehauen	hätte gehauen
du	hast gehauen	habest gehauen	hättest gehauen
er	hat gehauen	habe gehauen	hätte gehauen
wir	haben gehauen	haben gehauen	hätten gehauen
ihr	habt gehauen	habet gehauen	hättet gehauen
sie	haben gehauen	haben gehauen	hätten gehauen

	Pluperfect
ich	hatte gehauen
du	hattest gehauen
er	hatte gehauen
wir	hatten gehauen
ihr	hattet gehauen
sie	hatten gehauen

		Future Time	
	Future	*(Fut. Subj.)*	*(Pres. Conditional)*
ich	werde hauen	werde hauen	würde hauen
du	wirst hauen	werdest hauen	würdest hauen
er	wird hauen	werde hauen	würde hauen
wir	werden hauen	werden hauen	würden hauen
ihr	werdet hauen	werdet hauen	würdet hauen
sie	werden hauen	werden hauen	würden hauen

		Future Perfect Time	
	Future Perfect	*(Fut. Perf. Subj.)*	*(Past Conditional)*
ich	werde gehauen haben	werde gehauen haben	würde gehauen haben
du	wirst gehauen haben	werdest gehauen haben	würdest gehauen haben
er	wird gehauen haben	werde gehauen haben	würde gehauen haben
wir	werden gehauen haben	werden gehauen haben	würden gehauen haben
ihr	werdet gehauen haben	werdet gehauen haben	würdet gehauen haben
sie	werden gehauen haben	werden gehauen haben	würden gehauen haben

* The weak forms, haute, etc., are frequently used in the Imperfect.

PRINC. PARTS: heben, hob, gehoben, hebt
IMPERATIVE: hebe!, hebt!, heben Sie!

to lift, raise, heave

	INDICATIVE		SUBJUNCTIVE	
			PRIMARY	SECONDARY
			Present Time	
	Present		*(Pres. Subj.)*	*(Imperf. Subj.)*
ich	hebe		hebe	höbe
du	hebst		hebest	höbest
er	hebt		hebe	höbe
wir	heben		heben	höben
ihr	hebt		hebet	höbet
sie	heben		heben	höben

	Imperfect
ich	hob
du	hobst
er	hob
wir	hoben
ihr	hobt
sie	hoben

				Past Time	
	Perfect		*(Perf. Subj.)*	*(Pluperf. Subj.)*
ich	habe gehoben		habe gehoben	hätte gehoben
du	hast gehoben		habest gehoben	hättest gehoben
er	hat gehoben		habe gehoben	hätte gehoben
wir	haben gehoben		haben gehoben	hätten gehoben
ihr	habt gehoben		habet gehoben	hättet gehoben
sie	haben gehoben		haben gehoben	hätten gehoben

	Pluperfect
ich	hatte gehoben
du	hattest gehoben
er	hatte gehoben
wir	hatten gehoben
ihr	hattet gehoben
sie	hatten gehoben

			Future Time	
	Future		*(Fut. Subj.)*	*(Pres. Conditional)*
ich	werde heben		werde heben	würde heben
du	wirst heben		werdest heben	würdest heben
er	wird heben		werde heben	würde heben
wir	werden heben		werden heben	würden heben
ihr	werdet heben		werdet heben	würdet heben
sie	werden heben		werden heben	würden heben

			Future Perfect Time	
	Future Perfect		*(Fut. Perf. Subj.)*	*(Past Conditional)*
ich	werde gehoben haben		werde gehoben haben	würde gehoben haben
du	wirst gehoben haben		werdest gehoben haben	würdest gehoben haben
er	wird gehoben haben		werde gehoben haben	würde gehoben haben
wir	werden gehoben haben		werden gehoben haben	würden gehoben haben
ihr	werdet gehoben haben		werdet gehoben haben	würdet gehoben haben
sie	werden gehoben haben		werden gehoben haben	würden gehoben haben

heißen

to be called or named, command

PRINC. PARTS: heißen, hieß, geheißen, heißt
IMPERATIVE: heiße!, heißt!, heißen Sie!

	INDICATIVE		SUBJUNCTIVE	
			PRIMARY	SECONDARY
			Present Time	
	Present		*(Pres. Subj.)*	*(Imperf. Subj.)*
ich	heiße		heiße	hieße
du	heißt		heißest	hießest
er	heißt		heiße	hieße
wir	heißen		heißen	hießen
ihr	heißt		heißet	hießet
sie	heißen		heißen	hießen

	Imperfect
ich	hieß
du	hießest
er	hieß
wir	hießen
ihr	hießt
sie	hießen

			Past Time	
	Perfect		*(Perf. Subj.)*	*(Pluperf. Subj.)*
ich	habe geheißen		habe geheißen	hätte geheißen
du	hast geheißen		habest geheißen	hättest geheißen
er	hat geheißen		habe geheißen	hätte geheißen
wir	haben geheißen		haben geheißen	hätten geheißen
ihr	habt geheißen		habet geheißen	hättet geheißen
sie	haben geheißen		haben geheißen	hätten geheißen

	Pluperfect
ich	hatte geheißen
du	hattest geheißen
er	hatte geheißen
wir	hatten geheißen
ihr	hattet geheißen
sie	hatten geheißen

			Future Time	
	Future		*(Fut. Subj.)*	*(Pres. Conditional)*
ich	werde heißen		werde heißen	würde heißen
du	wirst heißen		werdest heißen	würdest heißen
er	wird heißen		werde heißen	würde heißen
wir	werden heißen		werden heißen	würden heißen
ihr	werdet heißen		werdet heißen	würdet heißen
sie	werden heißen		werden heißen	würden heißen

			Future Perfect Time	
	Future Perfect		*(Fut. Perf. Subj.)*	*(Past Conditional)*
ich	werde geheißen haben		werde geheißen haben	würde geheißen haben
du	wirst geheißen haben		werdest geheißen haben	würdest geheißen haben
er	wird geheißen haben		werde geheißen haben	würde geheißen haben
wir	werden geheißen haben		werden geheißen haben	würden geheißen haben
ihr	werdet geheißen haben		werdet geheißen haben	würdet geheißen haben
sie	werden geheißen haben		werden geheißen haben	würden geheißen haben

PRINC. PARTS: helfen, half, geholfen, hilft
IMPERATIVE: hilf!, helft!, helfen Sie!

to help, aid, assist

	INDICATIVE	SUBJUNCTIVE	
		PRIMARY	SECONDARY
		Present Time	
	Present	*(Pres. Subj.)*	*(Imperf. Subj.)*
ich	helfe	helfe	hülfe
du	hilfst	helfest	hülfest
er	hilft	helfe	hülfe
wir	helfen	helfen	hülfen
ihr	helft	helfet	hülfet
sie	helfen	helfen	hülfen

	Imperfect
ich	half
du	halfst
er	half
wir	halfen
ihr	halft
sie	halfen

			Past Time	
	Perfect	*(Perf. Subj.)*	*(Pluperf. Subj.)*
ich	habe geholfen	habe geholfen	hätte geholfen
du	hast geholfen	habest geholfen	hättest geholfen
er	hat geholfen	habe geholfen	hätte geholfen
wir	haben geholfen	haben geholfen	hätten geholfen
ihr	habt geholfen	habet geholfen	hättet geholfen
sie	haben geholfen	haben geholfen	hätten geholfen

	Pluperfect
ich	hatte geholfen
du	hattest geholfen
er	hatte geholfen
wir	hatten geholfen
ihr	hattet geholfen
sie	hatten geholfen

			Future Time	
	Future	*(Fut. Subj.)*	*(Pres. Conditional)*
ich	werde helfen	werde helfen	würde helfen
du	wirst helfen	werdest helfen	würdest helfen
er	wird helfen	werde helfen	würde helfen
wir	werden helfen	werden helfen	würden helfen
ihr	werdet helfen	werdet helfen	würdet helfen
sie	werden helfen	werden helfen	würden helfen

			Future Perfect Time	
	Future Perfect	*(Fut. Perf. Subj.)*	*(Past Conditional)*
ich	werde geholfen haben	werde geholfen haben	würde geholfen haben
du	wirst geholfen haben	werdest geholfen haben	würdest geholfen haben
er	wird geholfen haben	werde geholfen haben	würde geholfen haben
wir	werden geholfen haben	werden geholfen haben	würden geholfen haben
ihr	werdet geholfen haben	werdet geholfen haben	würdet geholfen haben
sie	werden geholfen haben	werden geholfen haben	würden geholfen haben

hören
to hear

PRINC. PARTS: hören, hörte, gehört, hört
IMPERATIVE: höre!, hört!, hören Sie!

INDICATIVE		SUBJUNCTIVE	
		PRIMARY	SECONDARY
		Present Time	
	Present	*(Pres. Subj.)*	*(Imperf. Subj.)*
ich	höre	höre	hörte
du	hörst	hörest	hörtest
er	hört	höre	hörte
wir	hören	hören	hörten
ihr	hört	höret	hörtet
sie	hören	hören	hörten

	Imperfect
ich	hörte
du	hörtest
er	hörte
wir	hörten
ihr	hörtet
sie	hörten

			Past Time	
	Perfect	*(Perf. Subj.)*	*(Pluperf. Subj.)*	
ich	habe gehört	habe gehört	hätte gehört
du	hast gehört	habest gehört	hättest gehört
er	hat gehört	habe gehört	hätte gehört
wir	haben gehört	haben gehört	hätten gehört
ihr	habt gehört	habet gehört	hättet gehört
sie	haben gehört	haben gehört	hätten gehört

	Pluperfect
ich	hatte gehört
du	hattest gehört
er	hatte gehört
wir	hatten gehört
ihr	hattet gehört
sie	hatten gehört

			Future Time	
	Future	*(Fut. Subj.)*	*(Pres. Conditional)*	
ich	werde hören	werde hören	würde hören
du	wirst hören	werdest hören	würdest hören
er	wird hören	werde hören	würde hören
wir	werden hören	werden hören	würden hören
ihr	werdet hören	werdet hören	würdet hören
sie	werden hören	werden hören	würden hören

			Future Perfect Time	
	Future Perfect	*(Fut. Perf. Subj.)*	*(Past Conditional)*	
ich	werde gehört haben	werde gehört haben	würde gehört haben
du	wirst gehört haben	werdest gehört haben	würdest gehört haben
er	wird gehört haben	werde gehört haben	würde gehört haben
wir	werden gehört haben	werden gehört haben	würden gehört haben
ihr	werdet gehört haben	werdet gehört haben	würdet gehört haben
sie	werden gehört haben	werden gehört haben	würden gehört haben

PRINC. PARTS: sich interessieren, interessierte sich,
hat sich interessiert, interessiert sich
IMPERATIVE: interessiere dich!, interessiert euch!,
interessieren Sie sich!

sich interessieren

to be interested in

	INDICATIVE		SUBJUNCTIVE	
		PRIMARY		SECONDARY
			Present Time	
	Present	*(Pres. Subj.)*		*(Imperf. Subj.)*
ich	interessiere mich	interessiere mich		interessierte mich
du	interessierst dich	interessierest dich		interessiertest dich
er	interessiert sich	interessiere sich		interessierte sich
wir	interessieren uns	interessieren uns		interessierten uns
ihr	interessiert euch	interessieret euch		interessiertet euch
sie	interessieren sich	interessieren sich		interessierten sich

	Imperfect
ich	interessierte mich
du	interessiertest dich
er	interessierte sich
wir	interessierten uns
ihr	interessiertet euch
sie	interessierten sich

Past Time

	Perfect	*(Perf. Subj.)*		*(Pluperf. Subj.)*
ich	habe mich interessiert	habe mich interessiert		hätte mich interessiert
du	hast dich interessiert	habest dich interessiert		hättest dich interessiert
er	hat sich interessiert	habe sich interessiert		hätte sich interessiert
wir	haben uns interessiert	haben uns interessiert		hätten uns interessiert
ihr	habt euch interessiert	habet euch interessiert		hättet euch interessiert
sie	haben sich interessiert	haben sich interessiert		hätten sich interessiert

	Pluperfect
ich	hatte mich interessiert
du	hattest dich interessiert
er	hatte sich interessiert
wir	hatten uns interessiert
ihr	hattet euch interessiert
sie	hatten sich interessiert

Future Time

	Future	*(Fut. Subj.)*	*(Pres. Conditional)*
ich	werde mich interessieren	werde mich interessieren	würde mich interessieren
du	wirst dich interessieren	werdest dich interessieren	würdest dich interessieren
er	wird sich interessieren	werde sich interessieren	würde sich interessieren
wir	werden uns interessieren	werden uns interessieren	würden uns interessieren
ihr	werdet euch interessieren	werdet euch interessieren	würdet euch interessieren
sie	werden sich interessieren	werden sich interessieren	würden sich interessieren

Future Perfect Time

	Future Perfect	*(Fut. Perf. Subj.)*	*(Past Conditional)*
ich	werde mich interessiert haben	werde mich interessiert haben	würde mich interessiert haben
du	wirst dich interessiert haben	werdest dich interessiert haben	würdest dich interessiert haben
er	wird sich interessiert haben	werde sich interessiert haben	würde sich interessiert haben
wir	werden uns interessiert haben	werden uns interessiert haben	würden uns interessiert haben
ihr	werdet euch interessiert haben	werdet euch interessiert haben	würdet euch interessiert haben
sie	werden sich interessiert haben	werden sich interessiert haben	würden sich interessiert haben

75

kaufen
to buy

PRINC. PARTS: kaufen, kaufte, gekauft, kauft
IMPERATIVE: kaufe!, kauft!, kaufen Sie!

INDICATIVE	SUBJUNCTIVE	
	PRIMARY	SECONDARY

Present Time

	Present	*(Pres. Subj.)*	*(Imperf. Subj.)*
ich	kaufe	kaufe	kaufte
du	kaufst	kaufest	kauftest
er	kauft	kaufe	kaufte
wir	kaufen	kaufen	kauften
ihr	kauft	kaufet	kauftet
sie	kaufen	kaufen	kauften

	Imperfect
ich	kaufte
du	kauftest
er	kaufte
wir	kauften
ihr	kauftet
sie	kauften

Past Time

	Perfect	*(Perf. Subj.)*	*(Pluperf. Subj.)*
ich	habe gekauft	habe gekauft	hätte gekauft
du	hast gekauft	habest gekauft	hättest gekauft
er	hat gekauft	habe gekauft	hätte gekauft
wir	haben gekauft	haben gekauft	hätten gekauft
ihr	habt gekauft	habet gekauft	hättet gekauft
sie	haben gekauft	haben gekauft	hätten gekauft

	Pluperfect
ich	hatte gekauft
du	hattest gekauft
er	hatte gekauft
wir	hatten gekauft
ihr	hattet gekauft
sie	hatten gekauft

Future Time

	Future	*(Fut. Subj.)*	*(Pres. Conditional)*
ich	werde kaufen	werde kaufen	würde kaufen
du	wirst kaufen	werdest kaufen	würdest kaufen
er	wird kaufen	werde kaufen	würde kaufen
wir	werden kaufen	werden kaufen	würden kaufen
ihr	werdet kaufen	werdet kaufen	würdet kaufen
sie	werden kaufen	werden kaufen	würden kaufen

Future Perfect Time

	Future Perfect	*(Fut. Perf. Subj.)*	*(Past Conditional)*
ich	werde gekauft haben	werde gekauft haben	würde gekauft haben
du	wirst gekauft haben	werdest gekauft haben	würdest gekauft haben
er	wird gekauft haben	werde gekauft haben	würde gekauft haben
wir	werden gekauft haben	werden gekauft haben	würden gekauft haben
ihr	werdet gekauft haben	werdet gekauft haben	würdet gekauft haben
sie	werden gekauft haben	werden gekauft haben	würden gekauft haben

kennen

PRINC. PARTS: kennen, kannte, gekannt, kennt
IMPERATIVE: kenne!, kennt!, kennen Sie!

*to know (by acquaintance),
be familiar with*

INDICATIVE		SUBJUNCTIVE	
		PRIMARY	SECONDARY
		Present Time	
	Present	*(Pres. Subj.)*	*(Imperf. Subj.)*
ich	kenne	kenne	kennte
du	kennst	kennest	kenntest
er	kennt	kenne	kennte
wir	kennen	kennen	kennten
ihr	kennt	kennet	kenntet
sie	kennen	kennen	kennten

	Imperfect
ich	kannte
du	kanntest
er	kannte
wir	kannten
ihr	kanntet
sie	kannten

			Past Time	
	Perfect	*(Perf. Subj.)*	*(Pluperf. Subj.)*
ich	habe gekannt	habe gekannt	hätte gekannt
du	hast gekannt	habest gekannt	hättest gekannt
er	hat gekannt	habe gekannt	hätte gekannt
wir	haben gekannt	haben gekannt	hätten gekannt
ihr	habt gekannt	habet gekannt	hättet gekannt
sie	haben gekannt	haben gekannt	hätten gekannt

	Pluperfect
ich	hatte gekannt
du	hattest gekannt
er	hatte gekannt
wir	hatten gekannt
ihr	hattet gekannt
sie	hatten gekannt

			Future Time	
	Future	*(Fut. Subj.)*	*(Pres. Conditional)*
ich	werde kennen	werde kennen	würde kennen
du	wirst kennen	werdest kennen	würdest kennen
er	wird kennen	werde kennen	würde kennen
wir	werden kennen	werden kennen	würden kennen
ihr	werdet kennen	werdet kennen	würdet kennen
sie	werden kennen	werden kennen	würden kennen

			Future Perfect Time	
	Future Perfect	*(Fut. Perf. Subj.)*	*(Past Conditional)*
ich	werde gekannt haben	werde gekannt haben	würde gekannt haben
du	wirst gekannt haben	werdest gekannt haben	würdest gekannt haben
er	wird gekannt haben	werde gekannt haben	würde gekannt haben
wir	werden gekannt haben	werden gekannt haben	würden gekannt haben
ihr	werdet gekannt haben	werdet gekannt haben	würdet gekannt haben
sie	werden gekannt haben	werden gekannt haben	würden gekannt haben

kennenlernen

*to get to know, meet,
become acquainted with*

PRINC. PARTS: kennenlernen, lernte kennen,
kennengelernt, lernt kennen
IMPERATIVE: lerne kennen!, lernt kennen!,
lernen Sie kennen!

	INDICATIVE	SUBJUNCTIVE	
		PRIMARY	SECONDARY
		Present Time	
	Present	*(Pres. Subj.)*	*(Imperf. Subj.)*
ich	lerne kennen	lerne kennen	lernte kennen
du	lernst kennen	lernest kennen	lerntest kennen
er	lernt kennen	lerne kennen	lernte kennen
wir	lernen kennen	lernen kennen	lernten kennen
ihr	lernt kennen	lernet kennen	lerntet kennen
sie	lernen kennen	lernen kennen	lernten kennen

	Imperfect
ich	lernte kennen
du	lerntest kennen
er	lernte kennen
wir	lernten kennen
ihr	lerntet kennen
sie	lernten kennen

			Past Time	
	Perfect	*(Perf. Subj.)*	*(Pluperf. Subj.)*
ich	habe kennengelernt	habe kennengelernt	hätte kennengelernt
du	hast kennengelernt	habest kennengelernt	hättest kennengelernt
er	hat kennengelernt	habe kennengelernt	hätte kennengelernt
wir	haben kennengelernt	haben kennengelernt	hätten kennengelernt
ihr	habt kennengelernt	habet kennengelernt	hättet kennengelernt
sie	haben kennengelernt	haben kennengelernt	hätten kennengelernt

	Pluperfect
ich	hatte kennengelernt
du	hattest kennengelernt
er	hatte kennengelernt
wir	hatten kennengelernt
ihr	hattet kennengelernt
sie	hatten kennengelernt

			Future Time	
	Future	*(Fut. Subj.)*	*(Pres. Conditional)*
ich	werde kennenlernen	werde kennenlernen	würde kennenlernen
du	wirst kennenlernen	werdest kennenlernen	würdest kennenlernen
er	wird kennenlernen	werde kennenlernen	würde kennenlernen
wir	werden kennenlernen	werden kennenlernen	würden kennenlernen
ihr	werdet kennenlernen	werdet kennenlernen	würdet kennenlernen
sie	werden kennenlernen	werden kennenlernen	würden kennenlernen

			Future Perfect Time	
	Future Perfect	*(Fut. Perf. Subj.)*	*(Past Conditional)*
ich	werde kennengelernt haben	werde kennengelernt haben	würde kennengelernt haben
du	wirst kennengelernt haben	werdest kennengelernt haben	würdest kennengelernt haben
er	wird kennengelernt haben	werde kennengelernt haben	würde kennengelernt haben
wir	werden kennengelernt haben	werden kennengelernt haben	würden kennengelernt haben
ihr	werdet kennengelernt haben	werdet kennengelernt haben	würdet kennengelernt haben
sie	werden kennengelernt haben	werden kennengelernt haben	würden kennengelernt haben

INDICATIVE		SUBJUNCTIVE	
		PRIMARY	SECONDARY
		Present Time	
	Present	*(Pres. Subj.)*	*(Imperf. Subj.)*
ich	klinge	klinge	klänge
du	klingst	klingest	klängest
er	klingt	klinge	klänge
wir	klingen	klingen	klängen
ihr	klingt	klinget	klänget
sie	klingen	klingen	klängen
	Imperfect		
ich	klang		
du	klangst		
er	klang		
wir	klangen		
ihr	klangt		
sie	klangen	*Past Time*	
	Perfect	*(Perf. Subj.)*	*(Pluperf. Subj.)*
ich	habe geklungen	habe geklungen	hätte geklungen
du	hast geklungen	habest geklungen	hättest geklungen
er	hat geklungen	habe geklungen	hätte geklungen
wir	haben geklungen	haben geklungen	hätten geklungen
ihr	habt geklungen	habet geklungen	hättet geklungen
sie	haben geklungen	haben geklungen	hätten geklungen
	Pluperfect		
ich	hatte geklungen		
du	hattest geklungen		
er	hatte geklungen		
wir	hatten geklungen		
ihr	hattet geklungen		
sie	hatten geklungen	*Future Time*	
	Future	*(Fut. Subj.)*	*(Pres. Conditional)*
ich	werde klingen	werde klingen	würde klingen
du	wirst klingen	werdest klingen	würdest klingen
er	wird klingen	werde klingen	würde klingen
wir	werden klingen	werden klingen	würden klingen
ihr	werdet klingen	werdet klingen	würdet klingen
sie	werden klingen	werden klingen	würden klingen
		Future Perfect Time	
	Future Perfect	*(Fut. Perf. Subj.)*	*(Past Conditional)*
ich	werde geklungen haben	werde geklungen haben	würde geklungen haben
du	wirst geklungen haben	werdest geklungen haben	würdest geklungen haben
er	wird geklungen haben	werde geklungen haben	würde geklungen haben
wir	werden geklungen haben	werden geklungen haben	würden geklungen haben
ihr	werdet geklungen haben	werdet geklungen haben	würdet geklungen haben
sie	werden geklungen haben	werden geklungen haben	würden geklungen haben

* Forms other than the third person are infrequently found.
** The imperative is unusual.

kommen

to come

PRINC. PARTS: kommen, kam, ist gekommen, kommt
IMPERATIVE: komme!, kommt!, kommen Sie!

	INDICATIVE		SUBJUNCTIVE	
			PRIMARY	SECONDARY
			Present Time	
	Present		*(Pres. Subj.)*	*(Imperf. Subj.)*
ich	komme		komme	käme
du	kommst		kommest	kämest
er	kommt		komme	käme
wir	kommen		kommen	kämen
ihr	kommt		kommet	kämet
sie	kommen		kommen	kämen

	Imperfect
ich	kam
du	kamst
er	kam
wir	kamen
ihr	kamt
sie	kamen

				Past Time	
	Perfect		*(Perf. Subj.)*	*(Pluperf. Subj.)*
ich	bin gekommen		sei gekommen	wäre gekommen
du	bist gekommen		seiest gekommen	wärest gekommen
er	ist gekommen		sei gekommen	wäre gekommen
wir	sind gekommen		seien gekommen	wären gekommen
ihr	seid gekommen		seiet gekommen	wäret gekommen
sie	sind gekommen		seien gekommen	wären gekommen

	Pluperfect
ich	war gekommen
du	warst gekommen
er	war gekommen
wir	waren gekommen
ihr	wart gekommen
sie	waren gekommen

			Future Time	
	Future	*(Fut. Subj.)*	*(Pres. Conditional)*
ich	werde kommen	werde kommen	würde kommen
du	wirst kommen	werdest kommen	würdest kommen
er	wird kommen	werde kommen	würde kommen
wir	werden kommen	werden kommen	würden kommen
ihr	werdet kommen	werdet kommen	würdet kommen
sie	werden kommen	werden kommen	würden kommen

			Future Perfect Time	
	Future Perfect	*(Fut. Perf. Subj.)*	*(Past Conditional)*
ich	werde gekommen sein	werde gekommen sein	würde gekommen sein
du	wirst gekommen sein	werdest gekommen sein	würdest gekommen sein
er	wird gekommen sein	werde gekommen sein	würde gekommen sein
wir	werden gekommen sein	werden gekommen sein	würden gekommen sein
ihr	werdet gekommen sein	werdet gekommen sein	würdet gekommen sein
sie	werden gekommen sein	werden gekommen sein	würden gekommen sein

PRINC. PARTS: können, konnte, gekonnt (können
when immediately preceded by a
infinitive—see 'sprechen dürfen'), kann

IMPERATIVE:

to be able (can),
to know (a language
or how to do something)

INDICATIVE

	Present
ich	kann
du	kannst
er	kann
wir	können
ihr	könnt
sie	können

SUBJUNCTIVE

PRIMARY
Present Time

	(Pres. Subj.)
ich	könne
du	könnest
er	könne
wir	können
ihr	könnet
sie	können

SECONDARY

	(Imperf. Subj.)
ich	könnte
du	könntest
er	könnte
wir	könnten
ihr	könntet
sie	könnten

	Imperfect
ich	konnte
du	konntest
er	konnte
wir	konnten
ihr	konntet
sie	konnten

Past Time

	Perfect	(Perf. Subj.)	(Pluperf. Subj.)
ich	habe gekonnt	habe gekonnt	hätte gekonnt
du	hast gekonnt	habest gekonnt	hättest gekonnt
er	hat gekonnt	habe gekonnt	hätte gekonnt
wir	haben gekonnt	haben gekonnt	hätten gekonnt
ihr	habt gekonnt	habet gekonnt	hättet gekonnt
sie	haben gekonnt	haben gekonnt	hätten gekonnt

	Pluperfect
ich	hatte gekonnt
du	hattest gekonnt
er	hatte gekonnt
wir	hatten gekonnt
ihr	hattet gekonnt
sie	hatten gekonnt

Future Time

	Future	(Fut. Subj.)	(Pres. Conditional)
ich	werde können	werde können	würde können
du	wirst können	werdest können	würdest können
er	wird können	werde können	würde können
wir	werden können	werden können	würden können
ihr	werdet können	werdet können	würdet können
sie	werden können	werden können	würden können

Future Perfect Time

	Future Perfect	(Fut. Perf. Subj.)	(Past Conditional)
ich	werde gekonnt haben	werde gekonnt haben	würde gekonnt haben
du	wirst gekonnt haben	werdest gekonnt haben	würdest gekonnt haben
er	wird gekonnt haben	werde gekonnt haben	würde gekonnt haben
wir	werden gekonnt haben	werden gekonnt haben	würden gekonnt haben
ihr	werdet gekonnt haben	werdet gekonnt haben	würdet gekonnt haben
sie	werden gekonnt haben	werden gekonnt haben	würden gekonnt haben

81

kriechen
to creep, crawl

PRINC. PARTS: kriechen, kroch, ist gekrochen, kriecht
IMPERATIVE: krieche!, kriecht!, kriechen Sie!

	INDICATIVE		SUBJUNCTIVE	
			PRIMARY	SECONDARY
			Present Time	
	Present		*(Pres. Subj.)*	*(Imperf. Subj.)*
ich	krieche		krieche	kröche
du	kriechst		kriechest	kröchest
er	kriecht		krieche	kröche
wir	kriechen		kriechen	kröchen
ihr	kriecht		kriechet	kröchet
sie	kriechen		kriechen	kröchen

	Imperfect
ich	kroch
du	krochst
er	kroch
wir	krochen
ihr	krocht
sie	krochen

				Past Time	
	Perfect		*(Perf. Subj.)*		*(Pluperf. Subj.)*
ich	bin gekrochen		sei gekrochen		wäre gekrochen
du	bist gekrochen		seiest gekrochen		wärest gekrochen
er	ist gekrochen		sei gekrochen		wäre gekrochen
wir	sind gekrochen		seien gekrochen		wären gekrochen
ihr	seid gekrochen		seiet gekrochen		wäret gekrochen
sie	sind gekrochen		seien gekrochen		wären gekrochen

	Pluperfect
ich	war gekrochen
du	warst gekrochen
er	war gekrochen
wir	waren gekrochen
ihr	wart gekrochen
sie	waren gekrochen

			Future Time	
	Future		*(Fut. Subj.)*	*(Pres. Conditional)*
ich	werde kriechen		werde kriechen	würde kriechen
du	wirst kriechen		werdest kriechen	würdest kriechen
er	wird kriechen		werde kriechen	würde kriechen
wir	werden kriechen		werden kriechen	würden kriechen
ihr	werdet kriechen		werdet kriechen	würdet kriechen
sie	werden kriechen		werden kriechen	würden kriechen

			Future Perfect Time	
	Future Perfect		*(Fut. Perf. Subj.)*	*(Past Conditional)*
ich	werde gekrochen sein		werde gekrochen sein	würde gekrochen sein
du	wirst gekrochen sein		werdest gekrochen sein	würdest gekrochen sein
er	wird gekrochen sein		werde gekrochen sein	würde gekrochen sein
wir	werden gekrochen sein		werden gekrochen sein	würden gekrochen sein
ihr	werdet gekrochen sein		werdet gekrochen sein	würdet gekrochen sein
sie	werden gekrochen sein		werden gekrochen sein	würden gekrochen sein

PRINC. PARTS: lächeln, lächelte, gelächelt, lächelt
IMPERATIVE: lächle!, lächelt!, lächeln Sie!

	INDICATIVE		SUBJUNCTIVE	
			PRIMARY	SECONDARY
			Present Time	
	Present		*(Pres. Subj.)*	*(Imperf. Subj.)*
ich	lächle		lächle	lächelte
du	lächelst		lächlest	lächeltest
er	lächelt		lächle	lächelte
wir	lächeln		lächeln	lächelten
ihr	lächelt		lächlet	lächeltet
sie	lächeln		lächeln	lächelten

	Imperfect
ich	lächelte
du	lächeltest
er	lächelte
wir	lächelten
ihr	lächeltet
sie	lächelten

	Perfect	*(Perf. Subj.)*	*Past Time* *(Pluperf. Subj.)*
ich	habe gelächelt	habe gelächelt	hätte gelächelt
du	hast gelächelt	habest gelächelt	hättest gelächelt
er	hat gelächelt	habe gelächelt	hätte gelächelt
wir	haben gelächelt	haben gelächelt	hätten gelächelt
ihr	habt gelächelt	habet gelächelt	hättet gelächelt
sie	haben gelächelt	haben gelächelt	hätten gelächelt

	Pluperfect
ich	hatte gelächelt
du	hattest gelächelt
er	hatte gelächelt
wir	hatten gelächelt
ihr	hattet gelächelt
sie	hatten gelächelt

	Future	*(Fut. Subj.)*	*Future Time* *(Pres. Conditional)*
ich	werde lächeln	werde lächeln	würde lächeln
du	wirst lächeln	werdest lächeln	würdest lächeln
er	wird lächeln	werde lächeln	würde lächeln
wir	werden lächeln	werden lächeln	würden lächeln
ihr	werdet lächeln	werdet lächeln	würdet lächeln
sie	werden lächeln	werden lächeln	würden lächeln

	Future Perfect	*(Fut. Perf. Subj.)*	*Future Perfect Time* *(Past Conditional)*
ich	werde gelächelt haben	werde gelächelt haben	würde gelächelt haben
du	wirst gelächelt haben	werdest gelächelt haben	würdest gelächelt haben
er	wird gelächelt haben	werde gelächelt haben	würde gelächelt haben
wir	werden gelächelt haben	werden gelächelt haben	würden gelächelt haben
ihr	werdet gelächelt haben	werdet gelächelt haben	würdet gelächelt haben
sie	werden gelächelt haben	werden gelächelt haben	würden gelächelt haben

lachen
to laugh

PRINC. PARTS: lachen, lachte, gelacht, lacht
IMPERATIVE: lache!, lacht!, lachen Sie!

	INDICATIVE		SUBJUNCTIVE	
			PRIMARY	SECONDARY
			Present Time	
	Present		(*Pres. Subj.*)	(*Imperf. Subj.*)
ich	lache		lache	lachte
du	lachst		lachest	lachtest
er	lacht		lache	lachte
wir	lachen		lachen	lachten
ihr	lacht		lachet	lachtet
sie	lachen		lachen	lachten

	Imperfect
ich	lachte
du	lachtest
er	lachte
wir	lachten
ihr	lachtet
sie	lachten

			Past Time	
	Perfect		(*Perf. Subj.*)	(*Pluperf. Subj.*)
ich	habe gelacht		habe gelacht	hätte gelacht
du	hast gelacht		habest gelacht	hättest gelacht
er	hat gelacht		habe gelacht	hätte gelacht
wir	haben gelacht		haben gelacht	hätten gelacht
ihr	habt gelacht		habet gelacht	hättet gelacht
sie	haben gelacht		haben gelacht	hätten gelacht

	Pluperfect
ich	hatte gelacht
du	hattest gelacht
er	hatte gelacht
wir	hatten gelacht
ihr	hattet gelacht
sie	hatten gelacht

			Future Time	
	Future		(*Fut. Subj.*)	(*Pres. Conditional*)
ich	werde lachen		werde lachen	würde lachen
du	wirst lachen		werdest lachen	würdest lachen
er	wird lachen		werde lachen	würde lachen
wir	werden lachen		werden lachen	würden lachen
ihr	werdet lachen		werdet lachen	würdet lachen
sie	werden lachen		werden lachen	würden lachen

			Future Perfect Time	
	Future Perfect		(*Fut. Perf. Subj.*)	(*Past Conditional*)
ich	werde gelacht haben		werde gelacht haben	würde gelacht haben
du	wirst gelacht haben		werdest gelacht haben	würdest gelacht haben
er	wird gelacht haben		werde gelacht haben	würde gelacht haben
wir	werden gelacht haben		werden gelacht haben	würden gelacht haben
ihr	werdet gelacht haben		werdet gelacht haben	würdet gelacht haben
sie	werden gelacht haben		werden gelacht haben	würden gelacht haben

PRINC. PARTS: laden, lud (ladete), geladen,
              lädt (ladet)
IMPERATIVE: lade!, ladet!, laden Sie!

laden

to invite; cite, summon

INDICATIVE		SUBJUNCTIVE	
		PRIMARY	SECONDARY
		Present Time	
	Present	*(Pres. Subj.)*	*(Imperf. Subj.)*
ich	lade	lade	lüde — ladete
du	lädst (ladest)	ladest	lüdest — ladetest
er	lädt (ladet)	lade	lüde *or* ladete
wir	laden	laden	lüden — ladeten
ihr	ladet	ladet	lüdet — ladetet
sie	laden	laden	lüden — ladeten

	Imperfect	
ich	lud	ladete
du	ludst	ladetest
er	lud *or*	ladete
wir	luden	ladeten
ihr	ludet	ladetet
sie	luden	ladeten

	Perfect	*(Perf. Subj.)*	*Past Time* *(Pluperf. Subj.)*
ich	habe geladen	habe geladen	hätte geladen
du	hast geladen	habest geladen	hättest geladen
er	hat geladen	habe geladen	hätte geladen
wir	haben geladen	haben geladen	hätten geladen
ihr	habt geladen	habet geladen	hättet geladen
sie	haben geladen	haben geladen	hätten geladen

	Pluperfect
ich	hatte geladen
du	hattest geladen
er	hatte geladen
wir	hatten geladen
ihr	hattet geladen
sie	hatten geladen

	Future	*(Fut. Subj.)*	*Future Time* *(Pres. Conditional)*
ich	werde laden	werde laden	würde laden
du	wirst laden	werdest laden	würdest laden
er	wird laden	werde laden	würde laden
wir	werden laden	werden laden	würden laden
ihr	werdet laden	werdet laden	würdet laden
sie	werden laden	werden laden	würden laden

	Future Perfect	*(Fut. Perf. Subj.)*	*(Past Conditional)*
ich	werde geladen haben	werde geladen haben	würde geladen haben
du	wirst geladen haben	werdest geladen haben	würdest geladen haben
er	wird geladen haben	werde geladen haben	würde geladen haben
wir	werden geladen haben	werden geladen haben	würden geladen haben
ihr	werdet geladen haben	werdet geladen haben	würdet geladen haben
sie	werden geladen haben	werden geladen haben	würden geladen haben

85

lassen

to let, leave, allow, abandon
have something done (with infinitive)

PRINC. PARTS: lassen, ließ, gelassen, läßt
IMPERATIVE: laß!, laßt!, lassen Sie!

	INDICATIVE		SUBJUNCTIVE	
		PRIMARY		SECONDARY
	Present	(*Pres. Subj.*)	*Present Time*	(*Imperf. Subj.*)
ich	lasse	lasse		ließe
du	läßt	lassest		ließest
er	läßt	lasse		ließe
wir	lassen	lassen		ließen
ihr	laßt	lasset		ließet
sie	lassen	lassen		ließen

	Imperfect
ich	ließ
du	ließest
er	ließ
wir	ließen
ihr	ließt
sie	ließen

	Perfect	(*Perf. Subj.*)	*Past Time*	(*Pluperf. Subj.*)
ich	habe gelassen	habe gelassen		hätte gelassen
du	hast gelassen	habest gelassen		hättest gelassen
er	hat gelassen	habe gelassen		hätte gelassen
wir	haben gelassen	haben gelassen		hätten gelassen
ihr	habt gelassen	habet gelassen		hättet gelassen
sie	haben gelassen	haben gelassen		hätten gelassen

	Pluperfect
ich	hatte gelassen
du	hattest gelassen
er	hatte gelassen
wir	hatten gelassen
ihr	hattet gelassen
sie	hatten gelassen

	Future	(*Fut. Subj.*)	*Future Time*	(*Pres. Conditional*)
ich	werde lassen	werde lassen		würde lassen
du	wirst lassen	werdest lassen		würdest lassen
er	wird lassen	werde lassen		würde lassen
wir	werden lassen	werden lassen		würden lassen
ihr	werdet lassen	werdet lassen		würdet lassen
sie	werden lassen	werden lassen		würden lassen

	Future Perfect	(*Fut. Perf. Subj.*)	*Future Perfect Time*	(*Past Conditional*)
ich	werde gelassen haben	werde gelassen haben		würde gelassen haben
du	wirst gelassen haben	werdest gelassen haben		würdest gelassen haben
er	wird gelassen haben	werde gelassen haben		würde gelassen haben
wir	werden gelassen haben	werden gelassen haben		würden gelassen haben
ihr	werdet gelassen haben	werdet gelassen haben		würdet gelassen haben
sie	werden gelassen haben	werden gelassen haben		würden gelassen haben

PRINC. PARTS: laufen, lief, ist gelaufen, läuft
IMPERATIVE: laufe!, lauft!, laufen Sie!

to run, walk

INDICATIVE	SUBJUNCTIVE	
	PRIMARY	SECONDARY
	Present Time	
Present	*(Pres. Subj.)*	*(Imperf. Subj.)*
ich laufe	laufe	liefe
du läufst	laufest	liefest
er läuft	laufe	liefe
wir laufen	laufen	liefen
ihr lauft	laufet	liefet
sie laufen	laufen	liefen

Imperfect

ich lief
du liefst
er lief
wir liefen
ihr lieft
sie liefen

		Past Time	
Perfect	*(Perf. Subj.)*	*(Pluperf. Subj.)*
ich bin gelaufen	sei gelaufen	wäre gelaufen
du bist gelaufen	seiest gelaufen	wärest gelaufen
er ist gelaufen	sei gelaufen	wäre gelaufen
wir sind gelaufen	seien gelaufen	wären gelaufen
ihr seid gelaufen	seiet gelaufen	wäret gelaufen
sie sind gelaufen	seien gelaufen	wären gelaufen

Pluperfect

ich war gelaufen
du warst gelaufen
er war gelaufen
wir waren gelaufen
ihr wart gelaufen
sie waren gelaufen

		Future Time	
Future	*(Fut. Subj.)*	*(Pres. Conditional)*
ich werde laufen	werde laufen	würde laufen
du wirst laufen	werdest laufen	würdest laufen
er wird laufen	werde laufen	würde laufen
wir werden laufen	werden laufen	würden laufen
ihr werdet laufen	werdet laufen	würdet laufen
sie werden laufen	werden laufen	würden laufen

		Future Perfect Time	
Future Perfect	*(Fut. Perf. Subj.)*	*(Past Conditional)*
ich werde gelaufen sein	werde gelaufen sein	würde gelaufen sein
du wirst gelaufen sein	werdest gelaufen sein	würdest gelaufen sein
er wird gelaufen sein	werde gelaufen sein	würde gelaufen sein
wir werden gelaufen sein	werden gelaufen sein	würden gelaufen sein
ihr werdet gelaufen sein	werdet gelaufen sein	würdet gelaufen sein
sie werden gelaufen sein	werden gelaufen sein	würden gelaufen sein

legen
to lay, put, place, deposit

PRINC. PARTS: legen, legte, gelegt, legt
IMPERATIVE: lege!, legt!, legen Sie!

INDICATIVE	SUBJUNCTIVE	
	PRIMARY	SECONDARY

Present Time

	Present	*(Pres. Subj.)*	*(Imperf. Subj.)*
ich	lege	lege	legte
du	legst	legest	legtest
er	legt	lege	legte
wir	legen	legen	legten
ihr	legt	leget	legtet
sie	legen	legen	legten

	Imperfect
ich	legte
du	legtest
er	legte
wir	legten
ihr	legtet
sie	legten

Past Time

	Perfect	*(Perf. Subj.)*	*(Pluperf. Subj.)*
ich	habe gelegt	habe gelegt	hätte gelegt
du	hast gelegt	habest gelegt	hättest gelegt
er	hat gelegt	habe gelegt	hätte gelegt
wir	haben gelegt	haben gelegt	hätten gelegt
ihr	habt gelegt	habet gelegt	hättet gelegt
sie	haben gelegt	haben gelegt	hätten gelegt

	Pluperfect
ich	hatte gelegt
du	hattest gelegt
er	hatte gelegt
wir	hatten gelegt
ihr	hattet gelegt
sie	hatten gelegt

Future Time

	Future	*(Fut. Subj.)*	*(Pres. Conditional)*
ich	werde legen	werde legen	würde legen
du	wirst legen	werdest legen	würdest legen
er	wird legen	werde legen	würde legen
wir	werden legen	werden legen	würden legen
ihr	werdet legen	werdet legen	würdet legen
sie	werden legen	werden legen	würden legen

Future Perfect Time

	Future Perfect	*(Fut. Perf. Subj.)*	*(Past Conditional)*
ich	werde gelegt haben	werde gelegt haben	würde gelegt haben
du	wirst gelegt haben	werdest gelegt haben	würdest gelegt haben
er	wird gelegt haben	werde gelegt haben	würde gelegt haben
wir	werden gelegt haben	werden gelegt haben	würden gelegt haben
ihr	werdet gelegt haben	werdet gelegt haben	würdet gelegt haben
sie	werden gelegt haben	werden gelegt haben	würden gelegt haben

PRINC. PARTS: leiden, litt, gelitten, leidet
IMPERATIVE: leide!, leidet!, leiden Sie!

	INDICATIVE		SUBJUNCTIVE	
		PRIMARY		SECONDARY
	Present	*(Pres. Subj.)*	*Present Time*	*(Imperf. Subj.)*
ich	leide	leide		litte
du	leidest	leidest		littest
er	leidet	leide		litte
wir	leiden	leiden		litten
ihr	leidet	leidet		littet
sie	leiden	leiden		litten

	Imperfect
ich	litt
du	littst
er	litt
wir	litten
ihr	littet
sie	litten

	Perfect	*(Perf. Subj.)*	*Past Time*	*(Pluperf. Subj.)*
ich	habe gelitten	habe gelitten		hätte gelitten
du	hast gelitten	habest gelitten		hättest gelitten
er	hat gelitten	habe gelitten		hätte gelitten
wir	haben gelitten	haben gelitten		hätten gelitten
ihr	habt gelitten	habet gelitten		hättet gelitten
sie	haben gelitten	haben gelitten		hätten gelitten

	Pluperfect
ich	hatte gelitten
du	hattest gelitten
er	hatte gelitten
wir	hatten gelitten
ihr	hattet gelitten
sie	hatten gelitten

	Future	*(Fut. Subj.)*	*Future Time*	*(Pres. Conditional)*
ich	werde leiden	werde leiden		würde leiden
du	wirst leiden	werdest leiden		würdest leiden
er	wird leiden	werde leiden		würde leiden
wir	werden leiden	werden leiden		würden leiden
ihr	werdet leiden	werdet leiden		würdet leiden
sie	werden leiden	werden leiden		würden leiden

	Future Perfect	*(Fut. Perf. Subj.)*	*Future Perfect Time*	*(Past Conditional)*
ich	werde gelitten haben	werde gelitten haben		würde gelitten haben
du	wirst gelitten haben	werdest gelitten haben		würdest gelitten haben
er	wird gelitten haben	werde gelitten haben		würde gelitten haben
wir	werden gelitten haben	werden gelitten haben		würden gelitten haben
ihr	werdet gelitten haben	werdet gelitten haben		würdet gelitten haben
sie	werden gelitten haben	werden gelitten haben		würden gelitten haben

89

leihen
to lend, borrow from, hire

PRINC. PARTS: leihen, lieh, geliehen, leiht
IMPERATIVE: leihe!, leiht!, leihen Sie!

	INDICATIVE		SUBJUNCTIVE	
			PRIMARY	SECONDARY
			Present Time	
	Present		*(Pres. Subj.)*	*(Imperf. Subj.)*
ich	leihe		leihe	liehe
du	leihst		leihest	liehest
er	leiht		leihe	liehe
wir	leihen		leihen	liehen
ihr	leiht		leihet	liehet
sie	leihen		leihen	liehen

	Imperfect
ich	lieh
du	liehst
er	lieh
wir	liehen
ihr	lieht
sie	liehen

			Past Time	
	Perfect		*(Perf. Subj.)*	*(Pluperf. Subj.)*
ich	habe geliehen		habe geliehen	hätte geliehen
du	hast geliehen		habest geliehen	hättest geliehen
er	hat geliehen		habe geliehen	hätte geliehen
wir	haben geliehen		haben geliehen	hätten geliehen
ihr	habt geliehen		habet geliehen	hättet geliehen
sie	haben geliehen		haben geliehen	hätten geliehen

	Pluperfect
ich	hatte geliehen
du	hattest geliehen
er	hatte geliehen
wir	hatten geliehen
ihr	hattet geliehen
sie	hatten geliehen

			Future Time	
	Future		*(Fut. Subj.)*	*(Pres. Conditional)*
ich	werde leihen		werde leihen	würde leihen
du	wirst leihen		werdest leihen	würdest leihen
er	wird leihen		werde leihen	würde leihen
wir	werden leihen		werden leihen	würden leihen
ihr	werdet leihen		werdet leihen	würdet leihen
sie	werden leihen		werden leihen	würden leihen

			Future Perfect Time	
	Future Perfect		*(Fut. Perf. Subj.)*	*(Past Conditional)*
ich	werde geliehen haben		werde geliehen haben	würde geliehen haben
du	wirst geliehen haben		werdest geliehen haben	würdest geliehen haben
er	wird geliehen haben		werde geliehen haben	würde geliehen haben
wir	werden geliehen haben		werden geliehen haben	würden geliehen haben
ihr	werdet geliehen haben		werdet geliehen haben	würdet geliehen haben
sie	werden geliehen haben		werden geliehen haben	würden geliehen haben

PRINC. PARTS: lesen, las, gelesen, liest
IMPERATIVE: lies!, lest!, lesen Sie!

INDICATIVE		SUBJUNCTIVE	
		PRIMARY	SECONDARY
		Present Time	
	Present	*(Pres. Subj.)*	*(Imperf. Subj.)*
ich	lese	lese	läse
du	liest	lesest	läsest
er	liest	lese	läse
wir	lesen	lesen	läsen
ihr	lest	leset	läset
sie	lesen	lesen	läsen

	Imperfect
ich	las
du	lasest
er	las
wir	lasen
ihr	last
sie	lasen

			Past Time	
	Perfect	*(Perf. Subj.)*	*(Pluperf. Subj.)*	
ich	habe gelesen	habe gelesen	hätte gelesen
du	hast gelesen	habest gelesen	hättest gelesen
er	hat gelesen	habe gelesen	hätte gelesen
wir	haben gelesen	haben gelesen	hätten gelesen
ihr	habt gelesen	habet gelesen	hättet gelesen
sie	haben gelesen	haben gelesen	hätten gelesen

	Pluperfect
ich	hatte gelesen
du	hattest gelesen
er	hatte gelesen
wir	hatten gelesen
ihr	hattet gelesen
sie	hatten gelesen

			Future Time	
	Future	*(Fut. Subj.)*	*(Pres. Conditional)*	
ich	werde lesen	werde lesen	würde lesen
du	wirst lesen	werdest lesen	würdest lesen
er	wird lesen	werde lesen	würde lesen
wir	werden lesen	werden lesen	würden lesen
ihr	werdet lesen	werdet lesen	würdet lesen
sie	werden lesen	werden lesen	würden lesen

			Future Perfect Time	
	Future Perfect	*(Fut. Perf. Subj.)*	*(Past Conditional)*	
ich	werde gelesen haben	werde gelesen haben	würde gelesen haben
du	wirst gelesen haben	werdest gelesen haben	würdest gelesen haben
er	wird gelesen haben	werde gelesen haben	würde gelesen haben
wir	werden gelesen haben	werden gelesen haben	würden gelesen haben
ihr	werdet gelesen haben	werdet gelesen haben	würdet gelesen haben
sie	werden gelesen haben	werden gelesen haben	würden gelesen haben

lieben

to love

PRINC. PARTS: lieben, liebte, geliebt, liebt
IMPERATIVE: liebe!, liebt!, lieben Sie!

	INDICATIVE		SUBJUNCTIVE	
			PRIMARY	SECONDARY
			Present Time	
	Present		*(Pres. Subj.)*	*(Imperf. Subj.)*
ich	liebe		liebe	liebte
du	liebst		liebest	liebtest
er	liebt		liebe	liebte
wir	lieben		lieben	liebten
ihr	liebt		liebet	liebtet
sie	lieben		lieben	liebten

	Imperfect
ich	liebte
du	liebtest
er	liebte
wir	liebten
ihr	liebtet
sie	liebten

				Past Time	
	Perfect		*(Perf. Subj.)*	*(Pluperf. Subj.)*
ich	habe geliebt		habe geliebt	hätte geliebt
du	hast geliebt		habest geliebt	hättest geliebt
er	hat geliebt		habe geliebt	hätte geliebt
wir	haben geliebt		haben geliebt	hätten geliebt
ihr	habt geliebt		habet geliebt	hättet geliebt
sie	haben geliebt		haben geliebt	hätten geliebt

	Pluperfect
ich	hatte geliebt
du	hattest geliebt
er	hatte geliebt
wir	hatten geliebt
ihr	hattet geliebt
sie	hatten geliebt

				Future Time	
	Future		*(Fut. Subj.)*	*(Pres. Conditional)*
ich	werde lieben		werde lieben	würde lieben
du	wirst lieben		werdest lieben	würdest lieben
er	wird lieben		werde lieben	würde lieben
wir	werden lieben		werden lieben	würden lieben
ihr	werdet lieben		werdet lieben	würdet lieben
sie	werden lieben		werden lieben	würden lieben

				Future Perfect Time	
	Future Perfect		*(Fut. Perf. Subj.)*	*(Past Conditional)*
ich	werde geliebt haben		werde geliebt haben	würde geliebt haben
du	wirst geliebt haben		werdest geliebt haben	würdest geliebt haben
er	wird geliebt haben		werde geliebt haben	würde geliebt haben
wir	werden geliebt haben		werden geliebt haben	würden geliebt haben
ihr	werdet geliebt haben		werdet geliebt haben	würdet geliebt haben
sie	werden geliebt haben		werden geliebt haben	würden geliebt haben

PRINC. PARTS: liegen, lag, gelegen, liegt
IMPERATIVE: liege!, liegt!, liegen Sie!

to lie, rest, be situated

INDICATIVE	SUBJUNCTIVE	
	PRIMARY	SECONDARY
	Present Time	
Present	*(Pres. Subj.)*	*(Imperf. Subj.)*
ich liege	liege	läge
du liegst	liegest	lägest
er liegt	liege	läge
wir liegen	liegen	lägen
ihr liegt	lieget	läget
sie liegen	liegen	lägen

Imperfect
ich lag
du lagst
er lag
wir lagen
ihr lagt
sie lagen

		Past Time	
Perfect	*(Perf. Subj.)*	*(Pluperf. Subj.)*
ich habe gelegen	habe gelegen	hätte gelegen
du hast gelegen	habest gelegen	hättest gelegen
er hat gelegen	habe gelegen	hätte gelegen
wir haben gelegen	haben gelegen	hätten gelegen
ihr habt gelegen	habet gelegen	hättet gelegen
sie haben gelegen	haben gelegen	hätten gelegen

Pluperfect
ich hatte gelegen
du hattest gelegen
er hatte gelegen
wir hatten gelegen
ihr hattet gelegen
sie hatten gelegen

		Future Time	
Future	*(Fut. Subj.)*	*(Pres. Conditional)*
ich werde liegen	werde liegen	würde liegen
du wirst liegen	werdest liegen	würdest liegen
er wird liegen	werde liegen	würde liegen
wir werden liegen	werden liegen	würden liegen
ihr werdet liegen	werdet liegen	würdet liegen
sie werden liegen	werden liegen	würden liegen

		Future Perfect Time	
Future Perfect	*(Fut. Perf. Subj.)*	*(Past Conditional)*
ich werde gelegen haben	werde gelegen haben	würde gelegen haben
du wirst gelegen haben	werdest gelegen haben	würdest gelegen haben
er wird gelegen haben	werde gelegen haben	würde gelegen haben
wir werden gelegen haben	werden gelegen haben	würden gelegen haben
ihr werdet gelegen haben	werdet gelegen haben	würdet gelegen haben
sie werden gelegen haben	werden gelegen haben	würden gelegen haben

lügen
to tell a lie

PRINC. PARTS: lügen, log, gelogen, lügt
IMPERATIVE: lüge!, lügt!, lügen Sie!

INDICATIVE		SUBJUNCTIVE	
		PRIMARY	SECONDARY
		Present Time	
	Present	*(Pres. Subj.)*	*(Imperf. Subj.)*
ich	lüge	lüge	löge
du	lügst	lügest	lögest
er	lügt	lüge	löge
wir	lügen	lügen	lögen
ihr	lügt	lüget	löget
sie	lügen	lügen	lögen

	Imperfect
ich	log
du	logst
er	log
wir	logen
ihr	logt
sie	logen

			Past Time	
	Perfect	*(Perf. Subj.)*	*(Pluperf. Subj.)*
ich	habe gelogen	habe gelogen	hätte gelogen
du	hast gelogen	habest gelogen	hättest gelogen
er	hat gelogen	habe gelogen	hätte gelogen
wir	haben gelogen	haben gelogen	hätten gelogen
ihr	habt gelogen	habet gelogen	hättet gelogen
sie	haben gelogen	haben gelogen	hätten gelogen

	Pluperfect
ich	hatte gelogen
du	hattest gelogen
er	hatte gelogen
wir	hatten gelogen
ihr	hattet gelogen
sie	hatten gelogen

			Future Time	
	Future	*(Fut. Subj.)*	*(Pres. Conditional)*
ich	werde lügen	werde lügen	würde lügen
du	wirst lügen	werdest lügen	würdest lügen
er	wird lügen	werde lügen	würde lügen
wir	werden lügen	werden lügen	würden lügen
ihr	werdet lügen	werdet lügen	würdet lügen
sie	werden lügen	werden lügen	würden lügen

			Future Perfect Time	
	Future Perfect	*(Fut. Perf. Subj.)*	*(Past Conditional)*
ich	werde gelogen haben	werde gelogen haben	würde gelogen haben
du	wirst gelogen haben	werdest gelogen haben	würdest gelogen haben
er	wird gelogen haben	werde gelogen haben	würde gelogen haben
wir	werden gelogen haben	werden gelogen haben	würden gelogen haben
ihr	werdet gelogen haben	werdet gelogen haben	würdet gelogen haben
sie	werden gelogen haben	werden gelogen haben	würden gelogen haben

94

PRINC. PARTS: machen, machte, gemacht, macht
IMPERATIVE: mache!, macht!, machen Sie!

to make, to do

	INDICATIVE		SUBJUNCTIVE	
		PRIMARY		SECONDARY
			Present Time	
	Present	*(Pres. Subj.)*		*(Imperf. Subj.)*
ich	mache	mache		machte
du	machst	machest		machtest
er	macht	mache		machte
wir	machen	machen		machten
ihr	macht	machet		machtet
sie	machen	machen		machten

	Imperfect
ich	machte
du	machtest
er	machte
wir	machten
ihr	machtet
sie	machten

			Past Time	
	Perfect	*(Perf. Subj.)*		*(Pluperf. Subj.)*
ich	habe gemacht	habe gemacht		hätte gemacht
du	hast gemacht	habest gemacht		hättest gemacht
er	hat gemacht	habe gemacht		hätte gemacht
wir	haben gemacht	haben gemacht		hätten gemacht
ihr	habt gemacht	habet gemacht		hättet gemacht
sie	haben gemacht	haben gemacht		hätten gemacht

	Pluperfect
ich	hatte gemacht
du	hattest gemacht
er	hatte gemacht
wir	hatten gemacht
ihr	hattet gemacht
sie	hatten gemacht

			Future Time	
	Future	*(Fut. Subj.)*		*(Pres. Conditional)*
ich	werde machen	werde machen		würde machen
du	wirst machen	werdest machen		würdest machen
er	wird machen	werde machen		würde machen
wir	werden machen	werden machen		würden machen
ihr	werdet machen	werdet machen		würdet machen
sie	werden machen	werden machen		würden machen

			Future Perfect Time	
	Future Perfect	*(Fut. Perf. Subj.)*		*(Past Conditional)*
ich	werde gemacht haben	werde gemacht haben		würde gemacht haben
du	wirst gemacht haben	werdest gemacht haben		würdest gemacht haben
er	wird gemacht haben	werde gemacht haben		würde gemacht haben
wir	werden gemacht haben	werden gemacht haben		würden gemacht haben
ihr	werdet gemacht haben	werdet gemacht haben		würdet gemacht haben
sie	werden gemacht haben	werden gemacht haben		würden gemacht haben

mahlen

to mill, grind

	INDICATIVE	SUBJUNCTIVE	
		PRIMARY	SECONDARY
		Present Time	
	Present	*(Pres. Subj.)*	*(Imperf. Subj.)*
ich	mahle	mahle	mahlte
du	mahlst	mahlest	mahltest
er	mahlt	mahle	mahlte
wir	mahlen	mahlen	mahlten
ihr	mahlt	mahlet	mahltet
sie	mahlen	mahlen	mahlten

	Imperfect
ich	mahlte
du	mahltest
er	mahlte
wir	mahlten
ihr	mahltet
sie	mahlten

			Past Time	
	Perfect	*(Perf. Subj.)*	*(Pluperf. Subj.)*
ich	habe gemahlen	habe gemahlen	hätte gemahlen
du	hast gemahlen	habest gemahlen	hättest gemahlen
er	hat gemahlen	habe gemahlen	hätte gemahlen
wir	haben gemahlen	haben gemahlen	hätten gemahlen
ihr	habt gemahlen	habet gemahlen	hättet gemahlen
sie	haben gemahlen	haben gemahlen	hätten gemahlen

	Pluperfect
ich	hatte gemahlen
du	hattest gemahlen
er	hatte gemahlen
wir	hatten gemahlen
ihr	hattet gemahlen
sie	hatten gemahlen

			Future Time	
	Future	*(Fut. Subj.)*	*(Pres. Conditional)*
ich	werde mahlen	werde mahlen	würde mahlen
du	wirst mahlen	werdest mahlen	würdest mahlen
er	wird mahlen	werde mahlen	würde mahlen
wir	werden mahlen	werden mahlen	würden mahlen
ihr	werdet mahlen	werdet mahlen	würdet mahlen
sie	werden mahlen	werden mahlen	würden mahlen

			Future Perfect Time	
	Future Perfect	*(Fut. Perf. Subj.)*	*(Past Conditional)*
ich	werde gemahlen haben	werde gemahlen haben	würde gemahlen haben
du	wirst gemahlen haben	werdest gemahlen haben	würdest gemahlen haben
er	wird gemahlen haben	werde gemahlen haben	würde gemahlen haben
wir	werden gemahlen haben	werden gemahlen haben	würden gemahlen haben
ihr	werdet gemahlen haben	werdet gemahlen haben	würdet gemahlen haben
sie	werden gemahlen haben	werden gemahlen haben	würden gemahlen haben

PRINC. PARTS: meiden, mied, gemieden, meidet
IMPERATIVE: meide!, meidet!, meiden Sie!

	INDICATIVE	SUBJUNCTIVE	
		PRIMARY	SECONDARY
		Present Time	
	Present	*(Pres. Subj.)*	*(Imperf. Subj.)*
ich	meide	meide	miede
du	meidest	meidest	miedest
er	meidet	meide	miede
wir	meiden	meiden	mieden
ihr	meidet	meidet	miedet
sie	meiden	meiden	mieden

	Imperfect
ich	mied
du	miedest
er	mied
wir	mieden
ihr	miedet
sie	mieden

			Past Time	
	Perfect	*(Perf. Subj.)*	*(Pluperf. Subj.)*
ich	habe gemieden	habe gemieden	hätte gemieden
du	hast gemieden	habest gemieden	hättest gemieden
er	hat gemieden	habe gemieden	hätte gemieden
wir	haben gemieden	haben gemieden	hätten gemieden
ihr	habt gemieden	habet gemieden	hättet gemieden
sie	haben gemieden	haben gemieden	hätten gemieden

	Pluperfect
ich	hatte gemieden
du	hattest gemieden
er	hatte gemieden
wir	hatten gemieden
ihr	hattet gemieden
sie	hatten gemieden

			Future Time	
	Future	*(Fut. Subj.)*	*(Pres. Conditional)*
ich	werde meiden	werde meiden	würde meiden
du	wirst meiden	werdest meiden	würdest meiden
er	wird meiden	werde meiden	würde meiden
wir	werden meiden	werden meiden	würden meiden
ihr	werdet meiden	werdet meiden	würdet meiden
sie	werden meiden	werden meiden	würden meiden

			Future Perfect Time	
	Future Perfect	*(Fut. Perf. Subj.)*	*(Past Conditional)*
ich	werde gemieden haben	werde gemieden haben	würde gemieden haben
du	wirst gemieden haben	werdest gemieden haben	würdest gemieden haben
er	wird gemieden haben	werde gemieden haben	würde gemieden haben
wir	werden gemieden haben	werden gemieden haben	würden gemieden haben
ihr	werdet gemieden haben	werdet gemieden haben	würdet gemieden haben
sie	werden gemieden haben	werden gemieden haben	würden gemieden haben

97

messen
to measure

PRINC. PARTS: messen, maß, gemessen, mißt
IMPERATIVE: miß!, meßt!, messen Sie!

	INDICATIVE	SUBJUNCTIVE	
		PRIMARY	SECONDARY
		Present Time	
	Present	*(Pres. Subj.)*	*(Imperf. Subj.)*
ich	messe	messe	mäße
du	mißt	messest	mäßest
er	mißt	messe	mäße
wir	messen	messen	mäßen
ihr	meßt	messet	mäßet
sie	messen	messen	mäßen

Imperfect

ich	maß
du	maßest
er	maß
wir	maßen
ihr	maßt
sie	maßen

Past Time

	Perfect	*(Perf. Subj.)*	*(Pluperf. Subj.)*
ich	habe gemessen	habe gemessen	hätte gemessen
du	hast gemessen	habest gemessen	hättest gemessen
er	hat gemessen	habe gemessen	hätte gemessen
wir	haben gemessen	haben gemessen	hätten gemessen
ihr	habt gemessen	habet gemessen	hättet gemessen
sie	haben gemessen	haben gemessen	hätten gemessen

Pluperfect

ich	hatte gemessen
du	hattest gemessen
er	hatte gemessen
wir	hatten gemessen
ihr	hattet gemessen
sie	hatten gemessen

Future Time

	Future	*(Fut. Subj.)*	*(Pres. Conditional)*
ich	werde messen	werde messen	würde messen
du	wirst messen	werdest messen	würdest messen
er	wird messen	werde messen	würde messen
wir	werden messen	werden messen	würden messen
ihr	werdet messen	werdet messen	würdet messen
sie	werden messen	werden messen	würden messen

Future Perfect Time

	Future Perfect	*(Fut. Perf. Subj.)*	*(Past Conditional)*
ich	werde gemessen haben	werde gemessen haben	würde gemessen haben
du	wirst gemessen haben	werdest gemessen haben	würdest gemessen haben
er	wird gemessen haben	werde gemessen haben	würde gemessen haben
wir	werden gemessen haben	werden gemessen haben	würden gemessen haben
ihr	werdet gemessen haben	werdet gemessen haben	würdet gemessen haben
sie	werden gemessen haben	werden gemessen haben	würden gemessen haben

PRINC. PARTS: mögen, mochte, gemocht (mögen, when immediately preceded by an infinitive; see
'sprechen dürfen') mag

IMPERATIVE:

mögen

to like, want, may

	INDICATIVE	SUBJUNCTIVE	
		PRIMARY	SECONDARY
		Present Time	
	Present	*(Pres. Subj.)*	*(Imperf. Subj.)*
ich	mag	möge	möchte
du	magst	mögest	möchtest
er	mag	möge	möchte
wir	mögen	mögen	möchten
ihr	mögt	möget	möchtet
sie	mögen	mögen	möchten

Imperfect
ich	mochte
du	mochtest
er	mochte
wir	mochten
ihr	mochtet
sic	mochten

		Past Time	
	Perfect	*(Perf. Subj.)*	*(Pluperf. Subj.)*
ich	habe gemocht	habe gemocht	hätte gemocht
du	hast gemocht	habest gemocht	hättest gemocht
er	hat gemocht	habe gemocht	hätte gemocht
wir	haben gemocht	haben gemocht	hätten gemocht
ihr	habt gemocht	habet gemocht	hättet gemocht
sie	haben gemocht	haben gemocht	hätten gemocht

Pluperfect
ich	hatte gemocht
du	hattest gemocht
er	hatte gemocht
wir	hatten gemocht
ihr	hattet gemocht
sie	hatten gemocht

		Future Time	
	Future	*(Fut. Subj.)*	*(Pres. Conditional)*
ich	werde mögen	werde mögen	würde mögen
du	wirst mögen	werdest mögen	würdest mögen
er	wird mögen	werde mögen	würde mögen
wir	werden mögen	werden mögen	würden mögen
ihr	werdet mögen	werdet mögen	würdet mögen
sie	werden mögen	werden mögen	würden mögen

		Future Perfect Time	
	Future Perfect	*(Fut. Perf. Subj.)*	*(Past Conditional)*
ich	werde gemocht haben	werde gemocht haben	würde gemocht haben
du	wirst gemocht haben	werdest gemocht haben	würdest gemocht haben
er	wird gemocht haben	werde gemocht haben	würde gemocht haben
wir	werden gemocht haben	werden gemocht haben	würden gemocht haben
ihr	werdet gemocht haben	werdet gemocht haben	würdet gemocht haben
sie	werden gemocht haben	werden gemocht haben	würden gemocht haben

müssen

to have to, must

PRINC. PARTS: müssen, mußte, gemußt (müssen when immediately preceded by an infinitive; see sprechen dürfen), muß

IMPERATIVE:

	INDICATIVE	SUBJUNCTIVE	
		PRIMARY	SECONDARY
		Present Time	
	Present	*(Pres. Subj.)*	*(Imperf. Subj.)*
ich	muß	müsse	müßte
du	mußt	müssest	müßtest
er	muß	müsse	müßte
wir	müssen	müssen	müßten
ihr	müßt	müsset	müßtet
sie	müssen	müssen	müßten

	Imperfect
ich	mußte
du	mußtest
er	mußte
wir	mußten
ihr	mußtet
sie	mußten

			Past Time	
	Perfect	*(Perf. Subj.)*	*(Pluperf. Subj.)*
ich	habe gemußt	habe gemußt	hätte gemußt
du	hast gemußt	habest gemußt	hättest gemußt
er	hat gemußt	habe gemußt	hätte gemußt
wir	haben gemußt	haben gemußt	hätten gemußt
ihr	habt gemußt	habet gemußt	hättet gemußt
sie	haben gemußt	haben gemußt	hätten gemußt

	Pluperfect
ich	hatte gemußt
du	hattest gemußt
er	hatte gemußt
wir	hatten gemußt
ihr	hattet gemußt
sie	hatten gemußt

		Future Time	
	Future	*(Fut. Subj.)*	*(Pres. Conditional)*
ich	werde müssen	werde müssen	würde müssen
du	wirst müssen	werdest müssen	würdest müssen
er	wird müssen	werde müssen	würde müssen
wir	werden müssen	werden müssen	würden müssen
ihr	werdet müssen	werdet müssen	würdet müssen
sie	werden müssen	werden müssen	würden müssen

		Future Perfect Time	
	Future Perfect	*(Fut. Perf. Subj.)*	*(Past Conditional)*
ich	werde gemußt haben	werde gemußt haben	würde gemußt haben
du	wirst gemußt haben	werdest gemußt haben	würdest gemußt haben
er	wird gemußt haben	werde gemußt haben	würde gemußt haben
wir	werden gemußt haben	werden gemußt haben	würden gemußt haben
ihr	werdet gemußt haben	werdet gemußt haben	würdet gemußt haben
sie	werden gemußt haben	werden gemußt haben	würden gemußt haben

PRINC. PARTS: nehmen, nahm, genommen, nimmt
IMPERATIVE: nimm!, nehmt!, nehmen Sie!

INDICATIVE	SUBJUNCTIVE	
	PRIMARY	SECONDARY
	Present Time	
Present	*(Pres. Subj.)*	*(Imperf. Subj.)*
ich nehme	nehme	nähme
du nimmst	nehmest	nähmest
er nimmt	nehme	nähme
wir nehmen	nehmen	nähmen
ihr nehmt	nehmet	nähmet
sie nehmen	nehmen	nähmen

Imperfect
ich nahm
du nahmst
er nahm
wir nahmen
ihr nahmt
sie nahmen

	Past Time	
Perfect	*(Perf. Subj.)*	*(Pluperf. Subj.)*
ich habe genommen	habe genommen	hätte genommen
du hast genommen	habest genommen	hättest genommen
er hat genommen	habe genommen	hätte genommen
wir haben genommen	haben genommen	hätten genommen
ihr habt genommen	habet genommen	hättet genommen
sie haben genommen	haben genommen	hätten genommen

Pluperfect
ich hatte genommen
du hattest genommen
er hatte genommen
wir hatten genommen
ihr hattet genommen
sie hatten genommen

	Future Time	
Future	*(Fut. Subj.)*	*(Pres. Conditional)*
ich werde nehmen	werde nehmen	würde nehmen
du wirst nehmen	werdest nehmen	würdest nehmen
er wird nehmen	werde nehmen	würde nehmen
wir werden nehmen	werden nehmen	würden nehmen
ihr werdet nehmen	werdet nehmen	würdet nehmen
sie werden nehmen	werden nehmen	würden nehmen

	Future Perfect Time	
Future Perfect	*(Fut. Perf. Subj.)*	*(Past Conditional)*
ich werde genommen haben	werde genommen haben	würde genommen haben
du wirst genommen haben	werdest genommen haben	würdest genommen haben
er wird genommen haben	werde genommen haben	würde genommen haben
wir werden genommen haben	werden genommen haben	würden genommen haben
ihr werdet genommen haben	werdet genommen haben	würdet genommen haben
sie werden genommen haben	werden genommen haben	würden genommen haben

nennen

to name, call

PRINC. PARTS: nennen, nannte, genannt, nennt
IMPERATIVE: nenne!, nennt!, nennen Sie!

	INDICATIVE		SUBJUNCTIVE	
			PRIMARY	SECONDARY
			Present Time	
	Present		(*Pres. Subj.*)	(*Imperf. Subj.*)
ich	nenne		nenne	nennte
du	nennst		nennest	nenntest
er	nennt		nenne	nennte
wir	nennen		nennen	nennten
ihr	nennt		nennet	nenntet
sie	nennen		nennen	nennten

	Imperfect
ich	nannte
du	nanntest
er	nannte
wir	nannten
ihr	nanntet
sie	nannten

			Past Time	
	Perfect		(*Perf. Subj.*)	(*Pluperf. Subj.*)
ich	habe genannt		habe gennant	hätte genannt
du	hast genannt		habest genannt	hättest genannt
er	hat genannt		habe genannt	hätte genannt
wir	haben genannt		haben genannt	hätten genannt
ihr	habt genannt		habet genannt	hättet genannt
sie	haben genannt		haben genannt	hätten genannt

	Pluperfect
ich	hatte genannt
du	hattest genannt
er	hatte genannt
wir	hatten genannt
ihr	hattet genannt
sie	hatten genannt

			Future Time	
	Future		(*Fut. Subj.*)	(*Pres. Conditional*)
ich	werde nennen		werde nennen	würde nennen
du	wirst nennen		werdest nennen	würdest nennen
er	wird nennen		werde nennen	würde nennen
wir	werden nennen		werden nennen	würden nennen
ihr	werdet nennen		werdet nennen	würdet nennen
sie	werden nennen		werden nennen	würden nennen

			Future Perfect Time	
	Future Perfect		(*Fut. Perf. Subj.*)	(*Past Conditional*)
ich	werde genannt haben		werde genannt haben	würde genannt haben
du	wirst genannt haben		werdest genannt haben	würdest genannt haben
er	wird genannt haben		werde genannt haben	würde genannt haben
wir	werden genannt haben		werden genannt haben	würden genannt haben
ihr	werdet genannt haben		werdet genannt haben	würdet genannt haben
sie	werden genannt haben		werden genannt haben	würden genannt haben

PRINC. PARTS: pfeifen, pfiff, gepfiffen, pfeift
IMPERATIVE: pfeife!, pfeift!, pfeifen Sie!

INDICATIVE	SUBJUNCTIVE	
	PRIMARY	SECONDARY
	Present Time	
Present	(*Pres. Subj.*)	(*Imperf. Subj.*)
ich pfeife	pfeife	pfiffe
du pfeifst	pfeifest	pfiffest
er pfeift	pfeife	pfiffe
wir pfeifen	pfeifen	pfiffen
ihr pfeift	pfeifet	pfiffet
sie pfeifen	pfeifen	pfiffen

Imperfect
ich pfiff
du pfiffst
er pfiff
wir pfiffen
ihr pfifft
sie pfiffen

| | | *Past Time* | |
Perfect	(*Perf. Subj.*)	(*Pluperf. Subj.*)
ich habe gepfiffen	habe gepfiffen	hätte gepfiffen
du hast gepfiffen	habest gepfiffen	hättest gepfiffen
er hat gepfiffen	habe gepfiffen	hätte gepfiffen
wir haben gepfiffen	haben gepfiffen	hätten gepfiffen
ihr habt gepfiffen	habet gepfiffen	hättet gepfiffen
sie haben gepfiffen	haben gepfiffen	hätten gepfiffen

Pluperfect
ich hatte gepfiffen
du hattest gepfiffen
er hatte gepfiffen
wir hatten gepfiffen
ihr hattet gepfiffen
sie hatten gepfiffen

| | | *Future Time* | |
Future	(*Fut. Subj.*)	(*Pres. Conditional*)
ich werde pfeifen	werde pfeifen	würde pfeifen
du wirst pfeifen	werdest pfeifen	würdest pfeifen
er wird pfeifen	werde pfeifen	würde pfeifen
wir werden pfeifen	werden pfeifen	würden pfeifen
ihr werdet pfeifen	werdet pfeifen	würdet pfeifen
sie werden pfeifen	werden pfeifen	würden pfeifen

| | | *Future Perfect Time* | |
Future Perfect	(*Fut. Perf. Subj.*)	(*Past Conditional*)
ich werde gepfiffen haben	werde gepfiffen haben	würde gepfiffen haben
du wirst gepfiffen haben	werdest gepfiffen haben	würdest gepfiffen haben
er wird gepfiffen haben	werde gepfiffen haben	würde gepfiffen haben
wir werden gepfiffen haben	werden gepfiffen haben	würden gepfiffen haben
ihr werdet gepfiffen haben	werdet gepfiffen haben	würdet gepfiffen haben
sie werden gepfiffen haben	werden gepfiffen haben	würden gepfiffen haben

preisen

to praise, commend

PRINC. PARTS: preisen, pries, gepriesen, preist
IMPERATIVE: preise!, preist!, preisen Sie!

INDICATIVE		SUBJUNCTIVE	
		PRIMARY	SECONDARY
		Present Time	
	Present	*(Pres. Subj.)*	*(Imperf. Subj.)*
ich	preise	preise	priese
du	preist	preisest	priesest
er	preist	preise	priese
wir	preisen	preisen	priesen
ihr	preist	preiset	prieset
sie	preisen	preisen	priesen

	Imperfect
ich	pries
du	priesest
er	pries
wir	priesen
ihr	priest
sie	priesen

			Past Time	
	Perfect	*(Perf. Subj.)*	*(Pluperf. Subj.)*
ich	habe gepriesen	habe gepriesen	hätte gepriesen
du	hast gepriesen	habest gepriesen	hättest gepriesen
er	hat gepriesen	habe gepriesen	hätte gepriesen
wir	haben gepriesen	haben gepriesen	hätten gepriesen
ihr	habt gepriesen	habet gepriesen	hättet gepriesen
sie	haben gepriesen	haben gepriesen	hätten gepriesen

	Pluperfect
ich	hatte gepriesen
du	hattest gepriesen
er	hatte gepriesen
wir	hatten gepriesen
ihr	hattet gepriesen
sie	hatten gepriesen

			Future Time	
	Future	*(Fut. Subj.)*	*(Pres. Conditional)*
ich	werde preisen	werde preisen	würde preisen
du	wirst preisen	werdest preisen	würdest preisen
er	wird preisen	werde preisen	würde preisen
wir	werden preisen	werden preisen	würden preisen
ihr	werdet preisen	werdet preisen	würdet preisen
sie	werden preisen	werden preisen	würden preisen

			Future Perfect Time	
	Future Perfect	*(Fut. Perf. Subj.)*	*(Past Conditional)*
ich	werde gepriesen haben	werde gepriesen haben	würde gepriesen haben
du	wirst gepriesen haben	werdest gepriesen haben	würdest gepriesen haben
er	wird gepriesen haben	werde gepriesen haben	würde gepriesen haben
wir	werden gepriesen haben	werden gepriesen haben	würden gepriesen haben
ihr	werdet gepriesen haben	werdet gepriesen haben	würdet gepriesen haben
sie	werden gepriesen haben	werden gepriesen haben	würden gepriesen haben

PRINC. PARTS: quellen,* quoll, ist gequollen, quillt
IMPERATIVE: quill!, quellt!, quellen Sie!**

to gush, spring from

INDICATIVE		SUBJUNCTIVE	
		PRIMARY	SECONDARY
		Present Time	
	Present	*(Pres. Subj.)*	*(Imperf. Subj.)*
ich	quelle	quelle	quölle
du	quillst	quellest	quöllest
er	quillt	quelle	quölle
wir	quellen	quellen	quöllen
ihr	quellt	quellet	quöllet
sie	quellen	quellen	quöllen

	Imperfect
ich	quoll
du	quollst
er	quoll
wir	quollen
ihr	quollt
sie	quollen

			Past Time	
	Perfect	*(Perf. Subj.)*	*(Pluperf. Subj.)*
ich	bin gequollen	sei gequollen	wäre gequollen
du	bist gequollen	seiest gequollen	wärest gequollen
er	ist gequollen	sei gequollen	wäre gequollen
wir	sind gequollen	seien gequollen	wären gequollen
ihr	seid gequollen	seiet gequollen	wäret gequollen
sie	sind gequollen	seien gequollen	wären gequollen

	Pluperfect
ich	war gequollen
du	warst gequollen
er	war gequollen
wir	waren gequollen
ihr	wart gequollen
sie	waren gequollen

			Future Time	
	Future	*(Fut. Subj.)*	*(Pres. Conditional)*
ich	werde quellen	werde quellen	würde quellen
du	wirst quellen	werdest quellen	würdest quellen
er	wird quellen	werde quellen	würde quellen
wir	werden quellen	werden quellen	würden quellen
ihr	werdet quellen	werdet quellen	würdet quellen
sie	werden quellen	werden quellen	würden quellen

			Future Perfect Time	
	Future Perfect	*(Fut. Perf. Subj.)*	*(Past Conditional)*
ich	werde gequollen sein	werde gequollen sein	würde gequollen sein
du	wirst gequollen sein	werdest gequollen sein	würdest gequollen sein
er	wird gequollen sein	werde gequollen sein	würde gequollen sein
wir	werden gequollen sein	werden gequollen sein	würden gequollen sein
ihr	werdet gequollen sein	werdet gequollen sein	würdet gequollen sein
sie	werden gequollen sein	werden gequollen sein	würden gequollen sein

* Forms other than the third person are infrequently found.
** The imperative is unusual.

raten

to advise, guess

PRINC. PARTS: raten, riet, geraten, rät
IMPERATIVE: rate!, ratet!, raten Sie!

INDICATIVE	SUBJUNCTIVE	
	PRIMARY	SECONDARY
	Present Time	
Present	*(Pres. Subj.)*	*(Imperf. Subj.)*
ich rate	rate	riete
du rätst	ratest	rietest
er rät	rate	riete
wir raten	raten	rieten
ihr ratet	ratet	rietet
sie raten	raten	rieten

Imperfect
ich riet
du rietest
er riet
wir rieten
ihr rietet
sie rieten

	Past Time	
Perfect	*(Perf. Subj.)*	*(Pluperf. Subj.)*
ich habe geraten	habe geraten	hätte geraten
du hast geraten	habest geraten	hättest geraten
er hat geraten	habe geraten	hätte geraten
wir haben geraten	haben geraten	hätten geraten
ihr habt geraten	habet geraten	hättet geraten
sie haben geraten	haben geraten	hätten geraten

Pluperfect
ich hatte geraten
du hattest geraten
er hatte geraten
wir hatten geraten
ihr hattet geraten
sie hatten geraten

	Future Time	
Future	*(Fut. Subj.)*	*(Pres. Conditional)*
ich werde raten	werde raten	würde raten
du wirst raten	werdest raten	würdest raten
er wird raten	werde raten	würde raten
wir werden raten	werden raten	würden raten
ihr werdet raten	werdet raten	würdet raten
sie werden raten	werden raten	würden raten

	Future Perfect Time	
Future Perfect	*(Fut. Perf. Subj.)*	*(Past Conditional)*
ich werde geraten haben	werde geraten haben	würde geraten haben
du wirst geraten haben	werdest geraten haben	würdest geraten haben
er wird geraten haben	werde geraten haben	würde geraten haben
wir werden geraten haben	werden geraten haben	würden geraten haben
ihr werdet geraten haben	werdet geraten haben	würdet geraten haben
sie werden geraten haben	werden geraten haben	würden geraten haben

PRINC. PARTS: regnen,* regnete, geregnet, regnet
IMPERATIVE: regne!, regnet!, regnen Sie! **

	INDICATIVE	SUBJUNCTIVE	
		PRIMARY	SECONDARY
			Present Time
	Present	*(Pres. Subj.)*	*(Imperf. Subj.)*
ich			
du			
es	regnet	regne	regnete
wir			
ihr			
sie			
	Imperfect		
ich			
du			
es	regnete		
wir			
ihr			
sie			
			Past Time
	Perfect	*(Perf. Subj.)*	*(Pluperf. Subj.)*
ich			
du			
es	hat geregnet	habe geregnet	hätte geregnet
wir			
ihr			
sie			
	Pluperfect		
ich			
du			
es	hatte geregnet		
wir			
ihr			
sie			
			Future Time
	Future	*(Fut. Subj.)*	*(Pres. Conditional)*
ich			
du			
es	wird regnen	werde regnen	würde regnen
wir			
ihr			
sie			
			Future Perfect Time
	Future Perfect	*(Fut. Perf. Subj.)*	*(Past Conditional)*
ich			
du			
es	wird geregnet haben	werde geregnet haben	würde geregnet haben
wir			
ihr			
sie			

* Impersonal verb. Forms other than the third person singular will not be found, except perhaps in poetry. The same is true of the Eng. verb 'to rain.'
** The imperative of this verb is as unusual as in English.

reiben

to rub

PRINC. PARTS: reiben, rieb, gerieben, reibt
IMPERATIVE: reibe!, reibt!, reiben Sie!

	INDICATIVE	SUBJUNCTIVE	
		PRIMARY	SECONDARY
		Present Time	
	Present	*(Pres. Subj.)*	*(Imperf. Subj.)*
ich	reibe	reibe	riebe
du	reibst	reibest	riebest
er	reibt	reibe	riebe
wir	reiben	reiben	rieben
ihr	reibt	reibet	riebet
sie	reiben	reiben	rieben

	Imperfect
ich	rieb
du	riebst
er	rieb
wir	rieben
ihr	riebt
sie	rieben

			Past Time	
	Perfect	*(Perf. Subj.)*	*(Pluperf. Subj.)*
ich	habe gerieben	habe gerieben	hätte gerieben
du	hast gerieben	habest gerieben	hättest gerieben
er	hat gerieben	habe gerieben	hätte gerieben
wir	haben gerieben	haben gerieben	hätten gerieben
ihr	habt gerieben	habet gerieben	hättet gerieben
sie	haben gerieben	haben gerieben	hätten gerieben

	Pluperfect
ich	hatte gerieben
du	hattest gerieben
er	hatte gerieben
wir	hatten gerieben
ihr	hattet gerieben
sie	hatten gerieben

			Future Time	
	Future	*(Fut. Subj.)*	*(Pres. Conditional)*
ich	werde reiben	werde reiben	würde reiben
du	wirst reiben	werdest reiben	würdest reiben
er	wird reiben	werde reiben	würde reiben
wir	werden reiben	werden reiben	würden reiben
ihr	werdet reiben	werdet reiben	würdet reiben
sie	werden reiben	werden reiben	würden reiben

			Future Perfect Time	
	Future Perfect	*(Fut. Perf. Subj.)*	*(Past Conditional)*
ich	werde gerieben haben	werde gerieben haben	würde gerieben haben
du	wirst gerieben haben	werdest gerieben haben	würdest gerieben haben
er	wird gerieben haben	werde gerieben haben	würde gerieben haben
wir	werden gerieben haben	werden gerieben haben	würden gerieben haben
ihr	werdet gerieben haben	werdet gerieben haben	würdet gerieben haben
sie	werden gerieben haben	werden gerieben haben	würden gerieben haben

PRINC. PARTS: reißen, riß, gerissen, reißt
IMPERATIVE: reiße!, reißt!, reißen Sie!

INDICATIVE		SUBJUNCTIVE	
		PRIMARY	SECONDARY
		Present Time	
	Present	*(Pres. Subj.)*	*(Imperf. Subj.)*
ich	reiße	reiße	risse
du	reißt	reißest	rissest
er	reißt	reiße	risse
wir	reißen	reißen	rissen
ihr	reißt	reißet	risset
sie	reißen	reißen	rissen

Imperfect

ich	riß
du	rissest
er	riß
wir	rissen
ihr	rißt
sie	rissen

Past Time

	Perfect	*(Perf. Subj.)*	*(Pluperf. Subj.)*
ich	habe gerissen	habe gerissen	hätte gerissen
du	hast gerissen	habest gerissen	hättest gerissen
er	hat gerissen	habe gerissen	hätte gerissen
wir	haben gerissen	haben gerissen	hätten gerissen
ihr	habt gerissen	habet gerissen	hättet gerissen
sie	haben gerissen	haben gerissen	hätten gerissen

Pluperfect

ich	hatte gerissen
du	hattest gerissen
er	hatte gerissen
wir	hatten gerissen
ihr	hattet gerissen
sie	hatten gerissen

Future Time

	Future	*(Fut. Subj.)*	*(Pres. Conditional)*
ich	werde reißen	werde reißen	würde reißen
du	wirst reißen	werdest reißen	würdest reißen
er	wird reißen	werde reißen	würde reißen
wir	werden reißen	werden reißen	würden reißen
ihr	werdet reißen	werdet reißen	würdet reißen
sie	werden reißen	werden reißen	würden reißen

Future Perfect Time

	Future Perfect	*(Fut. Perf. Subj.)*	*(Past Conditional)*
ich	werde gerissen haben	werde gerissen haben	würde gerissen haben
du	wirst gerissen haben	werdest gerissen haben	würdest gerissen haben
er	wird gerissen haben	werde gerissen haben	würde gerissen haben
wir	werden gerissen haben	werden gerissen haben	würden gerissen haben
ihr	werdet gerissen haben	werdet gerissen haben	würdet gerissen haben
sie	werden gerissen haben	werden gerissen haben	würden gerissen haben

109

reiten

to ride (on horse)

PRINC. PARTS: reiten, ritt, ist geritten, reitet
IMPERATIVE: reite!, reitet!, reiten Sie!

INDICATIVE		SUBJUNCTIVE	
		PRIMARY	SECONDARY
		Present Time	
	Present	*(Pres. Subj.)*	*(Imperf. Subj.)*
ich	reite	reite	ritte
du	reitest	reitest	rittest
er	reitet	reite	ritte
wir	reiten	reiten	ritten
ihr	reitet	reitet	rittet
sie	reiten	reiten	ritten

	Imperfect
ich	ritt
du	rittest
er	ritt
wir	ritten
ihr	rittet
sie	ritten

			Past Time	
	Perfect	*(Perf. Subj.)*	*(Pluperf. Subj.)*
ich	bin geritten	sei geritten	wäre geritten
du	bist geritten	seiest geritten	wärest geritten
er	ist geritten	sei geritten	wäre geritten
wir	sind geritten	seien geritten	wären geritten
ihr	seid geritten	seiet geritten	wäret geritten
sie	sind geritten	seien geritten	wären geritten

	Pluperfect
ich	war geritten
du	warst geritten
er	war geritten
wir	waren geritten
ihr	wart geritten
sie	waren geritten

			Future Time	
	Future	*(Fut. Subj.)*	*(Pres. Conditional)*
ich	werde reiten	werde reiten	würde reiten
du	wirst reiten	werdest reiten	würdest reiten
er	wird reiten	werde reiten	würde reiten
wir	werden reiten	werden reiten	würden reiten
ihr	werdet reiten	werdet reiten	würdet reiten
sie	werden reiten	werden reiten	würden reiten

			Future Perfect Time	
	Future Perfect	*(Fut. Perf. Subj.)*	*(Past Conditional)*
ich	werde geritten sein	werde geritten sein	würde geritten sein
du	wirst geritten sein	werdest geritten sein	würdest geritten sein
er	wird geritten sein	werde geritten sein	würde geritten sein
wir	werden geritten sein	werden geritten sein	würden geritten sein
ihr	werdet geritten sein	werdet geritten sein	würdet geritten sein
sie	werden geritten sein	werden geritten sein	würden geritten sein

110

PRINC. PARTS: rennen, rannte, ist gerannt, rennt
IMPERATIVE: renne!, rennt!, rennen Sie!

to run, race

	INDICATIVE		SUBJUNCTIVE	
			PRIMARY	SECONDARY
			Present Time	
	Present		*(Pres. Subj.)*	*(Imperf. Subj.)*
ich	renne		renne	rennte
du	rennst		rennest	renntest
er	rennt		renne	rennte
wir	rennen		rennen	rennten
ihr	rennt		rennet	renntet
sie	rennen		rennen	rennten

	Imperfect
ich	rannte
du	ranntest
er	rannte
wir	rannten
ihr	ranntet
sie	rannten

				Past Time	
	Perfect		*(Perf. Subj.)*		*(Pluperf. Subj.)*
ich	bin gerannt		sei gerannt		wäre gerannt
du	bist gerannt		seiest gerannt		wärest gerannt
er	ist gerannt		sei gerannt		wäre gerannt
wir	sind gerannt		seien gerannt		wären gerannt
ihr	seid gerannt		seiet gerannt		wäret gerannt
sie	sind gerannt		seien gerannt		wären gerannt

	Pluperfect
ich	war gerannt
du	warst gerannt
er	war gerannt
wir	waren gerannt
ihr	wart gerannt
sie	waren gerannt

				Future Time	
	Future		*(Fut. Subj.)*		*(Pres. Conditional)*
ich	werde rennen		werde rennen		würde rennen
du	wirst rennen		werdest rennen		würdest rennen
er	wird rennen		werde rennen		würde rennen
wir	werden rennen		werden rennen		würden rennen
ihr	werdet rennen		werdet rennen		würdet rennen
sie	werden rennen		werden rennen		würden rennen

				Future Perfect Time	
	Future Perfect		*(Fut. Perf. Subj.)*		*(Past Conditional)*
ich	werde gerannt sein		werde gerannt sein		würde gerannt sein
du	wirst gerannt sein		werdest gerannt sein		würdest gerannt sein
er	wird gerannt sein		werde gerannt sein		würde gerannt sein
wir	werden gerannt sein		werden gerannt sein		würden gerannt sein
ihr	werdet gerannt sein		werdet gerannt sein		würdet gerannt sein
sie	werden gerannt sein		werden gerannt sein		würden gerannt sein

riechen
to smell

PRINC. PARTS: riechen, roch, gerochen, riecht
IMPERATIVE: rieche!, riecht!, riechen Sie!

INDICATIVE	SUBJUNCTIVE	
	PRIMARY	SECONDARY
	Present Time	
Present	*(Pres. Subj.)*	*(Imperf. Subj.)*
ich rieche	rieche	röche
du riechst	riechest	röchest
er riecht	rieche	röche
wir riechen	riechen	röchen
ihr riecht	riechet	röchet
sie riechen	riechen	röchen

Imperfect
ich roch
du rochst
er roch
wir rochen
ihr rocht
sie rochen

		Past Time	
Perfect	*(Perf. Subj.)*	*(Pluperf. Subj.)*
ich habe gerochen	habe gerochen	hätte gerochen
du hast gerochen	habest gerochen	hättest gerochen
er hat gerochen	habe gerochen	hätte gerochen
wir haben gerochen	haben gerochen	hätten gerochen
ihr habt gerochen	habet gerochen	hättet gerochen
sie haben gerochen	haben gerochen	hätten gerochen

Pluperfect
ich hatte gerochen
du hattest gerochen
er hatte gerochen
wir hatten gerochen
ihr hattet gerochen
sie hatten gerochen

		Future Time	
Future	*(Fut. Subj.)*	*(Pres. Conditional)*
ich werde riechen	werde riechen	würde riechen
du wirst riechen	werdest riechen	würdest riechen
er wird riechen	werde riechen	würde riechen
wir werden riechen	werden riechen	würden riechen
ihr werdet riechen	werdet riechen	würdet riechen
sie werden riechen	werden riechen	würden riechen

		Future Perfect Time	
Future Perfect	*(Fut. Perf. Subj.)*	*(Past Conditional)*
ich werde gerochen haben	werde gerochen haben	würde gerochen haben
du wirst gerochen haben	werdest gerochen haben	würdest gerochen haben
er wird gerochen haben	werde gerochen haben	würde gerochen haben
wir werden gerochen haben	werden gerochen haben	würden gerochen haben
ihr werdet gerochen haben	werdet gerochen haben	würdet gerochen haben
sie werden gerochen haben	werden gerochen haben	würden gerochen haben

PRINC. PARTS: ringen, rang, gerungen, ringt
IMPERATIVE: ringe!, ringt!, ringen Sie!

to struggle, wrestle, wring

INDICATIVE		SUBJUNCTIVE	
		PRIMARY	SECONDARY
			Present Time
	Present	*(Pres. Subj.)*	*(Imperf. Subj.)*
ich	ringe	ringe	ränge
du	ringst	ringest	rängest
er	ringt	ringe	ränge
wir	ringen	ringen	rängen
ihr	ringt	ringet	ränget
sie	ringen	ringen	rängen

	Imperfect
ich	rang
du	rangst
er	rang
wir	rangen
ihr	rangt
sie	rangen

			Past Time
	Perfect	*(Perf. Subj.)*	*(Pluperf. Subj.)*
ich	habe gerungen	habe gerungen	hätte gerungen
du	hast gerungen	habest gerungen	hättest gerungen
er	hat gerungen	habe gerungen	hätte gerungen
wir	haben gerungen	haben gerungen	hätten gerungen
ihr	habt gerungen	habet gerungen	hättet gerungen
sie	haben gerungen	haben gerungen	hätten gerungen

	Pluperfect
ich	hatte gerungen
du	hattest gerungen
er	hatte gerungen
wir	hatten gerungen
ihr	hattet gerungen
sie	hatten gerungen

			Future Time
	Future	*(Fut. Subj.)*	*(Pres. Conditional)*
ich	werde ringen	werde ringen	würde ringen
du	wirst ringen	werdest ringen	würdest ringen
er	wird ringen	werde ringen	würde ringen
wir	werden ringen	werden ringen	würden ringen
ihr	werdet ringen	werdet ringen	würdet ringen
sie	werden ringen	werden ringen	würden ringen

			Future Perfect Time
	Future Perfect	*(Fut. Perf. Subj.)*	*(Past Conditional)*
ich	werde gerungen haben	werde gerungen haben	würde gerungen haben
du	wirst gerungen haben	werdest gerungen haben	würdest gerungen haben
er	wird gerungen haben	werde gerungen haben	würde gerungen haben
wir	werden gerungen haben	werden gerungen haben	würden gerungen haben
ihr	werdet gerungen haben	werdet gerungen haben	würdet gerungen haben
sie	werden gerungen haben	werden gerungen haben	würden gerungen haben

rinnen

to run (of liquids), flow, drip

PRINC. PARTS: rinnen,* rann, ist geronnen,**
rinnt
IMPERATIVE: rinne!, rinnt!, rinnen Sie!

	INDICATIVE		SUBJUNCTIVE	
			PRIMARY	SECONDARY
			Present Time	
	Present		*(Pres. Subj.)*	*(Imperf. Subj.)*
ich	rinne		rinne	rönne
du	rinnst		rinnest	rönnest
er	rinnt		rinne	rönne
wir	rinnen		rinnen	rönnen
ihr	rinnt		rinnet	rönnet
sie	rinnen		rinnen	rönnen

	Imperfect
ich	rann
du	rannst
er	rann
wir	rannen
ihr	rannt
sie	rannen

			Past Time	
	Perfect		*(Perf. Subj.)*	*(Pluperf. Subj.)*
ich	bin geronnen		sei geronnen	wäre geronnen
du	bist geronnen		seiest geronnen	wärest geronnen
er	ist geronnen		sei geronnen	wäre geronnen
wir	sind geronnen		seien geronnen	wären geronnen
ihr	seid geronnen		seiet geronnen	wäret geronnen
sie	sind geronnen		seien geronnen	wären geronnen

	Pluperfect
ich	war geronnen
du	warst geronnen
er	war geronnen
wir	waren geronnen
ihr	wart geronnen
sie	waren geronnen

			Future Time	
	Future		*(Fut. Subj.)*	*(Pres. Conditional)*
ich	werde rinnen		werde rinnen	würde rinnen
du	wirst rinnen		werdest rinnen	würdest rinnen
er	wird rinnen		werde rinnen	würde rinnen
wir	werden rinnen		werden rinnen	würden rinnen
ihr	werdet rinnen		werdet rinnen	würdet rinnen
sie	werden rinnen		werden rinnen	würden rinnen

			Future Perfect Time	
	Future Perfect		*(Fut. Perf. Subj.)*	*(Past Conditional)*
ich	werde geronnen sein		werde geronnen sein	würde geronnen sein
du	wirst geronnen sein		werdest geronnen sein	würdest geronnen sein
er	wird geronnen sein		werde geronnen sein	würde geronnen sein
wir	werden geronnen sein		werden geronnen sein	würden geronnen sein
ihr	werdet geronnen sein		werdet geronnen sein	würdet geronnen sein
sie	werden geronnen sein		werden geronnen sein	würden geronnen sein

* Forms other than the third person are infrequently found.
** The perfect tenses use **haben** as the auxiliary verb when **rinnen** means *to leak*.

PRINC. PARTS: rufen, rief, gerufen, ruft
IMPERATIVE: rufe!, ruft!, rufen Sie!

INDICATIVE		SUBJUNCTIVE	
		PRIMARY	SECONDARY
		Present Time	
	Present	*(Pres. Subj.)*	*(Imperf. Subj.)*
ich	rufe	rufe	riefe
du	rufst	rufest	riefest
er	ruft	rufe	riefe
wir	rufen	rufen	riefen
ihr	ruft	rufet	riefet
sie	rufen	rufen	riefen

	Imperfect
ich	rief
du	riefst
er	rief
wir	riefen
ihr	rieft
sie	riefen

			Past Time	
	Perfect	*(Perf. Subj.)*		*(Pluperf. Subj.)*
ich	habe gerufen	habe gerufen		hätte gerufen
du	hast gerufen	habest gerufen		hättest gerufen
er	hat gerufen	habe gerufen		hätte gerufen
wir	haben gerufen	haben gerufen		hätten gerufen
ihr	habt gerufen	habet gerufen		hättet gerufen
sie	haben gerufen	haben gerufen		hätten gerufen

	Pluperfect
ich	hatte gerufen
du	hattest gerufen
er	hatte gerufen
wir	hatten gerufen
ihr	hattet gerufen
sie	hatten gerufen

			Future Time	
	Future	*(Fut. Subj.)*		*(Pres. Conditional)*
ich	werde rufen	werde rufen		würde rufen
du	wirst rufen	werdest rufen		würdest rufen
er	wird rufen	werde rufen		würde rufen
wir	werden rufen	werden rufen		würden rufen
ihr	werdet rufen	werdet rufen		würdet rufen
sie	werden rufen	werden rufen		würden rufen

			Future Perfect Time	
	Future Perfect	*(Fut. Perf. Subj.)*		*(Past Conditional)*
ich	werde gerufen haben	werde gerufen haben		würde gerufen haben
du	wirst gerufen haben	werdest gerufen haben		würdest gerufen haben
er	wird gerufen haben	werde gerufen haben		würde gerufen haben
wir	werden gerufen haben	werden gerufen haben		würden gerufen haben
ihr	werdet gerufen haben	werdet gerufen haben		würdet gerufen haben
sie	werden gerufen haben	werden gerufen haben		würden gerufen haben

sagen

to say, tell, speak

PRINC. PARTS: sagen, sagte, gesagt, sagt
IMPERATIVE: sage!, sagt!, sagen Sie!

INDICATIVE	SUBJUNCTIVE	
	PRIMARY	SECONDARY
	Present Time	
Present	*(Pres. Subj.)*	*(Imperf. Subj.)*
ich sage	sage	sagte
du sagst	sagest	sagtest
er sagt	sage	sagte
wir sagen	sagen	sagten
ihr sagt	saget	sagtet
sie sagen	sagen	sagten

Imperfect

ich	sagte
du	sagtest
er	sagte
wir	sagten
ihr	sagtet
sie	sagten

		Past Time	
Perfect	*(Perf. Subj.)*	*(Pluperf. Subj.)*
ich habe gesagt	habe gesagt	hätte gesagt
du hast gesagt	habest gesagt	hättest gesagt
er hat gesagt	habe gesagt	hätte gesagt
wir haben gesagt	haben gesagt	hätten gesagt
ihr habt gesagt	habet gesagt	hättet gesagt
sie haben gesagt	haben gesagt	hätten gesagt

Pluperfect

ich	hatte gesagt
du	hattest gesagt
er	hatte gesagt
wir	hatten gesagt
ihr	hattet gesagt
sie	hatten gesagt

		Future Time	
Future	*(Fut. Subj.)*	*(Pres. Conditional)*
ich werde sagen	werde sagen	würde sagen
du wirst sagen	werdest sagen	würdest sagen
er wird sagen	werde sagen	würde sagen
wir werden sagen	werden sagen	würden sagen
ihr werdet sagen	werdet sagen	würdet sagen
sie werden sagen	werden sagen	würden sagen

		Future Perfect Time	
Future Perfect	*(Fut. Perf. Subj.)*	*(Past Conditional)*
ich werde gesagt haben	werde gesagt haben	würde gesagt haben
du wirst gesagt haben	werdest gesagt haben	würdest gesagt haben
er wird gesagt haben	werde gesagt haben	würde gesagt haben
wir werden gesagt haben	werden gesagt haben	würden gesagt haben
ihr werdet gesagt haben	werdet gesagt haben	würdet gesagt haben
sie werden gesagt haben	werden gesagt haben	würden gesagt haben

PRINC. PARTS: saufen, soff, gesoffen, säuft
IMPERATIVE: saufe!, sauft!, saufen Sie!

to drink (of animals),
drink to excess

	INDICATIVE		SUBJUNCTIVE	
		PRIMARY		SECONDARY
			Present Time	
	Present	*(Pres. Subj.)*		*(Imperf. Subj.)*
ich	saufe	saufe		söffe
du	säufst	saufest		söffest
er	säuft	saufe		söffe
wir	saufen	saufen		söffen
ihr	sauft	saufet		söffct
sie	saufen	saufen		söffen

	Imperfect
ich	soff
du	soffst
er	soff
wir	soffen
ihr || sofft
sie	soffen

			Past Time	
	Perfect	*(Perf. Subj.)*		*(Pluperf. Subj.)*
ich	habe gesoffen	habe gesoffen		hätte gesoffen
du	hast gesoffen	habest gesoffen		hättest gesoffen
er	hat gesoffen	habe gesoffen		hätte gesoffen
wir	haben gesoffen	haben gesoffen		hätten gesoffen
ihr	habt gesoffen	habet gesoffen		hättet gesoffen
sie	haben gesoffen	haben gesoffen		hätten gesoffen

	Pluperfect
ich	hatte gesoffen
du	hattest gesoffen
er	hatte gesoffen
wir	hatten gesoffen
ihr	hattet gesoffen
sie	hatten gesoffen

			Future Time	
	Future	*(Fut. Subj.)*		*(Pres. Conditional)*
ich	werde saufen	werde saufen		würde saufen
du	wirst saufen	werdest saufen		würdest saufen
er	wird saufen	werde saufen		würde saufen
wir	werden saufen	werden saufen		würden saufen
ihr	werdet saufen	werdet saufen		würdet saufen
sie	werden saufen	werden saufen		würden saufen

			Future Perfect Time	
	Future Perfect	*(Fut. Perf. Subj.)*		*(Past Conditional)*
ich	werde gesoffen haben	werde gesoffen haben		würde gesoffen haben
du	wirst gesoffen haben	werdest gesoffen haben		würdest gesoffen haben
er	wird gesoffen haben	werde gesoffen haben		würde gesoffen haben
wir	werden gesoffen haben	werden gesoffen haben		würden gesoffen haben
ihr	werdet gesoffen haben	werdet gesoffen haben		würdet gesoffen haben
sie	werden gesoffen haben	werden gesoffen haben		würden gesoffen haben

saugen
to suck, absorb

PRINC. PARTS: saugen,* sog, gesogen, saugt
IMPERATIVE: sauge!, saugt!, saugen Sie!

INDICATIVE	SUBJUNCTIVE	
	PRIMARY	SECONDARY

Present Time

	Present	*(Pres. Subj.)*	*(Imperf. Subj.)*
ich	sauge	sauge	söge
du	saugst	saugest	sögest
er	saugt	sauge	söge
wir	saugen	saugen	sögen
ihr	saugt	sauget	söget
sie	saugen	saugen	sögen

	Imperfect
ich	sog
du	sogst
er	sog
wir	sogen
ihr	sogt
sie	sogen

Past Time

	Perfect	*(Perf. Subj.)*	*(Pluperf. Subj.)*
ich	habe gesogen	habe gesogen	hätte gesogen
du	hast gesogen	habest gesogen	hättest gesogen
er	hat gesogen	habe gesogen	hätte gesogen
wir	haben gesogen	haben gesogen	hätten gesogen
ihr	habt gesogen	habet gesogen	hättet gesogen
sie	haben gesogen	haben gesogen	hätten gesogen

	Pluperfect
ich	hatte gesogen
du	hattest gesogen
er	hatte gesogen
wir	hatten gesogen
ihr	hattet gesogen
sie	hatten gesogen

Future Time

	Future	*(Fut. Subj.)*	*(Pres. Conditional)*
ich	werde saugen	werde saugen	würde saugen
du	wirst saugen	werdest saugen	würdest saugen
er	wird saugen	werde saugen	würde saugen
wir	werden saugen	werden saugen	würden saugen
ihr	werdet saugen	werdet saugen	würdet saugen
sie	werden saugen	werden saugen	würden saugen

Future Perfect Time

	Future Perfect	*(Fut. Perf. Subj.)*	*(Past Conditional)*
ich	werde gesogen haben	werde gesogen haben	würde gesogen haben
du	wirst gesogen haben	werdest gesogen haben	würdest gesogen haben
er	wird gesogen haben	werde gesogen haben	würde gesogen haben
wir	werden gesogen haben	werden gesogen haben	würden gesogen haben
ihr	werdet gesogen haben	werdet gesogen haben	würdet gesogen haben
sie	werden gesogen haben	werden gesogen haben	würden gesogen haben

* The weak forms of **saugen** are sometimes found. PRINC. PARTS: **saugen, saugte, gesaugt, saugt.**

PRINC. PARTS: schaffen, schuf, geschaffen, schafft
IMPERATIVE: schaffe!, schafft!, schaffen Sie!

*to create**

	INDICATIVE		SUBJUNCTIVE	
			PRIMARY	SECONDARY
			Present Time	
	Present		(*Pres. Subj.*)	(*Imperf. Subj.*)
ich	schaffe		schaffe	schüfe
du	schaffst		schaffest	schüfest
er	schafft		schaffe	schüfe
wir	schaffen		schaffen	schüfen
ihr	schafft		schaffet	schüfet
sie	schaffen		schaffen	schüfen
	Imperfect			
ich	schuf			
du	schufst			
er	schuf			
wir	schufen			
ihr	schuft			
sie	schufen			
			Past Time	
	Perfect		(*Perf. Subj.*)	(*Pluperf. Subj.*)
ich	habe geschaffen		habe geschaffen	hätte geschaffen
du	hast geschaffen		habest geschaffen	hättest geschaffen
er	hat geschaffen		habe geschaffen	hätte geschaffen
wir	haben geschaffen		haben geschaffen	hätten geschaffen
ihr	habt geschaffen		habet geschaffen	hättet geschaffen
sie	haben geschaffen		haben geschaffen	hätten geschaffen
	Pluperfect			
ich	hatte geschaffen			
du	hattest geschaffen			
er	hatte geschaffen			
wir	hatten geschaffen			
ihr	hattet geschaffen			
sie	hatten geschaffen			
			Future Time	
	Future		(*Fut. Subj.*)	(*Pres. Conditional*)
ich	werde schaffen		werde schaffen	würde schaffen
du	wirst schaffen		werdest schaffen	würdest schaffen
er	wird schaffen		werde schaffen	würde schaffen
wir	werden schaffen		werden schaffen	würden schaffen
ihr	werdet schaffen		werdet schaffen	würdet schaffen
sie	werden schaffen		werden schaffen	würden schaffen
			Future Perfect Time	
	Future Perfect		(*Fut. Perf. Subj.*)	(*Past Conditional*)
ich	werde geschaffen haben		werde geschaffen haben	würde geschaffen haben
du	wirst geschaffen haben		werdest geschaffen haben	würdest geschaffen haben
er	wird geschaffen haben		werde geschaffen haben	würde geschaffen haben
wir	werden geschaffen haben		werden geschaffen haben	würden geschaffen haben
ihr	werdet geschaffen haben		werdet geschaffen haben	würdet geschaffen haben
sie	werden geschaffen haben		werden geschaffen haben	würden geschaffen haben

* In the meaning, *to do, work, accomplish,* **schaffen** is weak. PRINC. PARTS: schaffen, schaffte, geschafft, schafft.

scheiden

to separate, part,
divide, go away

PRINC. PARTS: scheiden, schied, geschieden, scheidet
IMPERATIVE: scheide!, scheidet!, scheiden Sie!

	INDICATIVE	SUBJUNCTIVE	
		PRIMARY	SECONDARY
		Present Time	
	Present	*(Pres. Subj.)*	*(Imperf. Subj.)*
ich	scheide	scheide	schiede
du	scheidest	scheidest	schiedest
er	scheidet	scheide	schiede
wir	scheiden	scheiden	schieden
ihr	scheidet	scheidet	schiedet
sie	scheiden	scheiden	schieden
	Imperfect		
ich	schied		
du	schiedest		
er	schied		
wir	schieden		
ihr	schiedet		
sie	schieden		
		Past Time	
	Perfect	*(Perf. Subj.)*	*(Pluperf. Subj.)*
ich	habe geschieden	habe geschieden	hätte geschieden
du	hast geschieden	habest geschieden	hättest geschieden
er	hat geschieden	habe geschieden	hätte geschieden
wir	haben geschieden	haben geschieden	hätten geschieden
ihr	habt geschieden	habet geschieden	hättet geschieden
sie	haben geschieden	haben geschieden	hätten geschieden
	Pluperfect		
ich	hatte geschieden		
du	hattest geschieden		
er	hatte geschieden		
wir	hatten geschieden		
ihr	hattet geschieden		
sie	hatten geschieden		
		Future Time	
	Future	*(Fut. Subj.)*	*(Pres. Conditional)*
ich	werde scheiden	werde scheiden	würde scheiden
du	wirst scheiden	werdest scheiden	würdest scheiden
er	wird scheiden	werde scheiden	würde scheiden
wir	werden scheiden	werden scheiden	würden scheiden
ihr	werdet scheiden	werdet scheiden	würdet scheiden
sie	werden scheiden	werden scheiden	würden scheiden
		Future Perfect Time	
	Future Perfect	*(Fut. Perf. Subj.)*	*(Past Conditional)*
ich	werde geschieden haben	werde geschieden haben	würde geschieden haben
du	wirst geschieden haben	werdest geschieden haben	würdest geschieden haben
er	wird geschieden haben	werde geschieden haben	würde geschieden haben
wir	werden geschieden haben	werden geschieden haben	würden geschieden haben
ihr	werdet geschieden haben	werdet geschieden haben	würdet geschieden haben
sie	werden geschieden haben	werden geschieden haben	würden geschieden haben

PRINC. PARTS: scheinen, schien, geschienen, scheint
IMPERATIVE: scheine!, scheint!, scheinen Sie!

to shine, seem

INDICATIVE		SUBJUNCTIVE	
		PRIMARY	SECONDARY
		Present Time	
	Present	*(Pres. Subj.)*	*(Imperf. Subj.)*
ich	scheine	scheine	schiene
du	scheinst	scheinest	schienest
er	scheint	scheine	schiene
wir	scheinen	scheinen	schienen
ihr	scheint	scheinet	schienet
sie	scheinen	scheinen	schienen

	Imperfect
ich	schien
du	schienst
er	schien
wir	schienen
ihr	schient
sie	schienen

		Past Time	
	Perfect	*(Perf. Subj.)*	*(Pluperf. Subj.)*
ich	habe geschienen	habe geschienen	hätte geschienen
du	hast geschienen	habest geschienen	hättest geschienen
er	hat geschienen	habe geschienen	hätte geschienen
wir	haben geschienen	haben geschienen	hätten geschienen
ihr	habt geschienen	habet geschienen	hättet geschienen
sie	haben geschienen	haben geschienen	hätten geschienen

	Pluperfect
ich	hatte geschienen
du	hattest geschienen
er	hatte geschienen
wir	haben geschienen
ihr	habt geschienen
sie	haben geschienen

		Future Time	
	Future	*(Fut. Subj.)*	*(Pres. Conditional)*
ich	werde scheinen	werde scheinen	würde scheinen
du	wirst scheinen	werdest scheinen	würdest scheinen
er	wird scheinen	werde scheinen	würde scheinen
wir	werden scheinen	werden scheinen	würden scheinen
ihr	werdet scheinen	werdet scheinen	würdet scheinen
sie	werden scheinen	werden scheinen	würden scheinen

		Future Perfect Time	
	Future Perfect	*(Fut. Perf. Subj.)*	*(Past Conditional)*
ich	werde geschienen haben	werde geschienen haben	würde geschienen haben
du	wirst geschienen haben	werdest geschienen haben	würdest geschienen haben
er	wird geschienen haben	werde geschienen haben	würde geschienen haben
wir	werden geschienen haben	werden geschienen haben	würden geschienen haben
ihr	werdet geschienen haben	werdet geschienen haben	würdet geschienen haben
sic	werden geschienen haben	werden geschienen haben	würden geschienen haben

schelten
to scold, reproach

PRINC. PARTS: schelten, schalt, gescholten, schilt
IMPERATIVE: schilt!, scheltet!, schelten Sie!

INDICATIVE		SUBJUNCTIVE	
		PRIMARY	SECONDARY
		Present Time	
	Present	*(Pres. Subj.)*	*(Imperf. Subj.)*
ich	schelte	schelte	schölte
du	schiltst	scheltest	schöltest
er	schilt	schelte	schölte
wir	schelten	schelten	schölten
ihr	scheltet	scheltet	schöltet
sie	schelten	schelten	schölten

	Imperfect
ich	schalt
du	schaltest
er	schalt
wir	schalten
ihr	schaltet
sie	schalten

	Perfect	*(Perf. Subj.)*	*(Pluperf. Subj.)*
ich	habe gescholten	habe gescholten	hätte gescholten
du	hast gescholten	habest gescholten	hättest gescholten
er	hat gescholten	habe gescholten	hätte gescholten
wir	haben gescholten	haben gescholten	hätten gescholten
ihr	habt gescholten	habet gescholten	hättet gescholten
sie	haben gescholten	haben gescholten	hätten gescholten

Past Time

	Pluperfect
ich	hatte gescholten
du	hattest gescholten
er	hatte gescholten
wir	hatten gescholten
ihr	hattet gescholten
sie	hatten gescholten

Future Time

	Future	*(Fut. Subj.)*	*(Pres. Conditional)*
ich	werde schelten	werde schelten	würde schelten
du	wirst schelten	werdest schelten	würdest schelten
er	wird schelten	werde schelten	würde schelten
wir	werden schelten	werden schelten	würden schelten
ihr	werdet schelten	werdet schelten	würdet schelten
sie	werden schelten	werden schelten	würden schelten

Future Perfect Time

	Future Perfect	*(Fut. Perf. Subj.)*	*(Past Conditional)*
ich	werde gescholten haben	werde gescholten haben	würde gescholten haben
du	wirst gescholten haben	werdest gescholten haben	würdest gescholten haben
er	wird gescholten haben	werde gescholten haben	würde gescholten haben
wir	werden gescholten haben	werden gescholten haben	würden gescholten haben
ihr	werdet gescholten haben	werdet gescholten haben	würdet gescholten haben
sie	werden gescholten haben	werden gescholten haben	würden gescholten haben

*to push, shove,
move, profiteer*

	INDICATIVE	SUBJUNCTIVE	
		PRIMARY	SECONDARY
		Present Time	
	Present	(*Pres. Subj.*)	(*Imperf. Subj.*)
ich	schiebe	schiebe	schöbe
du	schiebst	schiebest	schöbest
er	schiebt	schiebe	schöbe
wir	schieben	schieben	schöben
ihr	schiebt	schiebet	schöbet
sie	schieben	schieben	schöben
	Imperfect		
ich	schob		
du	schobst		
er	schob		
wir	schoben		
ihr	schobt		
sie	schoben		
		Past Time	
	Perfect	(*Perf. Subj.*)	(*Pluperf. Subj.*)
ich	habe geschoben	habe geschoben	hätte geschoben
du	hast geschoben	habest geschoben	hättest geschoben
er	hat geschoben	habe geschoben	hätte geschoben
wir	haben geschoben	haben geschoben	hätten geschoben
ihr	habt geschoben	habet geschoben	hättet geschoben
sie	haben geschoben	haben geschoben	hätten geschoben
	Pluperfect		
ich	hatte geschoben		
du	hattest geschoben		
er	hatte geschoben		
wir	hatten geschoben		
ihr	hattet geschoben		
sie	hatten geschoben		
		Future Time	
	Future	(*Fut. Subj.*)	(*Pres. Conditional*)
ich	werde schieben	werde schieben	würde schieben
du	wirst schieben	werdest schieben	würdest schieben
er	wird schieben	werde schieben	würde schieben
wir	werden schieben	werden schieben	würden schieben
ihr	werdet schieben	werdet schieben	würdet schieben
sie	werden schieben	werden schieben	würden schieben
		Future Perfect Time	
	Future Perfect	(*Fut. Perf. Subj.*)	(*Past Conditional*)
ich	werde geschoben haben	werde geschoben haben	würde geschoben haben
du	wirst geschoben haben	werdest geschoben haben	würdest geschoben haben
er	wird geschoben haben	werde geschoben haben	würde geschoben haben
wir	werden geschoben haben	werden geschoben haben	würden geschoben haben
ihr	werdet geschoben haben	werdet geschoben haben	würdet geschoben haben
sie	werden geschoben haben	werden geschoben haben	würden geschoben haben

123

schießen
to shoot

	INDICATIVE		SUBJUNCTIVE	
			PRIMARY	SECONDARY
			Present Time	
	Present		*(Pres. Subj.)*	*(Imperf. Subj.)*
ich	schieße		schieße	schösse
du	schießt		schießest	schössest
er	schießt		schieße	schösse
wir	schießen		schießen	schössen
ihr	schießt		schießet	schösset
sie	schießen		schießen	schössen

	Imperfect
ich	schoß
du	schossest
er	schoß
wir	schossen
ihr	schoßt
sie	schossen

			Past Time	
	Perfect		*(Perf. Subj.)*	*(Pluperf. Subj.)*
ich	habe geschossen		habe geschossen	hätte geschossen
du	hast geschossen		habest geschossen	hättest geschossen
er	hat geschossen		habe geschossen	hätte geschossen
wir	haben geschossen		haben geschossen	hätten geschossen
ihr	habt geschossen		habet geschossen	hättet geschossen
sie	haben geschossen		haben geschossen	hätten geschossen

	Pluperfect
ich	hatte geschossen
du	hattest geschossen
er	hatte geschossen
wir	hatten geschossen
ihr	hattet geschossen
sie	hatten geschossen

			Future Time	
	Future		*(Fut. Subj.)*	*(Pres. Conditional)*
ich	werde schießen		werde schießen	würde schießen
du	wirst schießen		werdest schießen	würdest schießen
er	wird schießen		werde schießen	würde schießen
wir	werden schießen		werden schießen	würden schießen
ihr	werdet schießen		werdet schießen	würdet schießen
sie	werden schießen		werden schießen	würden schießen

			Future Perfect Time	
	Future Perfect		*(Fut. Perf. Subj.)*	*(Past Conditional)*
ich	werde geschossen haben		werde geschossen haben	würde geschossen haben
du	wirst geschossen haben		werdest geschossen haben	würdest geschossen haben
er	wird geschossen haben		werde geschossen haben	würde geschossen haben
wir	werden geschossen haben		werden geschossen haben	würden geschossen haben
ihr	werdet geschossen haben		werdet geschossen haben	würdet geschossen haben
sie	werden geschossen haben		werden geschossen haben	würden geschossen haben

PRINC. PARTS: schlafen, schlief, geschlafen, schläft
IMPERATIVE: schlafe!, schlaft!, schlafen Sie!

INDICATIVE		SUBJUNCTIVE	
		PRIMARY	SECONDARY
		Present Time	
	Present	(*Pres. Subj.*)	(*Imperf. Subj.*)
ich	schlafe	schlafe	schliefe
du	schläfst	schlafest	schliefest
er	schläft	schlafe	schliefe
wir	schlafen	schlafen	schliefen
ihr	schlaft	schlafet	schliefet
sie	schlafen	schlafen	schliefen

	Imperfect
ich	schlief
du	schliefst
er	schlief
wir	schliefen
ihr	schlieft
sie	schliefen

			Past Time	
	Perfect		(*Perf. Subj.*)	(*Pluperf. Subj.*)
ich	habe geschlafen		habe geschlafen	hätte geschlafen
du	hast geschlafen		habest geschlafen	hättest geschlafen
er	hat geschlafen		habe geschlafen	hätte geschlafen
wir	haben geschlafen		haben geschlafen	hätten geschlafen
ihr	habt geschlafen		habet geschlafen	hättet geschlafen
sie	haben geschlafen		haben geschlafen	hätten geschlafen

	Pluperfect
ich	hatte geschlafen
du	hattest geschlafen
er	hatte geschlafen
wir	hatten geschlafen
ihr	hattet geschlafen
sie	hatten geschlafen

			Future Time	
	Future		(*Fut. Subj.*)	(*Pres. Conditional*)
ich	werde schlafen		werde schlafen	würde schlafen
du	wirst schlafen		werdest schlafen	würdest schlafen
er	wird schlafen		werde schlafen	würde schlafen
wir	werden schlafen		werden schlafen	würden schlafen
ihr	werdet schlafen		werdet schlafen	würdet schlafen
sie	werden schlafen		werden schlafen	würden schlafen

			Future Perfect Time	
	Future Perfect		(*Fut. Perf. Subj.*)	(*Past Conditional*)
ich	werde geschlafen haben		werde geschlafen haben	würde geschlafen haben
du	wirst geschlafen haben		werdest geschlafen haben	würdest geschlafen haben
er	wird geschlafen haben		werde geschlafen haben	würde geschlafen haben
wir	werden geschlafen haben		werden geschlafen haben	würden geschlafen haben
ihr	werdet geschlafen haben		werdet geschlafen haben	würdet geschlafen haben
sie	werden geschlafen haben		werden geschlafen haben	würden geschlafen haben

schlagen

to hit, beat, strike

PRINC. PARTS: schlagen, schlug, geschlagen, schlägt
IMPERATIVE: schlage!, schlagt!, schlagen Sie!

INDICATIVE		SUBJUNCTIVE	
		PRIMARY	SECONDARY
		Present Time	
	Present	*(Pres. Subj.)*	*(Imperf. Subj.)*
ich	schlage	schlage	schlüge
du	schlägst	schlagest	schlügest
er	schlägt	schlage	schlüge
wir	schlagen	schlagen	schlügen
ihr	schlagt	schlaget	schlüget
sie	schlagen	schlagen	schlügen
	Imperfect		
ich	schlug		
du	schlugst		
er	schlug		
wir	schlugen		
ihr	schlugt		
sie	schlugen		
		Past Time	
	Perfect	*(Perf. Subj.)*	*(Pluperf. Subj.)*
ich	habe geschlagen	habe geschlagen	hätte geschlagen
du	hast geschlagen	habest geschlagen	hättest geschlagen
er	hat geschlagen	habe geschlagen	hätte geschlagen
wir	haben geschlagen	haben geschlagen	hätten geschlagen
ihr	habt geschlagen	habet geschlagen	hättet geschlagen
sie	haben geschlagen	haben geschlagen	hätten geschlagen
	Pluperfect		
ich	hatte geschlagen		
du	hattest geschlagen		
er	hatte geschlagen		
wir	hatten geschlagen		
ihr	hattet geschlagen		
sie	hatten geschlagen		
		Future Time	
	Future	*(Fut. Subj.)*	*(Pres. Conditional)*
ich	werde schlagen	werde schlagen	würde schlagen
du	wirst schlagen	werdest schlagen	würdest schlagen
er	wird schlagen	werde schlagen	würde schlagen
wir	werden schlagen	werden schlagen	würden schlagen
ihr	werdet schlagen	werdet schlagen	würdet schlagen
sie	werden schlagen	werden schlagen	würden schlagen
		Future Perfect Time	
	Future Perfect	*(Fut. Perf. Subj.)*	*(Past Conditional)*
ich	werde geschlagen haben	werde geschlagen haben	würde geschlagen haben
du	wirst geschlagen haben	werdest geschlagen haben	würdest geschlagen haben
er	wird geschlagen haben	werde geschlagen haben	würde geschlagen haben
wir	werden geschlagen haben	werden geschlagen haben	würden geschlagen haben
ihr	werdet geschlagen haben	werdet geschlagen haben	würdet geschlagen haben
sie	werden geschlagen haben	werden geschlagen haben	würden geschlagen haben

PRINC. PARTS: schleichen, schlich, ist geschlichen, schleicht
IMPERATIVE: schleiche!, schleicht!, schleichen Sie!

to sneak, creep

	INDICATIVE	SUBJUNCTIVE	
		PRIMARY	SECONDARY
		Present Time	
	Present	*(Pres. Subj.)*	*(Imperf. Subj.)*
ich	schleiche	schleiche	schliche
du	schleichst	schleichest	schlichest
er	schleicht	schleiche	schliche
wir	schleichen	schleichen	schlichen
ihr	schleicht	schleicht	schlichet
sie	schleichen	schleichen	schlichen

	Imperfect
ich	schlich
du	schlichst
er	schlich
wir	schlichen
ihr	schlicht
sie	schlichen

			Past Time	
	Perfect	*(Perf. Subj.)*	*(Pluperf. Subj.)*
ich	bin geschlichen	sei geschlichen	wäre geschlichen
du	bist geschlichen	seiest geschlichen	wärest geschlichen
er	ist geschlichen	sei geschlichen	wäre geschlichen
wir	sind geschlichen	seien geschlichen	wären geschlichen
ihr	seid geschlichen	seiet geschlichen	wäret geschlichen
sie	sind geschlichen	seien geschlichen	wären geschlichen

	Pluperfect
ich	war geschlichen
du	warst geschlichen
er	war geschlichen
wir	waren geschlichen
ihr	wart geschlichen
sie	waren geschlichen

			Future Time	
	Future	*(Fut. Subj.)*	*(Pres. Conditional)*
ich	werde schleichen	werde schleichen	würde schleichen
du	wirst schleichen	werdest schleichen	würdest schleichen
er	wird schleichen	werde schleichen	würde schleichen
wir	werden schleichen	werden schleichen	würden schleichen
ihr	werdet schleichen	werdet schleichen	würdet schleichen
sie	werden schleichen	werden schleichen	würden schleichen

			Future Perfect Time	
	Future Perfect	*(Fut. Perf. Subj.)*	*(Past Conditional)*
ich	werde geschlichen sein	werde geschlichen sein	würde geschlichen sein
du	wirst geschlichen sein	werdest geschlichen sein	würdest geschlichen sein
er	wird geschlichen sein	werde geschlichen sein	würde geschlichen sein
wir	werden geschlichen sein	werden geschlichen sein	würden geschlichen sein
ihr	werdet geschlichen sein	werdet geschlichen sein	würdet geschlichen sein
sie	werden geschlichen sein	werden geschlichen sein	würden geschlichen sein

schleifen
to grind, polish, slide*

PRINC. PARTS: schleifen, schliff, geschliffen, schleift
IMPERATIVE: schleife!, schleift!, schleifen Sie!

INDICATIVE		SUBJUNCTIVE	
		PRIMARY	SECONDARY
		Present Time	
	Present	*(Pres. Subj.)*	*(Imperf. Subj.)*
ich	schleife	schleife	schliffe
du	schleifst	schleifest	schliffest
er	schleift	schleife	schliffe
wir	schleifen	schleifen	schliffen
ihr	schleift	schleifet	schliffet
sie	schleifen	schleifen	schliffen
	Imperfect		
ich	schliff		
du	schliffst		
er	schliff		
wir	schliffen		
ihr	schlifft		
sie	schliffen	*Past Time*	
	Perfect	*(Perf. Subj.)*	*(Pluperf. Subj.)*
ich	habe geschliffen	habe geschliffen	hätte geschliffen
du	hast geschliffen	habest geschliffen	hättest geschliffen
er	hat geschliffen	habe geschliffen	hätte geschliffen
wir	haben geschliffen	haben geschliffen	hätten geschliffen
ihr	habt geschliffen	habet geschliffen	hättet geschliffen
sie	haben geschliffen	haben geschliffen	hätten geschliffen
	Pluperfect		
ich	hatte geschliffen		
du	hattest geschliffen		
er	hatte geschliffen		
wir	hatten geschliffen		
ihr	hattet geschliffen		
sie	hatten geschliffen	*Future Time*	
	Future	*(Fut. Subj.)*	*(Pres. Conditional)*
ich	werde schleifen	werde schleifen	würde schleifen
du	wirst schleifen	werdest schleifen	würdest schleifen
er	wird schleifen	werde schleifen	würde schleifen
wir	werden schleifen	werden schleifen	würden schleifen
ihr	werdet schleifen	werdet schleifen	würdet schleifen
sie	werden schleifen	werden schleifen	würden schleifen
		Future Perfect Time	
	Future Perfect	*(Fut. Perf. Subj.)*	*(Past Conditional)*
ich	werde geschliffen haben	werde geschliffen haben	würde geschliffen haben
du	wirst geschliffen haben	werdest geschliffen haben	würdest geschliffen haben
er	wird geschliffen haben	werde geschliffen haben	würde geschliffen haben
wir	werden geschliffen haben	werden geschliffen haben	würden geschliffen haben
ihr	werdet geschliffen haben	werdet geschliffen haben	würdet geschliffen haben
sie	werden geschliffen haben	werden geschliffen haben	würden geschliffen haben

* schleifen is weak in the meaning *to drag, to dismantle.* PRINC. PARTS: schleifen, schleifte, geschleift, schleift.

schließen

to close, conclude, shut, lock

	INDICATIVE	SUBJUNCTIVE	
		PRIMARY	- SECONDARY
		Present Time	
	Present	*(Pres. Subj.)*	*(Imperf. Subj.)*
ich	schließe	schließe	schlösse
du	schließt	schließest	schlössest
er	schließt	schließe	schlösse
wir	schließen	schließen	schlössen
ihr	schließt	schließet	schlösset
sie	schließen	schließen	schlössen

	Imperfect
ich	schloß
du	schlossest
er	schloß
wir	schlossen
ihr	schloßt
sie	schlossen

	Perfect	*Past Time*	
		(Perf. Subj.)	*(Pluperf. Subj.)*
ich	habe geschlossen		
du	hast geschlossen	habe geschlossen	hätte geschlossen
er	hat geschlossen	habest geschlossen	hättest geschlossen
wir	haben geschlossen	habe geschlossen	hätte geschlossen
ihr	habt geschlossen	haben geschlossen	hätten geschlossen
sie	haben geschlossen	habet geschlossen	hättet geschlossen
		haben geschlossen	hätten geschlossen

	Pluperfect
ich	hatte geschlossen
du	hattest geschlossen
er	hatte geschlossen
wir	hatten geschlossen
ihr	hattet geschlossen
sie	hatten geschlossen

	Future	*Future Time*	
		(Fut. Subj.)	*(Pres. Conditional)*
ich	werde schließen	werde schließen	würde schließen
du	wirst schließen	werdest schließen	würdest schließen
er	wird schließen	werde schließen	würde schließen
wir	werden schließen	werden schließen	würden schließen
ihr	werdet schließen	werdet schließen	würdet schließen
sie	werden schließen	werden schließen	würden schließen

	Future Perfect	*Future Perfect Time*	
		(Fut. Perf. Subj.)	*(Past Conditional)*
ich	werde geschlossen haben	werde geschlossen haben	würde geschlossen haben
du	wirst geschlossen haben	werdest geschlossen haben	würdest geschlossen haben
er	wird geschlossen haben	werde geschlossen haben	würde geschlossen haben
wir	werden geschlossen haben	werden geschlossen haben	würden geschlossen haben
ihr	werdet geschlossen haben	werdet geschlossen haben	würdet geschlossen haben
sie	werden geschlossen haben	werden geschlossen haben	würden geschlossen haben

schlingen

to gulp, devour, weave

PRINC. PARTS: schlingen, schlang, geschlungen, schlingt
IMPERATIVE: schlinge!, schlingt!, schlingen Sie!

INDICATIVE		SUBJUNCTIVE	
		PRIMARY	SECONDARY
		Present Time	
	Present	*(Pres. Subj.)*	*(Imperf. Subj.)*
ich	schlinge	schlinge	schlänge
du	schlingst	schlingest	schlängest
er	schlingt	schlinge	schlänge
wir	schlingen	schlingen	schlängen
ihr	schlingt	schlinget	schlänget
sie	schlingen	schlingen	schlängen
	Imperfect		
ich	schlang		
du	schlangst		
er	schlang		
wir	schlangen		
ihr	schlangt		
sie	schlangen		
	Perfect	*Past Time*	
		(Perf. Subj.)	*(Pluperf. Subj.)*
ich	habe geschlungen	habe geschlungen	hätte geschlungen
du	hast geschlungen	habest geschlungen	hättest geschlungen
er	hat geschlungen	habe geschlungen	hätte geschlungen
wir	haben geschlungen	haben geschlungen	hätten geschlungen
ihr	habt geschlungen	habet geschlungen	hättet geschlungen
sie	haben geschlungen	haben geschlungen	hätten geschlungen
	Pluperfect		
ich	hatte geschlungen		
du	hattest geschlungen		
er	hatte geschlungen		
wir	hatten geschlungen		
ihr	hattet geschlungen		
sie	hatten geschlungen		
		Future Time	
	Future	*(Fut. Subj.)*	*(Pres. Conditional)*
ich	werde schlingen	werde schlingen	würde schlingen
du	wirst schlingen	werdest schlingen	würdest schlingen
er	wird schlingen	werde schlingen	würde schlingen
wir	werden schlingen	werden schlingen	würden schlingen
ihr	werdet schlingen	werdet schlingen	würdet schlingen
sie	werden schlingen	werden schlingen	würden schlingen
		Future Perfect Time	
	Future Perfect	*(Fut. Perf. Subj.)*	*(Past Conditional)*
ich	werde geschlungen haben	werde geschlungen haben	würde geschlungen haben
du	wirst geschlungen haben	werdest geschlungen haben	würdest geschlungen haben
er	wird geschlungen haben	werde geschlungen haben	würde geschlungen haben
wir	werden geschlungen haben	werden geschlungen haben	würden geschlungen haben
ihr	werdet geschlungen haben	werdet geschlungen haben	würdet geschlungen haben
sie	werden geschlungen haben	werden geschlungen haben	würden geschlungen haben

PRINC. PARTS: schmeißen, schmiß, geschmissen, schmeißt
IMPERATIVE: schmeiße!, schmeißt!, schmeißen Sie!

schmeißen

to fling, hurl

INDICATIVE		SUBJUNCTIVE	
		PRIMARY	SECONDARY
		Present Time	
	Present	*(Pres. Subj.)*	*(Imperf. Subj.)*
ich	schmeiße	schmeiße	schmisse
du	schmeißt	schmeißest	schmissest
er	schmeißt	schmeiße	schmisse
wir	schmeißen	schmeißen	schmissen
ihr	schmeißt	schmeißet	schmisset
sie	schmeißen	schmeißen	schmissen

	Imperfect
ich	schmiß
du	schmissest
er	schmiß
wir	schmissen
ihr	schmißt
sie	schmissen

	Perfect	*Past Time*	
		(Perf. Subj.)	*(Pluperf. Subj.)*
ich	habe geschmissen	habe geschmissen	hätte geschmissen
du	hast geschmissen	habest geschmissen	hättest geschmissen
er	hat geschmissen	habe geschmissen	hätte geschmissen
wir	haben geschmissen	haben geschmissen	hätten geschmissen
ihr	habt geschmissen	habet geschmissen	hättet geschmissen
sie	haben geschmissen	haben geschmissen	hätten geschmissen

	Pluperfect
ich	hatte geschmissen
du	hattest geschmissen
er	hatte geschmissen
wir	hatten geschmissen
ihr	hattet geschmissen
sie	hatten geschmissen

	Future	*Future Time*	
		(Fut. Subj.)	*(Pres. Conditional)*
ich	werde schmeißen	werde schmeißen	würde schmeißen
du	wirst schmeißen	werdest schmeißen	würdest schmeißen
er	wird schmeißen	werde schmeißen	würde schmeißen
wir	werden schmeißen	werden schmeißen	würden schmeißen
ihr	werdet schmeißen	werdet schmeißen	würdet schmeißen
sie	werden schmeißen	werden schmeißen	würden schmeißen

	Future Perfect	*Future Perfect Time*	
		(Fut. Perf. Subj.)	*(Past Conditional)*
ich	werde geschmissen haben	werde geschmissen haben	würde geschmissen haben
du	wirst geschmissen haben	werdest geschmissen haben	würdest geschmissen haben
er	wird geschmissen haben	werde geschmissen haben	würde geschmissen haben
wir	werden geschmissen haben	werden geschmissen haben	würden geschmissen haben
ihr	werdet geschmissen haben	werdet geschmissen haben	würdet geschmissen haben
sie	werden geschmissen haben	werden geschmissen haben	würden geschmissen haben

schmelzen

to melt

PRINC. PARTS: schmelzen, schmolz, *ist geschmolzen, schmilzt
IMPERATIVE: schmilz!, schmelzt!, schmelzen Sie!

	INDICATIVE		SUBJUNCTIVE	
			PRIMARY	SECONDARY
			Present Time	
	Present		*(Pres. Subj.)*	*(Imperf. Subj.)*
ich	schmelze		schmelze	schmölze
du	schmilzt		schmelzest	schmölzest
er	schmilzt		schmelze	schmölze
wir	schmelzen		schmelzen	schmölzen
ihr	schmelzt		schmelzet	schmölzet
sie	schmelzen		schmelzen	schmölzen

	Imperfect
ich	schmolz
du	schmolzest
er	schmolz
wir	schmolzen
ihr	schmolzt
sie	schmolzen

	Perfect		*Past Time*	
			(Perf. Subj.)	*(Pluperf. Subj.)*
ich	bin geschmolzen		sei geschmolzen	wäre geschmolzen
du	bist geschmolzen		seiest geschmolzen	wärest geschmolzen
er	ist geschmolzen		sei geschmolzen	wäre geschmolzen
wir	sind geschmolzen		seien geschmolzen	wären geschmolzen
ihr	seid geschmolzen		seiet geschmolzen	wäret geschmolzen
sie	sind geschmolzen		seien geschmolzen	wären geschmolzen

	Pluperfect
ich	war geschmolzen
du	warst geschmolzen
er	war geschmolzen
wir	waren geschmolzen
ihr	wart geschmolzen
sie	waren geschmolzen

	Future		*Future Time*	
			(Fut. Subj.)	*(Pres. Conditional)*
ich	werde schmelzen		werde schmelzen	würde schmelzen
du	wirst schmelzen		werdest schmelzen	würdest schmelzen
er	wird schmelzen		werde schmelzen	würde schmelzen
wir	werden schmelzen		werden schmelzen	würden schmelzen
ihr	werdet schmelzen		werdet schmelzen	würdet schmelzen
sie	werden schmelzen		werden schmelzen	würden schmelzen

	Future Perfect	*Future Perfect Time*	
		(Fut. Perf. Subj.)	*(Past Conditional)*
ich	werde geschmolzen sein	werde geschmolzen sein	würde geschmolzen sein
du	wirst geschmolzen sein	werdest geschmolzen sein	würdest geschmolzen sein
er	wird geschmolzen sein	werde geschmolzen sein	würde geschmolzen sein
wir	werden geschmolzen sein	werden geschmolzen sein	würden geschmolzen sein
ihr	werdet geschmolzen sein	werdet geschmolzen sein	würdet geschmolzen sein
sie	werden geschmolzen sein	werden geschmolzen sein	würden geschmolzen sein

* schmelzen can also be used transitively. Its auxiliary in the perfect tenses is then haben.

PRINC. PARTS: schneiden, schnitt, geschnitten, schneidet
IMPERATIVE: schneide!, schneidet!, schneiden Sie!

INDICATIVE		SUBJUNCTIVE	
		PRIMARY	SECONDARY
		Present Time	
	Present	*(Pres. Subj.)*	*(Imperf. Subj.)*
ich	schneide	schneide	schnitte
du	schneidest	schneidest	schnittest
er	schneidet	schneide	schnitte
wir	schneiden	schneiden	schnitten
ihr	schneidet	schneidet	schnittet
sie	schneiden	schneiden	schnitten

	Imperfect
ich	schnitt
du	schnittst
er	schnitt
wir	schnitten
ihr	schnittet
sie	schnitten

	Perfect	*Past Time*	
		(Perf. Subj.)	*(Pluperf. Subj.)*
ich	habe geschnitten		
du	hast geschnitten	habe geschnitten	hätte geschnitten
er	hat geschnitten	habest geschnitten	hättest geschnitten
wir	haben geschnitten	habe geschnitten	hätte geschnitten
ihr	habt geschnitten	haben geschnitten	hätten geschnitten
sie	haben geschnitten	habet geschnitten	hättet geschnitten
		haben geschnitten	hätten geschnitten

	Pluperfect
ich	hatte geschnitten
du	hattest geschnitten
er	hatte geschnitten
wir	hatten geschnitten
ihr	hattet geschnitten
sie	hatten geschnitten

	Future	*Future Time*	
		(Fut. Subj.)	*(Pres. Conditional)*
ich	werde schneiden	werde schneiden	würde schneiden
du	wirst schneiden	werdest schneiden	würdest schneiden
er	wird schneiden	werde schneiden	würde schneiden
wir	werden schneiden	werden schneiden	würden schneiden
ihr	werdet schneiden	werdet schneiden	würdet schneiden
sie	werden schneiden	werden schneiden	würden schneiden

	Future Perfect	*Future Perfect Time*	
		(Fut. Perf. Subj.)	*(Past Conditional)*
ich	werde geschnitten haben	werde geschnitten haben	würde geschnitten haben
du	wirst geschnitten haben	werdest geschnitten haben	würdest geschnitten haben
er	wird geschnitten haben	werde geschnitten haben	würde geschnitten haben
wir	werden geschnitten haben	werden geschnitten haben	würden geschnitten haben
ihr	werdet geschnitten haben	werdet geschnitten haben	würdet geschnitten haben
sie	werden geschnitten haben	werden geschnitten haben	würden geschnitten haben

schneien

to snow

PRINC. PARTS: schneien*, schneite, geschneit, es schneit
IMPERATIVE: schneie!, schneit!, schneien Sie! **

	INDICATIVE	SUBJUNCTIVE	
		PRIMARY	SECONDARY
		Present Time	
	Present	*(Pres. Subj.)*	*(Imperf. Subj.)*
ich			
du			
es	schneit	schneie	schneite
wir			
ihr			
sie			
	Imperfect		
ich			
du			
es	schneite		
wir			
ihr			
sie			
		Past Time	
	Perfect	*(Perf. Subj.)*	*(Pluperf. Subj.)*
ich			
du			
es	hat geschneit	habe geschneit	hätte geschneit
wir			
ihr			
sie			
	Pluperfect		
ich			
du			
es	hatte geschneit		
wir			
ihr			
sie			
		Future Time	
	Future	*(Fut. Subj.)*	*(Pres. Conditional)*
ich			
du			
es	wird schneien	werde schneien	würde schneien
wir			
ihr			
sie			
		Future Perfect Time	
	Future Perfect	*(Fut. Perf. Subj.)*	*(Past Conditional)*
ich			
du			
es	wird geschneit haben	werde geschneit haben	würde geschneit haben
wir			
ihr			
sie			

* Impersonal verb. Forms other than the third person singular of this verb are rarely found, except in poetry.
** The imperative *snow* of this verb is as unusual as in English.

PRINC. PARTS: schreiben, schrieb, geschrieben, schreibt
IMPERATIVE: schreibe!, schreibt!, schreiben Sie!

INDICATIVE		SUBJUNCTIVE	
		PRIMARY	SECONDARY
		Present Time	
	Present	*(Pres. Subj.)*	*(Imperf. Subj.)*
ich	schreibe	schreibe	schriebe
du	schreibst	schreibest	schriebest
er	schreibt	schreibe	schriebe
wir	schreiben	schreiben	schrieben
ihr	schreibt	schreibet	schriebet
sie	schreiben	schreiben	schrieben

	Imperfect
ich	schrieb
du	schriebst
er	schrieb
wir	schrieben
ihr	schriebt
sie	schrieben

	Perfect	*Past Time*	
		(Perf. Subj.)	*(Pluperf. Subj.)*
ich	habe geschrieben		
du	hast geschrieben	habe geschrieben	hätte geschrieben
er	hat geschrieben	habest geschrieben	hättest geschrieben
wir	haben geschrieben	habe geschrieben	hätte geschrieben
ihr	habt geschrieben	haben geschrieben	hätten geschrieben
sie	haben geschrieben	habet geschrieben	hättet geschrieben
		haben geschrieben	hätten geschrieben

	Pluperfect
ich	hatte geschrieben
du	hattest geschrieben
er	hatte geschrieben
wir	hatten geschrieben
ihr	hattet geschrieben
sie	hatten geschrieben

	Future	*Future Time*	
		(Fut. Subj.)	*(Pres. Conditional)*
ich	werde schreiben	werde schreiben	würde schreiben
du	wirst schreiben	werdest schreiben	würdest schreiben
er	wird schreiben	werde schreiben	würde schreiben
wir	werden schreiben	werden schreiben	würden schreiben
ihr	werdet schreiben	werdet schreiben	würdet schreiben
sie	werden schreiben	werden schreiben	würden schreiben

	Future Perfect	*Future Perfect Time*	
		(Fut. Perf. Subj.)	*(Past Conditional)*
ich	werde geschrieben haben	werde geschrieben haben	würde geschrieben haben
du	wirst geschrieben haben	werdest geschrieben haben	würdest geschrieben haben
er	wird geschrieben haben	werde geschrieben haben	würde geschrieben haben
wir	werden geschrieben haben	werden geschrieben haben	würden geschrieben haben
ihr	werdet geschrieben haben	werdet geschrieben haben	würdet geschrieben haben
sie	werden geschrieben haben	werden geschrieben haben	wurden geschrieben haben

135

schreien

to shout, scream, shriek, cry

PRINC. PARTS: schreien, schrie, geschrieen, schreit
IMPERATIVE: schreie!, schreit!, schreien Sie!

	INDICATIVE	SUBJUNCTIVE	
		PRIMARY	SECONDARY

Present Time

	Present	*(Pres. Subj.)*	*(Imperf. Subj.)*
ich	schreie	schreie	schriee
du	schreist	schreiest	schrieest
er	schreit	schreie	schriee
wir	schreien	schreien	schrieen
ihr	schreit	schreiet	schrieet
sie	schreien	schreien	schrieen

	Imperfect
ich	schrie
du	schriest
er	schrie
wir	schrieen
ihr	schriet
sie	schrieen

Past Time

	Perfect	*(Perf. Subj.)*	*(Pluperf. Subj.)*
ich	habe geschrieen	habe geschrieen	hätte geschrieen
du	hast geschrieen	habest geschrieen	hättest geschrieen
er	hat geschrieen	habe geschrieen	hätte geschrieen
wir	haben geschrieen	haben geschrieen	hätten geschrieen
ihr	habt geschrieen	habet geschrieen	hättet geschrieen
sie	haben geschrieen	haben geschrieen	hätten geschrieen

	Pluperfect
ich	hatte geschrieen
du	hattest geschrieen
er	hatte geschrieen
wir	hatten geschrieen
ihr	hattet geschrieen
sie	hatten geschrieen

Future Time

	Future	*(Fut. Subj.)*	*(Pres. Conditional)*
ich	werde schreien	werde schreien	würde schreien
du	wirst schreien	werdest schreien	würdest schreien
er	wird schreien	werde schreien	würde schreien
wir	werden schreien	werden schreien	würden schreien
ihr	werdet schreien	werdet schreien	würdet schreien
sie	werden schreien	werden schreien	würden schreien

Future Perfect Time

	Future Perfect	*(Fut. Perf. Subj.)*	*(Past Conditional)*
ich	werde geschrieen haben	werde geschrieen haben	würde geschrieen haben
du	wirst geschrieen haben	werdest geschrieen haben	würdest geschrieen haben
er	wird geschrieen haben	werde geschrieen haben	würde geschrieen haben
wir	werden geschrieen haben	werden geschrieen haben	würden geschrieen haben
ihr	werdet geschrieen haben	werdet geschrieen haben	würdet geschrieen haben
sie	werden geschrieen haben	werden geschrieen haben	würden geschrieen haben

PRINC. PARTS: schreiten, schritt, ist geschritten, schreitet
IMPERATIVE: schreite!, schreitet!, schreiten Sie!

to stride, step, walk

	INDICATIVE		SUBJUNCTIVE	
			PRIMARY	SECONDARY
			Present Time	
	Present		(*Pres. Subj.*)	(*Imperf. Subj.*)
ich	schreite		schreite	schritte
du	schreitest		schreitest	schrittest
er	schreitet		schreite	schritte
wir	schreiten		schreiten	schritten
ihr	schreitet		schreitet	schrittet
sie	schreiten		schreiten	schritten

	Imperfect
ich	schritt
du	schrittest
er	schritt
wir	schritten
ihr	schrittet
sie	schritten

	Perfect		(*Perf. Subj.*)	*Past Time* (*Pluperf. Subj.*)
ich	bin geschritten		sei geschritten	wäre geschritten
du	bist geschritten		seiest geschritten	wärest geschritten
er	ist geschritten		sei geschritten	wäre geschritten
wir	sind geschritten		seien geschritten	wären geschritten
ihr	seid geschritten		seiet geschritten	wäret geschritten
sie	sind geschritten		seien geschritten	wären geschritten

	Pluperfect
ich	war geschritten
du	warst geschritten
er	war geschritten
wir	waren geschritten
ihr	wart geschritten
sie	waren geschritten

	Future		(*Fut. Subj.*)	*Future Time* (*Pres. Conditional*)
ich	werde schreiten		werde schreiten	würde schreiten
du	wirst schreiten		werdest schreiten	würdest schreiten
er	wird schreiten		werde schreiten	würde schreiten
wir	werden schreiten		werden schreiten	würden schreiten
ihr	werdet schreiten		werdet schreiten	würdet schreiten
sie	werden schreiten		werden schreiten	würden schreiten

	Future Perfect	(*Fut. Perf. Subj.*)	*Future Perfect Time* (*Past Conditional*)
ich	werde geschritten sein	werde geschritten sein	würde geschritten sein
du	wirst geschritten sein	werdest geschritten sein	würdest geschritten sein
er	wird geschritten sein	werde geschritten sein	würde geschritten sein
wir	werden geschritten sein	werden geschritten sein	würden geschritten sein
ihr	werdet geschritten sein	werdet geschritten sein	würdet geschritten sein
sie	werden geschritten sein	werden geschritten sein	würden geschritten sein

schweigen

to be silent

PRINC. PARTS: schweigen, schwieg, geschwiegen, schweigt
IMPERATIVE: schweige!, schweigt!, schweigen Sie!

	INDICATIVE	SUBJUNCTIVE	
		PRIMARY	SECONDARY
		Present Time	
	Present	*(Pres. Subj.)*	*(Imperf. Subj.)*
ich	schweige	schweige	schwiege
du	schweigst	schweigest	schwiegest
er	schweigt	schweige	schwiege
wir	schweigen	schweigen	schwiegen
ihr	schweigt	schweiget	schwieget
sie	schweigen	schweigen	schwiegen

	Imperfect
ich	schwieg
du	schwiegst
er	schwieg
wir	schwiegen
ihr	schwiegt
sie	schwiegen

	Perfect	*Past Time*	
		(Perf. Subj.)	*(Pluperf. Subj.)*
ich	habe geschwiegen	habe geschwiegen	hätte geschwiegen
du	hast geschwiegen	habest geschwiegen	hättest geschwiegen
er	hat geschwiegen	habe geschwiegen	hätte geschwiegen
wir	haben geschwiegen	haben geschwiegen	hätten geschwiegen
ihr	habt geschwiegen	habet geschwiegen	hättet geschwiegen
sie	haben geschwiegen	haben geschwiegen	hätten geschwiegen

	Pluperfect
ich	hatte geschwiegen
du	hattest geschwiegen
er	hatte geschwiegen
wir	hatten geschwiegen
ihr	hattet geschwiegen
sie	hatten geschwiegen

	Future	*Future Time*	
		(Fut. Subj.)	*(Pres. Conditional)*
ich	werde schweigen	werde schweigen	würde schweigen
du	wirst schweigen	werdest schweigen	würdest schweigen
er	wird schweigen	werde schweigen	würde schweigen
wir	werden schweigen	werden schweigen	würden schweigen
ihr	werdet schweigen	werdet schweigen	würdet schweigen
sie	werden schweigen	werden schweigen	würden schweigen

	Future Perfect	*Future Perfect Time*	
		(Fut. Perf. Subj.)	*(Past Conditional)*
ich	werde geschwiegen haben	werde geschwiegen haben	würde geschwiegen haben
du	wirst geschwiegen haben	werdest geschwiegen haben	würdest geschwiegen haben
er	wird geschwiegen haben	werde geschwiegen haben	würde geschwiegen haben
wir	werden geschwiegen haben	werden geschwiegen haben	würden geschwiegen haben
ihr	werdet geschwiegen haben	werdet geschwiegen haben	würdet geschwiegen haben
sie	werden geschwiegen haben	werden geschwiegen haben	würden geschwiegen haben

schwellen

PRINC. PARTS: schwellen, schwoll, ist geschwollen, schwillt
IMPERATIVE: schwill!, schwellt!, schwellen Sie!

	INDICATIVE		SUBJUNCTIVE	
			PRIMARY	SECONDARY
			Present Time	
	Present		(*Pres. Subj.*)	(*Imperf. Subj.*)
ich	schwelle		schwelle	schwölle
du	schwillst		schwellest	schwöllest
er	schwillt		schwelle	schwölle
wir	schwellen		schwellen	schwöllen
ihr	schwellt		schwellet	schwöllct
sie	schwellen		schwellen	schwöllen

	Imperfect
ich	schwoll
du	schwollst
er	schwoll
wir	schwollen
ihr	schwollt
sie	schwollen

				Past Time	
	Perfect		(*Perf. Subj.*)	(*Pluperf. Subj.*)
ich	bin geschwollen		sei geschwollen	wäre geschwollen
du	bist geschwollen		seiest geschwollen	wärest geschwollen
er	ist geschwollen		sei geschwollen	wäre geschwollen
wir	sind geschwollen		seien geschwollen	wären geschwollen
ihr	seid geschwollen		seiet geschwollen	wäret geschwollen
sie	sind geschwollen		seien geschwollen	wären geschwollen

	Pluperfect
ich	war geschwollen
du	warst geschwollen
er	war geschwollen
wir	waren geschwollen
ihr	wart geschwollen
sie	waren geschwollen

				Future Time	
	Future		(*Fut. Subj.*)	(*Pres. Conditional*)
ich	werde schwellen		werde schwellen	würde schwellen
du	wirst schwellen		werdest schwellen	würdest schwellen
er	wird schwellen		werde schwellen	würde schwellen
wir	werden schwellen		werden schwellen	würden schwellen
ihr	werdet schwellen		werdet schwellen	würdet schwellen
sie	werden schwellen		werden schwellen	würden schwellen

				Future Perfect Time	
	Future Perfect		(*Fut. Perf. Subj.*)	(*Past Conditional*)
ich	werde geschwollen sein		werde geschwollen sein	würde geschwollen sein
du	wirst geschwollen sein		werdest geschwollen sein	würdest geschwollen sein
er	wird geschwollen sein		werde geschwollen sein	würde geschwollen sein
wir	werden geschwollen sein		werden geschwollen sein	würden geschwollen sein
ihr	werdet geschwollen sein		werdet geschwollen sein	würdet geschwollen sein
sie	werden geschwollen sein		werden geschwollen sein	würden geschwollen sein

139

schwimmen
to swim, float

PRINC. PARTS: schwimmen, schwamm, ist geschwommen, schwimmt
IMPERATIVE: schwimme!, schwimmt!, schwimmen Sie!

	INDICATIVE	**SUBJUNCTIVE**	
		PRIMARY	**SECONDARY**
		Present Time	
	Present	(*Pres. Subj.*)	(*Imperf. Subj.*)
ich	schwimme	schwimme	schwömme
du	schwimmst	schwimmest	schwömmest
er	schwimmt	schwimme	schwömme
wir	schwimmen	schwimmen	schwömmen
ihr	schwimmt	schwimmet	schwömmet
sie	schwimmen	schwimmen	schwömmen

	Imperfect
ich	schwamm
du	schwammst
er	schwamm
wir	schwammen
ihr	schwammt
sie	schwammen

	Perfect	*Past Time* (*Perf. Subj.*)	(*Pluperf. Subj.*)
ich	bin geschwommen	sei geschwommen	wäre geschwommen
du	bist geschwommen	seiest geschwommen	wärest geschwommen
er	ist geschwommen	sei geschwommen	wäre geschwommen
wir	sind geschwommen	seien geschwommen	wären geschwommen
ihr	seid geschwommen	seiet geschwommen	wäret geschwommen
sie	sind geschwommen	seien geschwommen	wären geschwommen

	Pluperfect
ich	war geschwommen
du	warst geschwommen
er	war geschwommen
wir	waren geschwommen
ihr	wart geschwommen
sie	waren geschwommen

	Future	*Future Time* (*Fut. Subj.*)	(*Pres. Conditional*)
ich	werde schwimmen	werde schwimmen	würde schwimmen
du	wirst schwimmen	werdest schwimmen	würdest schwimmen
er	wird schwimmen	werde schwimmen	würde schwimmen
wir	werden schwimmen	werden schwimmen	würden schwimmen
ihr	werdet schwimmen	werdet schwimmen	würdet schwimmen
sie	werden schwimmen	werden schwimmen	würden schwimmen

	Future Perfect	*Future Perfect Time* (*Fut. Perf. Subj.*)	(*Past Conditional*)
ich	werde geschwommen sein	werde geschwommen sein	würde geschwommen sein
du	wirst geschwommen sein	werdest geschwommen sein	würdest geschwommen sein
er	wird geschwommen sein	werde geschwommen sein	würde geschwommen sein
wir	werden geschwommen sein	werden geschwommen sein	würden geschwommen sein
ihr	werdet geschwommen sein	werdet geschwommen sein	würdet geschwommen sein
sie	werden geschwommen sein	werden geschwommen sein	würden geschwommen sein

	INDICATIVE	SUBJUNCTIVE	
		PRIMARY	SECONDARY
		Present Time	
	Present	*(Pres. Subj.)*	*(Imperf. Subj.)*
ich	schwinde	schwinde	schwände
du	schwindest	schwindest	schwändest
er	schwindet	schwinde	schwände
wir	schwinden	schwinden	schwänden
ihr	schwindet	schwindet	schwändet
sie	schwinden	schwinden	schwänden

	Imperfect
ich	schwand
du	schwandest
er	schwand
wir	schwanden
ihr	schwandet
sie	schwanden

Past Time

	Perfect	*(Perf. Subj.)*	*(Pluperf. Subj.)*
ich	bin geschwunden	sei geschwunden	wäre geschwunden
du	bist geschwunden	seiest geschwunden	wärest geschwunden
er	ist geschwunden	sei geschwunden	wäre geschwunden
wir	sind geschwunden	seien geschwunden	wären geschwunden
ihr	seid geschwunden	seiet geschwunden	wäret geschwunden
sie	sind geschwunden	seien geschwunden	wären geschwunden

	Pluperfect
ich	war geschwunden
du	warst geschwunden
er	war geschwunden
wir	waren geschwunden
ihr	wart geschwunden
sie	waren geschwunden

Future Time

	Future	*(Fut. Subj.)*	*(Pres. Conditional)*
ich	werde schwinden	werde schwinden	würde schwinden
du	wirst schwinden	werdest schwinden	würdest schwinden
er	wird schwinden	werde schwinden	würde schwinden
wir	werden schwinden	werden schwinden	würden schwinden
ihr	werdet schwinden	werdet schwinden	würdet schwinden
sie	werden schwinden	werden schwinden	würden schwinden

Future Perfect Time

	Future Perfect	*(Fut. Perf. Subj.)*	*(Past Conditional)*
ich	werde geschwunden sein	werde geschwunden sein	würde geschwunden sein
du	wirst geschwunden sein	werdest geschwunden sein	würdest geschwunden sein
er	wird geschwunden sein	werde geschwunden sein	würde geschwunden sein
wir	werden geschwunden sein	werden geschwunden sein	würden geschwunden sein
ihr	werdet geschwunden sein	werdet geschwunden sein	würdet geschwunden sein
sie	werden geschwunden sein	werden geschwunden sein	würden geschwunden sein

* Forms other than the third person are infrequently found.
** The imperative is unusual.

schwingen

to swing

PRINC. PARTS: schwingen, schwang, geschwungen, schwingt
IMPERATIVE: schwinge!, schwingt!, schwingen Sie!

INDICATIVE		SUBJUNCTIVE	
		PRIMARY	SECONDARY
		Present Time	
	Present	*(Pres. Subj.)*	*(Imperf. Subj.)*
ich	schwinge	schwinge	schwänge
du	schwingst	schwingest	schwängest
er	schwingt	schwinge	schwänge
wir	schwingen	schwingen	schwängen
ihr	schwingt	schwinget	schwänget
sie	schwingen	schwingen	schwängen
	Imperfect		
ich	schwang		
du	schwangst		
er	schwang		
wir	schwangen		
ihr	schwangt		
sie	schwangen		
		Past Time	
	Perfect	*(Perf. Subj.)*	*(Pluperf. Subj.)*
ich	habe geschwungen	habe geschwungen	hätte geschwungen
du	hast geschwungen	habest geschwungen	hättest geschwungen
er	hat geschwungen	habe geschwungen	hätte geschwungen
wir	haben geschwungen	haben geschwungen	hätten geschwungen
ihr	habt geschwungen	habet geschwungen	hättet geschwungen
sie	haben geschwungen	haben geschwungen	hätten geschwungen
	Pluperfect		
ich	hatte geschwungen		
du	hattest geschwungen		
er	hatte geschwungen		
wir	hatten geschwungen		
ihr	hattet geschwungen		
sie	hatten geschwungen		
		Future Time	
	Future	*(Fut. Subj.)*	*(Pres. Conditional)*
ich	werde schwingen	werde schwingen	würde schwingen
du	wirst schwingen	werdest schwingen	würdest schwingen
er	wird schwingen	werde schwingen	würde schwingen
wir	werden schwingen	werden schwingen	würden schwingen
ihr	werdet schwingen	werdet schwingen	würdet schwingen
sie	werden schwingen	werden schwingen	würden schwingen
		Future Perfect Time	
	Future Perfect	*(Fut. Perf. Subj.)*	*(Past Conditional)*
ich	werde geschwungen haben	werde geschwungen haben	würde geschwungen haben
du	wirst geschwungen haben	werdest geschwungen haben	würdest geschwungen haben
er	wird geschwungen haben	werde geschwungen haben	würde geschwungen haben
wir	werden geschwungen haben	werden geschwungen haben	würden geschwungen haben
ihr	werdet geschwungen haben	werdet geschwungen haben	würdet geschwungen haben
sie	werden geschwungen haben	werden geschwungen haben	würden geschwungen haben

PRINC. PARTS: schwören, schwur, geschworen, schwört
IMPERATIVE: schwöre!, schwört!, schwören Sie!

	INDICATIVE		SUBJUNCTIVE	
			PRIMARY	SECONDARY
				Present Time
	Present		(*Pres. Subj.*)	(*Imperf. Subj.*)
ich	schwöre		schwöre	schwüre
du	schwörst		schwörest	schwürest
er	schwört		schwöre	schwüre
wir	schwören		schwören	schwüren
ihr	schwört		schwöret	schwüret
sie	schwören		schwören	schwüren

	Imperfect	
ich	schwur	schwor
du	schwurst	schworst
er	schwur	*or* schwor
wir	schwuren	schworen
ihr	schwurt	schwort
sie	schwuren	schworen

	Perfect	(*Perf. Subj.*)	Past Time (*Pluperf. Subj.*)
ich	habe geschworen	habe geschworen	hätte geschworen
du	hast geschworen	habest geschworen	hättest geschworen
er	hat geschworen	habe geschworen	hätte geschworen
wir	haben geschworen	haben geschworen	hätten geschworen
ihr	habt geschworen	habet geschworen	hättet geschworen
sie	haben geschworen	haben geschworen	hätten geschworen

	Pluperfect
ich	hatte geschworen
du	hattest geschworen
er	hatte geschworen
wir	hatten geschworen
ihr	hattet geschworen
sie	hatten geschworen

	Future	(*Fut. Subj.*)	Future Time (*Pres. Conditional*)
ich	werde schwören	werde schwören	würde schwören
du	wirst schwören	werdest schwören	würdest schwören
er	wird schwören	werde schwören	würde schwören
wir	werden schwören	werden schwören	würden schwören
ihr	werdet schwören	werdet schwören	würdet schwören
sie	werden schwören	werden schwören	würden schwören

	Future Perfect	(*Fut. Perf. Subj.*)	Future Perfect Time (*Past Conditional*)
ich	werde geschworen haben	werde geschworen haben	würde geschworen haben
du	wirst geschworen haben	werdest geschworen haben	würdest geschworen haben
er	wird geschworen haben	werde geschworen haben	würde geschworen haben
wir	werden geschworen haben	werden geschworen haben	würden geschworen haben
ihr	werdet geschworen haben	werdet geschworen haben	würdet geschworen haben
sie	werden geschworen haben	werden geschworen haben	würden geschworen haben

143

sehen

to see, realize

PRINC. PARTS: sehen, sah, gesehen, sieht
IMPERATIVE: sieh!, seht!, sehen Sie!

	INDICATIVE	SUBJUNCTIVE	
		PRIMARY	SECONDARY
		Present Time	
	Present	*(Pres. Subj.)*	*(Imperf. Subj.)*
ich	sehe	sehe	sähe
du	siehst	sehest	sähest
er	sieht	sehe	sähe
wir	sehen	sehen	sähen
ihr	seht	sehet	sähet
sie	sehen	sehen	sähen

	Imperfect
ich	sah
du	sahst
er	sah
wir	sahen
ihr	saht
sie	sahen

			Past Time	
	Perfect	*(Perf. Subj.)*	*(Pluperf. Subj.)*
ich	habe gesehen	habe gesehen	hätte gesehen
du	hast gesehen	habest gesehen	hättest gesehen
er	hat gesehen	habe gesehen	hätte gesehen
wir	haben gesehen	haben gesehen	hätten gesehen
ihr	habt gesehen	habet gesehen	hättet gesehen
sie	haben gesehen	haben gesehen	hätten gesehen

	Pluperfect
ich	hatte gesehen
du	hattest gesehen
er	hatte gesehen
wir	hatten gesehen
ihr	hattet gesehen
sie	hatten gesehen

			Future Time	
	Future	*(Fut. Subj.)*	*(Pres. Conditional)*
ich	werde sehen	werde sehen	würde sehen
du	wirst sehen	werdest sehen	würdest sehen
er	wird sehen	werde sehen	würde sehen
wir	werden sehen	werden sehen	würden sehen
ihr	werdet sehen	werdet sehen	würdet sehen
sie	werden sehen	werden sehen	würden sehen

			Future Perfect Time	
	Future Perfect	*(Fut. Perf. Subj.)*	*(Past Conditional)*
ich	werde gesehen haben	werde gesehen haben	würde gesehen haben
du	wirst gesehen haben	werdest gesehen haben	würdest gesehen haben
er	wird gesehen haben	werde gesehen haben	würde gesehen haben
wir	werden gesehen haben	werden gesehen haben	würden gesehen haben
ihr	werdet gesehen haben	werdet gesehen haben	würdet gesehen haben
sie	werden gesehen haben	werden gesehen haben	würden gesehen haben

PRINC. PARTS: sein, war, ist gewesen, ist
IMPERATIVE: sei!, seid!, seien Sie!

	INDICATIVE	**PRIMARY**	**SUBJUNCTIVE** **SECONDARY**

			Present Time
	Present	*(Pres. Subj.)*	*(Imperf. Subj.)*
ich	bin	sei	wäre
du	bist	seist	wärest
er	ist	sei	wäre
wir	sind	seien	wären
ihr	seid	seiet	wäret
sie	sind	seien	wären

	Imperfect
ich	war
du	warst
er	war
wir	waren
ihr	wart
sie	waren

			Past Time
	Perfect	*(Perf. Subj.)*	*(Pluperf. Subj.)*
ich	bin gewesen	sei gewesen	wäre gewesen
du	bist gewesen	seiest gewesen	wärest gewesen
er	ist gewesen	sei gewesen	wäre gewesen
wir	sind gewesen	seien gewesen	wären gewesen
ihr	seid gewesen	seiet gewesen	wäret gewesen
sie	sind gewesen	seien gewesen	wären gewesen

	Pluperfect
ich	war gewesen
du	warst gewesen
er	war gewesen
wir	waren gewesen
ihr	wart gewesen
sie	waren gewesen

			Future Time
	Future	*(Fut. Subj.)*	*(Pres. Conditional)*
ich	werde sein	werde sein	würde sein
du	wirst sein	werdest sein	würdest sein
er	wird sein	werde sein	würde sein
wir	werden sein	werden sein	würden sein
ihr	werdet sein	werdet sein	würdet sein
sie	werden sein	werden sein	würden sein

			Future Perfect Time
	Future Perfect	*(Fut. Perf. Subj.)*	*(Past Conditional)*
ich	werde gewesen sein	werde gewesen sein	würde gewesen sein
du	wirst gewesen sein	werdest gewesen sein	würdest gewesen sein
er	wird gewesen sein	werde gewesen sein	würde gewesen sein
wir	werden gewesen sein	werden gewesen sein	würden gewesen sein
ihr	werdet gewesen sein	werdet gewesen sein	würdet gewesen sein
sie	werden gewesen sein	werden gewesen sein	würden gewesen sein

* When used as auxiliary verb in compound tenses with verbs that do not take a direct object.

senden

to send, transmit

PRINC. PARTS: senden*, sandte, gesandt, sendet
IMPERATIVE: sende!, sendet!, senden Sie!

	INDICATIVE	SUBJUNCTIVE	
		PRIMARY	SECONDARY
		Present Time	
	Present	*(Pres. Subj.)*	*(Imperf. Subj.)*
ich	sende	sende	sendete
du	sendest	sendest	sendetest
er	sendet	sende	sendete
wir	senden	senden	sendeten
ihr	sendet	sendet	sendetet
sie	senden	senden	sendeten

	Imperfect
ich	sandte
du	sandtest
er	sandte
wir	sandten
ihr	sandtet
sie	sandten

			Past Time	
	Perfect	*(Perf. Subj.)*		*(Pluperf. Subj.)*
ich	habe gesandt	habe gesandt		hätte gesandt
du	hast gesandt	habest gesandt		hättest gesandt
er	hat gesandt	habe gesandt		hätte gesandt
wir	haben gesandt	haben gesandt		hätten gesandt
ihr	habt gesandt	habet gesandt		hättet gesandt
sie	haben gesandt	haben gesandt		hätten gesandt

	Pluperfect
ich	hatte gesandt
du	hattest gesandt
er	hatte gesandt
wir	hatten gesandt
ihr	hattet gesandt
sie	hatten gesandt

			Future Time	
	Future	*(Fut. Subj.)*		*(Pres. Conditional)*
ich	werde senden	werde senden		würde senden
du	wirst senden	werdest senden		würdest senden
er	wird senden	werde senden		würde senden
wir	werden senden	werden senden		würden senden
ihr	werdet senden	werdet senden		würdet senden
sie	werden senden	werden senden		würden senden

			Future Perfect Time	
	Future Perfect	*(Fut. Perf. Subj.)*		*(Past Conditional)*
ich	werde gesandt haben	werde gesandt haben		würde gesandt haben
du	wirst gesandt haben	werdest gesandt haben		würdest gesandt haben
er	wird gesandt haben	werde gesandt haben		würde gesandt haben
wir	werden gesandt haben	werden gesandt haben		würden gesandt haben
ihr	werdet gesandt haben	werdet gesandt haben		würdet gesandt haben
sie	werden gesandt haben	werden gesandt haben		würden gesandt haben

* The weak forms of the past tense **sendete**, etc. and of the past participle **gesendet** are also found.

PRINC. PARTS: sich setzen, setzte sich, hat sich gesetzt, setzt sich
IMPERATIVE: setze dich!, setzt euch!, setzen Sie sich!

	INDICATIVE	SUBJUNCTIVE	
		PRIMARY	SECONDARY
		Present Time	
	Present	*(Pres. Subj.)*	*(Imperf. Subj.)*
ich	setze mich	setze mich	setzte mich
du	setzt dich	setzest dich	setztest dich
er	setzt sich	setze sich	setzte sich
wir	setzen uns	setzen uns	setzten uns
ihr	setzt euch	setzet euch	setztet euch
sic	setzen sich	setzen sich	setzten sich
	Imperfect		
ich	setzte mich		
du	setztest dich		
er	setzte sich		
wir	setzten uns		
ihr	setztet euch		
sie	setzten sich		
		Past Time	
	Perfect	*(Perf. Subj.)*	*(Pluperf. Subj.)*
ich	habe mich gesetzt	habe mich gesetzt	hätte mich gesetzt
du	hast dich gesetzt	habest dich gesetzt	hättest dich gesetzt
er	hat sich gesetzt	habe sich gesetzt	hätte sich gesetzt
wir	haben uns gesetzt	haben uns gesetzt	hätten uns gesetzt
ihr	habt euch gesetzt	habet euch gesetzt	hättet euch gesetzt
sie	haben sich gesetzt	haben sich gesetzt	hätten sich gesetzt
	Pluperfect		
ich	hatte mich gesetzt		
du	hattest dich gesetzt		
er	hatte sich gesetzt		
wir	hatten uns gesetzt		
ihr	hattet euch gesetzt		
sie	hatten sich gesetzt		
		Future Time	
	Future	*(Fut. Subj.)*	*(Pres. Conditional)*
ich	werde mich setzen	werde mich setzen	würde mich setzen
du	wirst dich setzen	werdest dich setzen	würdest dich setzen
er	wird sich setzen	werde sich setzen	würde sich setzen
wir	werden uns setzen	werden uns setzen	würden uns setzen
ihr	werdet euch setzen	werdet euch setzen	würdet euch setzen
sie	werden sich setzen	werden sich setzen	würden sich setzen
		Future Perfect Time	
	Future Perfect	*(Fut. Perf. Subj.)*	*(Past Conditional)*
ich	werde mich gesetzt haben	werde mich gesetzt haben	würde mich gesetzt haben
du	wirst dich gesetzt haben	werdest dich gesetzt haben	würdest dich gesetzt haben
er	wird sich gesetzt haben	werde sich gesetzt haben	würde sich gesetzt haben
wir	werden uns gesetzt haben	werden uns gesetzt haben	würden uns gesetzt haben
ihr	werdet euch gesetzt haben	werdet euch gesetzt haben	würdet euch gesetzt haben
sie	werden sich gesetzt haben	werden sich gesetzt haben	würden sich gesetzt haben

sieden

to boil, seethe, simmer

PRINC. PARTS: sieden, sott *or* siedete, gesotten, siedet
IMPERATIVE: siede!, siedet!, sieden Sie!

	INDICATIVE		SUBJUNCTIVE		
			PRIMARY	SECONDARY	
			Present Time		
	Present		*(Pres. Subj.)*	*(Imperf. Subj.)*	
ich	siede		siede	sötte	siedete
du	siedest		siedest	söttest	siedetest
er	siedet		siede	sötte *or*	siedete
wir	sieden		sieden	sötten	siedeten
ihr	siedet		siedet	söttet	siedetet
sie	sieden		sieden	sötten	siedeten

	Imperfect	
ich	sott	siedete
du	sottest	siedetest
er	sott *or*	siedete
wir	sotten	siedeten
ihr	sottet	siedetet
sie	sotten	siedeten

			Past Time	
	Perfect	*(Perf. Subj.)*	*(Pluperf. Subj.)*
ich	habe gesotten	habe gesotten	hätte gesotten
du	hast gesotten	habest gesotten	hättest gesotten
er	hat gesotten	habe gesotten	hätte gesotten
wir	haben gesotten	haben gesotten	hätten gesotten
ihr	habt gesotten	habet gesotten	hättet gesotten
sie	haben gesotten	haben gesotten	hätten gesotten

	Pluperfect
ich	hatte gesotten
du	hattest gesotten
er	hatte gesotten
wir	hatten gesotten
ihr	hattet gesotten
sie	hatten gesotten

			Future Time	
	Future	*(Fut. Subj.)*	*(Pres. Conditional)*
ich	werde sieden	werde sieden	würde sieden
du	wirst sieden	werdest sieden	würdest sieden
er	wird sieden	werde sieden	würde sieden
wir	werden sieden	werden sieden	würden sieden
ihr	werdet sieden	werdet sieden	würdet sieden
sie	werden sieden	werden sieden	würden sieden

			Future Perfect Time	
	Future Perfect	*(Fut. Perf. Subj.)*	*(Past Conditional)*
ich	werde gesotten haben	werde gesotten haben	würde gesotten haben
du	wirst gesotten haben	werdest gesotten haben	würdest gesotten haben
er	wird gesotten haben	werde gesotten haben	würde gesotten haben
wir	werden gesotten haben	werden gesotten haben	würden gesotten haben
ihr	werdet gesotten haben	werdet gesotten haben	würdet gesotten haben
sie	werden gesotten haben	werden gesotten haben	würden gesotten haben

PRINC. PARTS: singen, sang, gesungen, singt
IMPERATIVE: singe!, singt!, singen Sie!

	INDICATIVE	**SUBJUNCTIVE**	
		PRIMARY	**SECONDARY**
		Present Time	
	Present	*(Pres. Subj.)*	*(Imperf. Subj.)*
ich	singe	singe	sänge
du	singst	singest	sängest
er	singt	singe	sänge
wir	singen	singen	sängen
ihr	singt	singet	sänget
sie	singen	singen	sängen

	Imperfect
ich	sang
du	sangst
er	sang
wir	sangen
ihr	sangt
sie	sangen

			Past Time	
	Perfect	*(Perf. Subj.)*	*(Pluperf. Subj.)*
ich	habe gesungen	habe gesungen	hätte gesungen
du	hast gesungen	habest gesungen	hättest gesungen
er	hat gesungen	habe gesungen	hätte gesungen
wir	haben gesungen	haben gesungen	hätten gesungen
ihr	habt gesungen	habet gesungen	hättet gesungen
sie	haben gesungen	haben gesungen	hätten gesungen

	Pluperfect
ich	hatte gesungen
du	hattest gesungen
er	hatte gesungen
wir	hatten gesungen
ihr	hattet gesungen
sie	hatten gesungen

			Future Time	
	Future	*(Fut. Subj.)*	*(Pres. Conditional)*
ich	werde singen	werde singen	würde singen
du	wirst singen	werdest singen	würdest singen
er	wird singen	werde singen	würde singen
wir	werden singen	werden singen	würden singen
ihr	werdet singen	werdet singen	würdet singen
sie	werden singen	werden singen	würden singen

			Future Perfect Time	
	Future Perfect	*(Fut. Perf. Subj.)*	*(Past Conditional)*
ich	werde gesungen haben	werde gesungen haben	würde gesungen haben
du	wirst gesungen haben	werdest gesungen haben	würdest gesungen haben
er	wird gesungen haben	werde gesungen haben	würde gesungen haben
wir	werden gesungen haben	werden gesungen haben	würden gesungen haben
ihr	werdet gesungen haben	werdet gesungen haben	würdet gesungen haben
sie	werden gesungen haben	werden gesungen haben	würden gesungen haben

149

sinken

to sink

PRINC. PARTS: sinken, sank, ist gesunken, sinkt
IMPERATIVE: sinke!, sinkt!, sinken Sie!

	INDICATIVE	SUBJUNCTIVE	
		PRIMARY	SECONDARY
		Present Time	
	Present	*(Pres. Subj.)*	*(Imperf. Subj.)*
ich	sinke	sinke	sänke
du	sinkst	sinkest	sänkest
er	sinkt	sinke	sänke
wir	sinken	sinken	sänken
ihr	sinkt	sinket	sänket
sie	sinken	sinken	sänken

	Imperfect
ich	sank
du	sankst
er	sank
wir	sanken
ihr	sankt
sie	sanken

			Past Time	
	Perfect	*(Perf. Subj.)*	*(Pluperf. Subj.)*
ich	bin gesunken	sei gesunken	wäre gesunken
du	bist gesunken	seiest gesunken	wärest gesunken
er	ist gesunken	sei gesunken	wäre gesunken
wir	sind gesunken	seien gesunken	wären gesunken
ihr	seid gesunken	seiet gesunken	wäret gesunken
sie	sind gesunken	seien gesunken	wären gesunken

	Pluperfect
ich	war gesunken
du	warst gesunken
er	war gesunken
wir	waren gesunken
ihr	wart gesunken
sie	waren gesunken

		Future Time	
	Future	*(Fut. Subj.)*	*(Pres. Conditional)*
ich	werde sinken	werde sinken	würde sinken
du	wirst sinken	werdest sinken	würdest sinken
er	wird sinken	werde sinken	würde sinken
wir	werden sinken	werden sinken	würden sinken
ihr	werdet sinken	werdet sinken	würdet sinken
sie	werden sinken	werden sinken	würden sinken

		Future Perfect Time	
	Future Perfect	*(Fut. Perf. Subj.)*	*(Past Conditional)*
ich	werde gesunken sein	werde gesunken sein	würde gesunken sein
du	wirst gesunken sein	werdest gesunken sein	würdest gesunken sein
er	wird gesunken sein	werde gesunken sein	würde gesunken sein
wir	werden gesunken sein	werden gesunken sein	würden gesunken sein
ihr	werdet gesunken sein	werdet gesunken sein	würdet gesunken sein
sie	werden gesunken sein	werden gesunken sein	würden gesunken sein

PRINC. PARTS: sinnen, sann, gesonnen, sinnt
IMPERATIVE: sinne!, sinnt!, sinnen Sie!

to think, reflect, plan

	INDICATIVE		SUBJUNCTIVE		
			PRIMARY	SECONDARY	
			Present Time		
	Present		*(Pres. Subj.)*	*(Imperf. Subj.)*	
ich	sinne		sinne	sänne	sönne
du	sinnst		sinnest	sännest	sönnest
er	sinnt		sinne	sänne *or* sönne	
wir	sinnen		sinnen	sännen	sönnen
ihr	sinnt		sinnet	sännet	sönnet
sie	sinnen		sinnen	sännen	sönnen

	Imperfect
ich	sann
du	sannst
er	sann
wir	sannen
ihr	sannt
sie	sannen

			Past Time		
	Perfect		*(Perf. Subj.)*	*(Pluperf. Subj.)*	
ich	habe gesonnen		habe gesonnen	hätte gesonnen	
du	hast gesonnen		habest gesonnen	hättest gesonnen	
er	hat gesonnen		habe gesonnen	hätte gesonnen	
wir	haben gesonnen		haben gesonnen	hätten gesonnen	
ihr	habt gesonnen		habet gesonnen	hättet gesonnen	
sie	haben gesonnen		haben gesonnen	hätten gesonnen	

	Pluperfect
ich	hatte gesonnen
du	hattest gesonnen
er	hatte gesonnen
wir	hatten gesonnen
ihr	hattet gesonnen
sie	hatten gesonnen

			Future Time		
	Future		*(Fut. Subj.)*	*(Pres. Conditional)*	
ich	werde sinnen		werde sinnen	würde sinnen	
du	wirst sinnen		werdest sinnen	würdest sinnen	
er	wird sinnen		werde sinnen	würde sinnen	
wir	werden sinnen		werden sinnen	würden sinnen	
ihr	werdet sinnen		werdet sinnen	würdet sinnen	
sie	werden sinnen		werden sinnen	würden sinnen	

			Future Perfect Time		
	Future Perfect		*(Fut. Perf. Subj.)*	*(Past Conditional)*	
ich	werde gesonnen haben		werde gesonnen haben	würde gesonnen haben	
du	wirst gesonnen haben		werdest gesonnen haben	würdest gesonnen haben	
er	wird gesonnen haben		werde gesonnen haben	würde gesonnen haben	
wir	werden gesonnen haben		werden gesonnen haben	würden gesonnen haben	
ihr	werdet gesonnen haben		werdet gesonnen haben	würdet gesonnen haben	
sie	werden gesonnen haben		werden gesonnen haben	würden gesonnen haben	

sitzen
to sit

PRINC. PARTS: sitzen, saß, gesessen, sitzt
IMPERATIVE: sitze!, sitzt!, sitzen Sie!

INDICATIVE		SUBJUNCTIVE	
		PRIMARY	SECONDARY
		Present Time	
	Present	*(Pres. Subj.)*	*(Imperf. Subj.)*
ich	sitze	sitze	säße
du	sitzt	sitzest	säßest
er	sitzt	sitze	säße
wir	sitzen	sitzen	säßen
ihr	sitzt	sitzet	säßet
sie	sitzen	sitzen	säßen

	Imperfect
ich	saß
du	saßest
er	saß
wir	saßen
ihr	saßt
sie	saßen

			Past Time	
	Perfect	*(Perf. Subj.)*	*(Pluperf. Subj.)*
ich	habe gesessen	habe gesessen	hätte gesessen
du	hast gesessen	habest gesessen	hättest gesessen
er	hat gesessen	habe gesessen	hätte gesessen
wir	haben gesessen	haben gesessen	hätten gesessen
ihr	habt gesessen	habet gesessen	hättet gesessen
sie	haben gesessen	haben gesessen	hätten gesessen

	Pluperfect
ich	hatte gesessen
du	hattest gesessen
er	hatte gesessen
wir	hatten gesessen
ihr	hattet gesessen
sie	hatten gesessen

			Future Time	
	Future	*(Fut. Subj.)*	*(Pres. Conditional)*
ich	werde sitzen	werde sitzen	würde sitzen
du	wirst sitzen	werdest sitzen	würdest sitzen
er	wird sitzen	werde sitzen	würde sitzen
wir	werden sitzen	werden sitzen	würden sitzen
ihr	werdet sitzen	werdet sitzen	würdet sitzen
sie	werden sitzen	werden sitzen	würden sitzen

			Future Perfect Time	
	Future Perfect	*(Fut. Perf. Subj.)*	*(Past Conditional)*
ich	werde gesessen haben	werde gesessen haben	würde gesessen haben
du	wirst gesessen haben	werdest gesessen haben	würdest gesessen haben
er	wird gesessen haben	werde gesessen haben	würde gesessen haben
wir	werden gesessen haben	werden gesessen haben	würden gesessen haben
ihr	werdet gesessen haben	werdet gesessen haben	würdet gesessen haben
sie	werden gesessen haben	werden gesessen haben	würden gesessen haben

PRINC. PARTS: sollen, sollte, gesollt (sollen
when immediately preceded by
another infinitive; see sprechen
dürfen), soll
IMPERATIVE:

sollen

*to be, be supposed to, ought,
be said to, be expected to*

	NDICATIVE		SUBJUNCTIVE	
			PRIMARY	SECONDARY
			Present Time	
	Present		(*Pres. Subj.*)	(*Imperf. Subj.*)
ich	soll		solle	sollte
du	sollst		sollest	solltest
er	soll		solle	sollte
wir	sollen		sollen	sollten
ihr	sollt		sollet	solltet
sie	sollen		sollen	sollten

	Imperfect
ich	sollte
du	solltest
er	sollte
wir	sollten
ihr	solltet
sie	sollten

Past Time

	Perfect	(*Perf. Subj.*)	(*Pluperf. Subj.*)
ich	habe gesollt	habe gesollt	hätte gesollt
du	hast gesollt	habest gesollt	hättest gesollt
er	hat gesollt	habe gesollt	hätte gesollt
wir	haben gesollt	haben gesollt	hätten gesollt
ihr	habt gesollt	habet gesollt	hättet gesollt
sie	haben gesollt	haben gesollt	hätten gesollt

	Pluperfect
ich	hatte gesollt
du	hattest gesollt
er	hatte gesollt
wir	hatten gesollt
ihr	hattet gesollt
sie	hatten gesollt

Future Time

	Future	(*Fut. Subj.*)	(*Pres. Conditional*)
ich	werde sollen	werde sollen	würde sollen
du	wirst sollen	werdest sollen	würdest sollen
er	wird sollen	werde sollen	würde sollen
wir	werden sollen	werden sollen	würden sollen
ihr	werdet sollen	werdet sollen	würdet sollen
sie	werden sollen	werden sollen	würden sollen

Future Perfect Time

	Future Perfect	(*Fut. Perf. Subj.*)	(*Past Conditional*)
ich	werde gesollt haben	werde gesollt haben	würde gesollt haben
du	wirst gesollt haben	werdest gesollt haben	würdest gesollt haben
er	wird gesollt haben	werde gesollt haben	würde gesollt haben
wir	werden gesollt haben	werden gesollt haben	würden gesollt haben
ihr	werdet gesollt haben	werdet gesollt haben	würdet gesollt haben
sie	werden gesollt haben	werden gesollt haben	würden gesollt haben

153

spalten

to split, cleave

PRINC. PARTS: spalten, spaltete, gespalten*, spaltet
IMPERATIVE: spalte!, spaltet!, spalten Sie!

	INDICATIVE	SUBJUNCTIVE	
		PRIMARY	SECONDARY
		Present Time	
	Present	*(Pres. Subj.)*	*(Imperf. Subj.)*
ich	spalte	spalte	spaltete
du	spaltest	spaltest	spaltetest
er	spaltet	spalte	spaltete
wir	spalten	spalten	spalteten
ihr	spaltet	spaltet	spaltetet
sie	spalten	spalten	spalteten

	Imperfect
ich	spaltete
du	spaltetest
er	spaltete
wir	spalteten
ihr	spaltetet
sie	spalteten

			Past Time	
	Perfect	*(Perf. Subj.)*	*(Pluperf. Subj.)*
ich	habe gespalten	habe gespalten	hätte gespalten
du	hast gespalten	habest gespalten	hättest gespalten
er	hat gespalten	habe gespalten	hätte gespalten
wir	haben gespalten	haben gespalten	hätten gespalten
ihr	habt gespalten	habet gespalten	hättet gespalten
sie	haben gespalten	haben gespalten	hätten gespalten

	Pluperfect
ich	hatte gespalten
du	hattest gespalten
er	hatte gespalten
wir	hatten gespalten
ihr	hattet gespalten
sie	hatten gespalten

			Future Time	
	Future	*(Fut. Subj.)*	*(Pres. Conditional)*
ich	werde spalten	werde spalten	würde spalten
du	wirst spalten	werdest spalten	würdest spalten
er	wird spalten	werde spalten	würde spalten
wir	werden spalten	werden spalten	würden spalten
ihr	werdet spalten	werdet spalten	würdet spalten
sie	werden spalten	werden spalten	würden spalten

			Future Perfect Time	
	Future Perfect	*(Fut. Perf. Subj.)*	*(Past Conditional)*
ich	werde gespalten haben	werde gespalten haben	würde gespalten haben
du	wirst gespalten haben	werdest gespalten haben	würdest gespalten haben
er	wird gespalten haben	werde gespalten haben	würde gespalten haben
wir	werden gespalten haben	werden gespalten haben	würden gespalten haben
ihr	werdet gespalten haben	werdet gespalten haben	würdet gespalten haben
sie	werden gespalten haben	werden gespalten haben	würden gespalten haben

* The form **gespaltet** is also found for the past participle.

PRINC. PARTS: spielen, spielte, gespielt, spielt
IMPERATIVE: spiele!, spielt!, spielen Sie!

INDICATIVE		SUBJUNCTIVE	
		PRIMARY	SECONDARY
		Present Time	
	Present	(*Pres. Subj.*)	(*Imperf. Subj.*)
ich	spiele	spiele	spielte
du	spielst	spielest	spieltest
er	spielt	spiele	spielte
wir	spielen	spielen	spielten
ihr	spielt	spielet	spieltet
sie	spielen	spielen	spielten

	Imperfect
ich	spielte
du	spieltest
er	spielte
wir	spielten
ihr	spieltet
sie	spielten

			Past Time	
	Perfect	(*Perf. Subj.*)	(*Pluperf. Subj.*)
ich	habe gespielt	habe gespielt	hätte gespielt
du	hast gespielt	habest gespielt	hättest gespielt
er	hat gespielt	habe gespielt	hätte gespielt
wir	haben gespielt	haben gespielt	hätten gespielt
ihr	habt gespielt	habet gespielt	hättet gespielt
sie	haben gespielt	haben gespielt	hätten gespielt

	Pluperfect
ich	hatte gespielt
du	hattest gespielt
er	hatte gespielt
wir	hatten gespielt
ihr	hattet gespielt
sie	hatten gespielt

			Future Time	
	Future	(*Fut. Subj.*)	(*Pres. Conditional*)
ich	werde spielen	werde spielen	würde spielen
du	wirst spielen	werdest spielen	würdest spielen
er	wird spielen	werde spielen	würde spielen
wir	werden spielen	werden spielen	würden spielen
ihr	werdet spielen	werdet spielen	würdet spielen
sie	werden spielen	werden spielen	würden spielen

			Future Perfect Time	
	Future Perfect	(*Fut. Perf. Subj.*)	(*Past Conditional*)
ich	werde gespielt haben	werde gespielt haben	würde gespielt haben
du	wirst gespielt haben	werdest gespielt haben	würdest gespielt haben
er	wird gespielt haben	werde gespielt haben	würde gespielt haben
wir	werden gespielt haben	werden gespielt haben	würden gespielt haben
ihr	werdet gespielt haben	werdet gespielt haben	würdet gespielt haben
sie	werden gespielt haben	werden gespielt haben	würden gespielt haben

spinnen
to spin

PRINC. PARTS: spinnen, spann, gesponnen, spinnt
IMPERATIVE: spinne!, spinnt!, spinnen Sie!

	INDICATIVE		SUBJUNCTIVE	
			PRIMARY	SECONDARY
			Present Time	
	Present		(*Pres. Subj.*)	(*Imperf. Subj.*)
ich	spinne		spinne	spönne
du	spinnst		spinnest	spönnest
er	spinnt		spinne	spönne
wir	spinnen		spinnen	spönnen
ihr	spinnt		spinnet	spönnet
sie	spinnen		spinnen	spönnen
	Imperfect			
ich	spann			
du	spannst			
er	spann			
wir	spannen			
ihr	spannt			
sie	spannen			
			Past Time	
	Perfect		(*Perf. Subj.*)	(*Pluperf. Subj.*)
ich	habe gesponnen		habe gesponnen	hätte gesponnen
du	hast gesponnen		habest gesponnen	hättest gesponnen
er	hat gesponnen		habe gesponnen	hätte gesponnen
wir	haben gesponnen		haben gesponnen	hätten gesponnen
ihr	habt gesponnen		habet gesponnen	hättet gesponnen
sie	haben gesponnen		haben gesponnen	hätten gesponnen
	Pluperfect			
ich	hatte gesponnen			
du	hattest gesponnen			
er	hatte gesponnen			
wir	hatten gesponnen			
ihr	hattet gesponnen			
sie	hatten gesponnen			
			Future Time	
	Future		(*Fut. Subj.*)	(*Pres. Conditional*)
ich	werde spinnen		werde spinnen	würde spinnen
du	wirst spinnen		werdest spinnen	würdest spinnen
er	wird spinnen		werde spinnen	würde spinnen
wir	werden spinnen		werden spinnen	würden spinnen
ihr	werdet spinnen		werdet spinnen	würdet spinnen
sie	werden spinnen		werden spinnen	würden spinnen
			Future Perfect Time	
	Future Perfect		(*Fut. Perf. Subj.*)	(*Past Conditional*)
ich	werde gesponnen haben		werde gesponnen haben	würde gesponnen haben
du	wirst gesponnen haben		werdest gesponnen haben	würdest gesponnen haben
er	wird gesponnen haben		werde gesponnen haben	würde gesponnen haben
wir	werden gesponnen haben		werden gesponnen haben	würden gesponnen haben
ihr	werdet gesponnen haben		werdet gesponnen haben	würdet gesponnen haben
sie	werden gesponnen haben		werden gesponnen haben	würden gesponnen haben

PRINC. PARTS: sprechen, sprach, gesprochen, spricht
IMPERATIVE: sprich!, sprecht!, sprechen Sie!

sprechen

to speak, talk

INDICATIVE		SUBJUNCTIVE	
		PRIMARY	SECONDARY
		Present Time	
	Present	*(Pres. Subj.)*	*(Imperf. Subj.)*
ich	spreche	spreche	spräche
du	sprichst	sprechest	sprächest
er	spricht	spreche	spräche
wir	sprechen	sprechen	sprächen
ihr	sprecht	sprechet	sprächet
sie	sprechen	sprechen	sprächen

	Imperfect
ich	sprach
du	sprachst
er	sprach
wir	sprachen
ihr	spracht
sie	sprachen

		Past Time	
	Perfect	*(Perf. Subj.)*	*(Pluperf. Subj.)*
ich	habe gesprochen	habe gesprochen	hätte gesprochen
du	hast gesprochen	habest gesprochen	hättest gesprochen
er	hat gesprochen	habe gesprochen	hätte gesprochen
wir	haben gesprochen	haben gesprochen	hätten gesprochen
ihr	habt gesprochen	habet gesprochen	hättet gesprochen
sie	haben gesprochen	haben gesprochen	hätten gesprochen

	Pluperfect
ich	hatte gesprochen
du	hattest gesprochen
er	hatte gesprochen
wir	hatten gesprochen
ihr	hattet gesprochen
sie	hatten gesprochen

		Future Time	
	Future	*(Fut. Subj.)*	*(Pres. Conditional)*
ich	werde sprechen	werde sprechen	würde sprechen
du	wirst sprechen	werdest sprechen	würdest sprechen
er	wird sprechen	werde sprechen	würde sprechen
wir	werden sprechen	werden sprechen	würden sprechen
ihr	werdet sprechen	werdet sprechen	würdet sprechen
sie	werden sprechen	werden sprechen	würden sprechen

		Future Perfect Time	
	Future Perfect	*(Fut. Perf. Subj.)*	*(Past Conditional)*
ich	werde gesprochen haben	werde gesprochen haben	würde gesprochen haben
du	wirst gesprochen haben	werdest gesprochen haben	würdest gesprochen haben
er	wird gesprochen haben	werde gesprochen haben	würde gesprochen haben
wir	werden gesprochen haben	werden gesprochen haben	würden gesprochen haben
ihr	werdet gesprochen haben	werdet gesprochen haben	würdet gesprochen haben
sie	werden gesprochen haben	werden gesprochen haben	würden gesprochen haben

sprechen dürfen

to be allowed to speak

PRINC. PARTS: sprechen dürfen, durfte sprechen, hat sprechen dürfen, darf sprechen

IMPERATIVE:

	INDICATIVE	SUBJUNCTIVE	
		PRIMARY	SECONDARY
		Present Time	
	Present	*(Pres. Subj.)*	*(Imperf. Subj.)*
ich	darf sprechen	dürfe sprechen	dürfte sprechen
du	darfst sprechen	dürfest sprechen	dürftest sprechen
er	darf sprechen	dürfe sprechen	dürfte sprechen
wir	dürfen sprechen	dürfen sprechen	dürften sprechen
ihr	dürft sprechen	dürfet sprechen	dürftet sprechen
sie	dürfen sprechen	dürfen sprechen	dürften sprechen

	Imperfect
ich	durfte sprechen
du	durftest sprechen
er	durfte sprechen
wir	durften sprechen
ihr	durftet sprechen
sie	durften sprechen

			Past Time	
	Perfect	*(Perf. Subj.)*	*(Pluperf. Subj.)*
ich	habe sprechen dürfen	habe sprechen dürfen	hätte sprechen dürfen
du	hast sprechen dürfen	habest sprechen durfen	hättest sprechen dürfen
er	hat sprechen dürfen	habe sprechen dürfen	hätte sprechen dürfen
wir	haben sprechen dürfen	haben sprechen dürfen	hätten sprechen dürfen
ihr	habt sprechen dürfen	habet sprechen dürfen	hättet sprechen dürfen
sie	haben sprechen dürfen	haben sprechen dürfen	hätten sprechen dürfen

	Pluperfect
ich	hatte sprechen dürfen
du	hattest sprechen dürfen
er	hatte sprechen dürfen
wir	hatten sprechen dürfen
ihr	hattet sprechen dürfen
sie	hatten sprechen dürfen

			Future Time	
	Future	*(Fut. Subj.)*	*(Pres. Conditional)*
ich	werde sprechen dürfen	werde sprechen dürfen	würde sprechen dürfen
du	wirst sprechen dürfen	werdest sprechen dürfen	würdest sprechen dürfen
er	wird sprechen dürfen	werde sprechen dürfen	würde sprechen dürfen
wir	werden sprechen dürfen	werden sprechen dürfen	würden sprechen dürfen
ihr	werdet sprechen dürfen	werdet sprechen dürfen	würdet sprechen dürfen
sie	werden sprechen dürfen	werden sprechen dürfen	würden sprechen dürfen

			Future Perfect Time	
	Future Perfect	*(Fut. Perf. Subj.)*	*(Past Conditional)*
ich	werde haben sprechen dürfen	werde haben sprechen dürfen	würde haben sprechen dürfen
du	wirst haben sprechen dürfen	werdest haben sprechen dürfen	würdest haben sprechen dürfen
er	wird haben sprechen dürfen	werde haben sprechen dürfen	würde haben sprechen dürfen
wir	werden haben sprechen dürfen	werden haben sprechen dürfen	würden haben sprechen dürfen
ihr	werdet haben sprechen dürfen	werdet haben sprechen dürfen	würdet haben sprechen dürfen
sie	werden haben sprechen dürfen	werden haben sprechen dürfen	würden haben sprechen dürfen

INDICATIVE		SUBJUNCTIVE	
		PRIMARY	SECONDARY
		Present Time	
	Present	(*Pres. Subj.*)	(*Imperf. Subj.*)
ich	sprieße	sprieße	sprösse
du	sprießt	sprießest	sprössest
er	sprießt	sprieße	sprösse
wir	sprießen	sprießen	sprössen
ihr	sprießt	sprießet	sprösset
sie	sprießen	sprießen	sprössen

	Imperfect
ich	sproß
du	sprossest
er	sproß
wir	sprossen
ihr	sproßt
sie	sprossen

			Past Time	
	Perfect	(*Perf. Subj.*)	(*Pluperf. Subj.*)
ich	bin gesprossen	sei gesprossen	wäre gesprossen
du	bist gesprossen	seiest gesprossen	wärest gesprossen
er	ist gesprossen	sei gesprossen	wäre gesprossen
wir	sind gesprossen	seien gesprossen	wären gesprossen
ihr	seid gesprossen	seiet gesprossen	wäret gesprossen
sie	sind gesprossen	seien gesprossen	wären gesprossen

	Pluperfect
ich	war gesprossen
du	warst gesprossen
er	war gesprossen
wir	waren gesprossen
ihr	wart gesprossen
sie	waren gesprossen

			Future Time	
	Future	(*Fut. Subj.*)	(*Pres. Conditional*)
ich	werde sprießen	werde sprießen	würde sprießen
du	wirst sprießen	werdest sprießen	würdest sprießen
er	wird sprießen	werde sprießen	würde sprießen
wir	werden sprießen	werden sprießen	würden sprießen
ihr	werdet sprießen	werdet sprießen	würdet sprießen
sie	werden sprießen	werden sprießen	würden sprießen

			Future Perfect Time	
	Future Perfect	(*Fut. Perf. Subj.*)	(*Past Conditional*)
ich	werde gesprossen sein	werde gesprossen sein	würde gesprossen sein
du	wirst gesprossen sein	werdest gesprossen sein	würdest gesprossen sein
er	wird gesprossen sein	werde gesprossen sein	würde gesprossen sein
wir	werden gesprossen sein	werden gesprossen sein	würden gesprossen sein
ihr	werdet gesprossen sein	werdet gesprossen sein	würdet gesprossen sein
sie	werden gesprossen sein	werden gesprossen sein	würden gesprossen sein

* Forms other than the third person are infrequently found.
** The imperative is unusual.

springen

to jump, leap, spring

PRINC. PARTS: springen, sprang, ist gesprungen, springt
IMPERATIVE: springe!, springt!, springen Sie!

	INDICATIVE	SUBJUNCTIVE	
		PRIMARY	SECONDARY
		Present Time	
	Present	*(Pres. Subj.)*	*(Imperf. Subj.)*
ich	springe	springe	spränge
du	springst	springest	sprängest
er	springt	springe	spränge
wir	springen	springen	sprängen
ihr	springt	springet	spränget
sie	springen	springen	sprängen

	Imperfect
ich	sprang
du	sprangst
er	sprang
wir	sprangen
ihr	sprangt
sie	sprangen

			Past Time	
	Perfect	*(Perf. Subj.)*	*(Pluperf. Subj.)*
ich	bin gesprungen	sei gesprungen	wäre gesprungen
du	bist gesprungen	seiest gesprungen	wärest gesprungen
er	ist gesprungen	sei gesprungen	wäre gesprungen
wir	sind gesprungen	seien gesprungen	wären gesprungen
ihr	seid gesprungen	seiet gesprungen	wäret gesprungen
sie	sind gesprungen	seien gesprungen	wären gesprungen

	Pluperfect
ich	war gesprungen
du	warst gesprungen
er	war gesprungen
wir	waren gesprungen
ihr	wart gesprungen
sie	waren gesprungen

		Future Time	
	Future	*(Fut. Subj.)*	*(Pres. Conditional)*
ich	werde springen	werde springen	würde springen
du	wirst springen	werdest springen	würdest springen
er	wird springen	werde springen	würde springen
wir	werden springen	werden springen	würden springen
ihr	werdet springen	werdet springen	würdet springen
sie	werden springen	werden springen	würden springen

		Future Perfect Time	
	Future Perfect	*(Fut. Perf. Subj.)*	*(Past Conditional)*
ich	werde gesprungen sein	werde gesprungen sein	würde gesprungen sein
du	wirst gesprungen sein	werdest gesprungen sein	würdest gesprungen sein
er	wird gesprungen sein	werde gesprungen sein	würde gesprungen sein
wir	werden gesprungen sein	werden gesprungen sein	würden gesprungen sein
ihr	werdet gesprungen sein	werdet gesprungen sein	würdet gesprungen sein
sie	werden gesprungen sein	werden gesprungen sein	würden gesprungen sein

PRINC. PARTS: stechen, stach, gestochen, sticht
IMPERATIVE: stich!, stecht!, stechen Sie!

	INDICATIVE		SUBJUNCTIVE	
			PRIMARY	SECONDARY
			Present Time	
	Present		*(Pres. Subj.)*	*(Imperf. Subj.)*
ich	steche		steche	stäche
du	stichst		stechest	stächest
er	sticht		steche	stäche
wir	stechen		stechen	stächen
ihr	stecht		stechet	stächet
sie	stechen		stechen	stächen

	Imperfect
ich	stach
du	stachst
er	stach
wir	stachen
ihr	stacht
sie	stachen

			Past Time	
	Perfect		*(Perf. Subj.)*	*(Pluperf. Subj.)*
ich	habe gestochen		habe gestochen	hätte gestochen
du	hast gestochen		habest gestochen	hättest gestochen
er	hat gestochen		habe gestochen	hätte gestochen
wir	haben gestochen		haben gestochen	hätten gestochen
ihr	habt gestochen		habet gestochen	hättet gestochen
sie	haben gestochen		haben gestochen	hätten gestochen

	Pluperfect
ich	hatte gestochen
du	hattest gestochen
er	hatte gestochen
wir	hatten gestochen
ihr	hattet gestochen
sie	hatten gestochen

			Future Time	
	Future		*(Fut. Subj.)*	*(Pres. Conditional)*
ich	werde stechen		werde stechen	würde stechen
du	wirst stechen		werdest stechen	würdest stechen
er	wird stechen		werde stechen	würde stechen
wir	werden stechen		werden stechen	würden stechen
ihr	werdet stechen		werdet stechen	würdet stechen
sie	werden stechen		werden stechen	würden stechen

			Future Perfect Time	
	Future Perfect		*(Fut. Perf. Subj.)*	*(Past Conditional)*
ich	werde gestochen haben		werde gestochen haben	würde gestochen haben
du	wirst gestochen haben		werdest gestochen haben	würdest gestochen haben
er	wird gestochen haben		werde gestochen haben	würde gestochen haben
wir	werden gestochen haben		werden gestochen haben	würden gestochen haben
ihr	werdet gestochen haben		werdet gestochen haben	würdet gestochen haben
sie	werden gestochen haben		werden gestochen haben	würden gestochen haben

161

stehen

to stand, be located

PRINC. PARTS: stehen, stand, gestanden, steht
IMPERATIVE: stehe!, steht!, stehen Sie!

	INDICATIVE	SUBJUNCTIVE		
		PRIMARY	SECONDARY	
		Present Time		
	Present	(*Pres. Subj.*)	(*Imperf. Subj.*)	
ich	stehe	stehe	stände	stünde
du	stehst	stehest	ständest	stündest
er	steht	stehe	stände *or*	stünde
wir	stehen	stehen	ständen	stünden
ihr	steht	stehet	ständet	stündet
sie	stehen	stehen	ständen	stünden

	Imperfect
ich	stand
du	standst
er	stand
wir	standen
ihr	standet
sie	standen

	Past Time		
	Perfect	(*Perf. Subj.*)	(*Pluperf. Subj.*)
ich	habe gestanden	habe gestanden	hätte gestanden
du	hast gestanden	habest gestanden	hättest gestanden
er	hat gestanden	habe gestanden	hätte gestanden
wir	haben gestanden	haben gestanden	hätten gestanden
ihr	habt gestanden	habet gestanden	hättet gestanden
sie	haben gestanden	haben gestanden	hätten gestanden

	Pluperfect
ich	hatte gestanden
du	hattest gestanden
er	hatte gestanden
wir	hatten gestanden
ihr	hattet gestanden
sie	hatten gestanden

	Future Time		
	Future	(*Fut. Subj.*)	(*Pres. Conditional*)
ich	werde stehen	werde stehen	würde stehen
du	wirst stehen	werdest stehen	würdest stehen
er	wird stehen	werde stehen	würde stehen
wir	werden stehen	werden stehen	würden stehen
ihr	werdet stehen	werdet stehen	würdet stehen
sie	werden stehen	werden stehen	würden stehen

	Future Perfect Time		
	Future Perfect	(*Fut. Perf. Subj.*)	(*Past Conditional*)
ich	werde gestanden haben	werde gestanden haben	würde gestanden haben
du	wirst gestanden haben	werdest gestanden haben	würdest gestanden haben
er	wird gestanden haben	werde gestanden haben	würde gestanden haben
wir	werden gestanden haben	werden gestanden haben	würden gestanden haben
ihr	werdet gestanden haben	werdet gestanden haben	würdet gestanden haben
sie	werden gestanden haben	werden gestanden haben	würden gestanden haben

PRINC. PARTS: stehlen, stahl, gestohlen, stiehlt
IMPERATIVE: stiehl!, stehlt!, stehlen Sie!

INDICATIVE		SUBJUNCTIVE	
		PRIMARY	SECONDARY
		Present Time	
	Present	*(Pres. Subj.)*	*(Imperf. Subj.)*
ich	stehle	stehle	stöhle stähle
du	stiehlst	stehlest	stöhlest stählest
er	stiehlt	stehle	stöhle *or* stähle
wir	stehlen	stehlen	stöhlen stählen
ihr	stehlt	stehlet	stöhlet stählet
sie	stehlen	stehlen	stöhlen stählen

	Imperfect
ich	stahl
du	stahlst
er	stahl
wir	stahlen
ihr	stahlt
sie	stahlen

			Past Time	
	Perfect	*(Perf. Subj.)*	*(Pluperf. Subj.)*
ich	habe gestohlen	habe gestohlen	hätte gestohlen
du	hast gestohlen	habest gestohlen	hättest gestohlen
er	hat gestohlen	habe gestohlen	hätte gestohlen
wir	haben gestohlen	haben gestohlen	hätten gestohlen
ihr	habt gestohlen	habet gestohlen	hättet gestohlen
sie	haben gestohlen	haben gestohlen	hätten gestohlen

	Pluperfect
ich	hatte gestohlen
du	hattest gestohlen
er	hatte gestohlen
wir	hatten gestohlen
ihr	hattet gestohlen
sie	hatten gestohlen

			Future Time	
	Future	*(Fut. Subj.)*	*(Pres. Conditional)*
ich	werde stehlen	werde stehlen	würde stehlen
du	wirst stehlen	werdest stehlen	würdest stehlen
er	wird stehlen	werde stehlen	würde stehlen
wir	werden stehlen	werden stehlen	würden stehlen
ihr	werdet stehlen	werdet stehlen	würdet stehlen
sie	werden stehlen	werden stehlen	würden stehlen

			Future Perfect Time	
	Future Perfect	*(Fut. Perf. Subj.)*	*(Past Conditional)*
ich	werde gestohlen haben	werde gestohlen haben	würde gestohlen haben
du	wirst gestohlen haben	werdest gestohlen haben	würdest gestohlen haben
er	wird gestohlen haben	werde gestohlen haben	würde gestohlen haben
wir	werden gestohlen haben	werden gestohlen haben	würden gestohlen haben
ihr	werdet gestohlen haben	werdet gestohlen haben	würdet gestohlen haben
sie	werden gestohlen haben	werden gestohlen haben	würden gestohlen haben

steigen

to climb, increase, rise

PRINC. PARTS: steigen, stieg, ist gestiegen, steigt
IMPERATIVE: steige!, steigt!, steigen Sie!

	INDICATIVE		SUBJUNCTIVE	
			PRIMARY	SECONDARY
			Present Time	
	Present		*(Pres. Subj.)*	*(Imperf. Subj.)*
ich	steige		steige	stiege
du	steigst		steigest	stiegest
er	steigt		steige	stiege
wir	steigen		steigen	stiegen
ihr	steigt		steiget	stieget
sie	steigen		steigen	stiegen

	Imperfect
ich	stieg
du	stiegst
er	stieg
wir	stiegen
ihr	stiegt
sie	stiegen

				Past Time	
	Perfect		*(Perf. Subj.)*	*(Pluperf. Subj.)*
ich	bin gestiegen		sei gestiegen	wäre gestiegen
du	bist gestiegen		seiest gestiegen	wärest gestiegen
er	ist gestiegen		sei gestiegen	wäre gestiegen
wir	sind gestiegen		seien gestiegen	wären gestiegen
ihr	seid gestiegen		seiet gestiegen	wäret gestiegen
sie	sind gestiegen		seien gestiegen	wären gestiegen

	Pluperfect
ich	war gestiegen
du	warst gestiegen
er	war gestiegen
wir	waren gestiegen
ihr	wart gestiegen
sie	waren gestiegen

			Future Time	
	Future	*(Fut. Subj.)*	*(Pres. Conditional)*
ich	werde steigen	werde steigen	würde steigen
du	wirst steigen	werdest steigen	würdest steigen
er	wird steigen	werde steigen	würde steigen
wir	werden steigen	werden steigen	würden steigen
ihr	werdet steigen	werdet steigen	würdet steigen
sie	werden steigen	werden steigen	würden steigen

			Future Perfect Time	
	Future Perfect	*(Fut. Perf. Subj.)*	*(Past Conditional)*
ich	werde gestiegen sein	werde gestiegen sein	würde gestiegen sein
du	wirst gestiegen sein	werdest gestiegen sein	würdest gestiegen sein
er	wird gestiegen sein	werde gestiegen sein	würde gestiegen sein
wir	werden gestiegen sein	werden gestiegen sein	würden gestiegen sein
ihr	werdet gestiegen sein	werdet gestiegen sein	würdet gestiegen sein
sie	werden gestiegen sein	werden gestiegen sein	würden gestiegen sein

PRINC. PARTS: stellen, stellte, gestellt, stellt
IMPERATIVE: stelle!, stellt!, stellen Sie!

INDICATIVE		SUBJUNCTIVE	
		PRIMARY	SECONDARY
		Present Time	
	Present	*(Pres. Subj.)*	*(Imperf. Subj.)*
ich	stelle	stelle	stellte
du	stellst	stellest	stelltest
er	stellt	stelle	stellte
wir	stellen	stellen	stellten
ihr	stellt	stellet	stelltet
sie	stellen	stellen	stellten

	Imperfect
ich	stellte
du	stelltest
er	stellte
wir	stellten
ihr	stelltet
sie	stellten

			Past Time	
	Perfect	*(Perf. Subj.)*	*(Pluperf. Subj.)*	
ich	habe gestellt	habe gestellt	hätte gestellt
du	hast gestellt	habest gestellt	hättest gestellt
er	hat gestellt	habe gestellt	hätte gestellt
wir	haben gestellt	haben gestellt	hätten gestellt
ihr	habt gestellt	habet gestellt	hättet gestellt
sie	haben gestellt	haben gestellt	hätten gestellt

	Pluperfect
ich	hatte gestellt
du	hattest gestellt
er	hatte gestellt
wir	hatten gestellt
ihr	hattet gestellt
sie	hatten gestellt

			Future Time	
	Future	*(Fut. Subj.)*	*(Pres. Conditional)*	
ich	werde stellen	werde stellen	würde stellen
du	wirst stellen	werdest stellen	würdest stellen
er	wird stellen	werde stellen	würde stellen
wir	werden stellen	werden stellen	würden stellen
ihr	werdet stellen	werdet stellen	würdet stellen
sie	werden stellen	werden stellen	würden stellen

			Future Perfect Time	
	Future Perfect	*(Fut. Perf. Subj.)*	*(Past Conditional)*	
ich	werde gestellt haben	werde gestellt haben	würde gestellt haben
du	wirst gestellt haben	werdest gestellt haben	würdest gestellt haben
er	wird gestellt haben	werde gestellt haben	würde gestellt haben
wir	werden gestellt haben	werden gestellt haben	würden gestellt haben
ihr	werdet gestellt haben	werdet gestellt haben	würdet gestellt haben
sie	werden gestellt haben	werden gestellt haben	würden gestellt haben

165

sterben
to die

PRINC. PARTS: sterben, starb, ist gestorben, stirbt
IMPERATIVE: stirb!, sterbt!, sterben Sie!

INDICATIVE		SUBJUNCTIVE	
		PRIMARY	SECONDARY
		Present Time	
	Present	*(Pres. Subj.)*	*(Imperf. Subj.)*
ich	sterbe	sterbe	stürbe
du	stirbst	sterbest	stürbest
er	stirbt	sterbe	stürbe
wir	sterben	sterben	stürben
ihr	sterbt	sterbet	stürbet
sie	sterben	sterben	stürben

	Imperfect
ich	starb
du	starbst
er	starb
wir	starben
ihr	starbt
sie	starben

		Past Time	
	Perfect	*(Perf. Subj.)*	*(Pluperf. Subj.)*
ich	bin gestorben	sei gestorben	wäre gestorben
du	bist gestorben	seiest gestorben	wärest gestorben
er	ist gestorben	sei gestorben	wäre gestorben
wir	sind gestorben	seien gestorben	wären gestorben
ihr	seid gestorben	seiet gestorben	wäret gestorben
sie	sind gestorben	seien gestorben	wären gestorben

	Pluperfect
ich	war gestorben
du	warst gestorben
er	war gestorben
wir	waren gestorben
ihr	wart gestorben
sie	waren gestorben

		Future Time	
	Future	*(Fut. Subj.)*	*(Pres. Conditional)*
ich	werde sterben	werde sterben	würde sterben
du	wirst sterben	werdest sterben	würdest sterben
er	wird sterben	werde sterben	würde sterben
wir	werden sterben	werden sterben	würden sterben
ihr	werdet sterben	werdet sterben	würdet sterben
sie	werden sterben	werden sterben	würden sterben

		Future Perfect Time	
	Future Perfect	*(Fut. Perf. Subj.)*	*(Past Conditional)*
ich	werde gestorben sein	werde gestorben sein	würde gestorben sein
du	wirst gestorben sein	werdest gestorben sein	würdest gestorben sein
er	wird gestorben sein	werde gestorben sein	würde gestorben sein
wir	werden gestorben sein	werden gestorben sein	würden gestorben sein
ihr	werdet gestorben sein	werdet gestorben sein	würdet gestorben sein
sie	werden gestorben sein	werden gestorben sein	würden gestorben sein

PRINC. PARTS: stoßen, stieß, gestoßen, stößt
IMPERATIVE: stoße!, stoßt!, stoßen Sie!

to push, shove, thrust

INDICATIVE	SUBJUNCTIVE	
	PRIMARY	SECONDARY
	Present Time	
Present	*(Pres. Subj.)*	*(Imperf. Subj.)*
ich stoße	stoße	stieße
du stößt	stoßest	stießest
er stößt	stoße	stieße
wir stoßen	stoßen	stießen
ihr stoßt	stoßet	stießet
sie stoßen	stoßen	stießen

Imperfect
ich stieß
du stießest
er stieß
wir stießen
ihr stießt
sie stießen

		Past Time	
Perfect	*(Perf. Subj.)*	*(Pluperf. Subj.)*
ich habe gestoßen	habe gestoßen	hätte gestoßen
du hast gestoßen	habest gestoßen	hättest gestoßen
er hat gestoßen	habe gestoßen	hätte gestoßen
wir haben gestoßen	haben gestoßen	hätten gestoßen
ihr habt gestoßen	habet gestoßen	hättet gestoßen
sie haben gestoßen	haben gestoßen	hätten gestoßen

Pluperfect
ich hatte gestoßen
du hattest gestoßen
er hatte gestoßen
wir hatten gestoßen
ihr hattet gestoßen
sie hatten gestoßen

		Future Time	
Future	*(Fut. Subj.)*	*(Pres. Conditional)*
ich werde stoßen	werde stoßen	würde stoßen
du wirst stoßen	werdest stoßen	würdest stoßen
er wird stoßen	werde stoßen	würde stoßen
wir werden stoßen	werden stoßen	würden stoßen
ihr werdet stoßen	werdet stoßen	würdet stoßen
sie werden stoßen	werden stoßen	würden stoßen

		Future Perfect Time	
Future Perfect	*(Fut. Perf. Subj.)*	*(Past Conditional)*
ich werde gestoßen haben	werde gestoßen haben	würde gestoßen haben
du wirst gestoßen haben	werdest gestoßen haben	würdest gestoßen haben
er wird gestoßen haben	werde gestoßen haben	würde gestoßen haben
wir werden gestoßen haben	werden gestoßen haben	würden gestoßen haben
ihr werdet gestoßen haben	werdet gestoßen haben	würdet gestoßen haben
sie werden gestoßen haben	werden gestoßen haben	würden gestoßen haben

167

streichen

to strike, cancel, paint

PRINC. PARTS: streichen, strich, gestrichen, streicht
IMPERATIVE: streiche!, streicht!, streichen Sie!

	INDICATIVE	SUBJUNCTIVE	
		PRIMARY	SECONDARY
		Present Time	
	Present	*(Pres. Subj.)*	*(Imperf. Subj.)*
ich	streiche	streiche	striche
du	streichst	streichest	strichest
er	streicht	streiche	striche
wir	streichen	streichen	strichen
ihr	streicht	streichet	strichet
sie	streichen	streichen	strichen

	Imperfect
ich	strich
du	strichst
er	strich
wir	strichen
ihr	stricht
sie	strichen

	Perfect	*(Perf. Subj.)*	*(Pluperf. Subj.)*
ich	habe gestrichen	habe gestrichen	hätte gestrichen
du	hast gestrichen	habest gestrichen	hättest gestrichen
er	hat gestrichen	habe gestrichen	hätte gestrichen
wir	haben gestrichen	haben gestrichen	hätten gestrichen
ihr	habt gestrichen	habet gestrichen	hättet gestrichen
sie	haben gestrichen	haben gestrichen	hätten gestrichen

Past Time (heading above the Perfect/Subjunctive block)

	Pluperfect
ich	hatte gestrichen
du	hattest gestrichen
er	hatte gestrichen
wir	hatten gestrichen
ihr	hattet gestrichen
sie	hatten gestrichen

	Future	*(Fut. Subj.)*	*(Pres. Conditional)*
		Future Time	
ich	werde streichen	werde streichen	würde streichen
du	wirst streichen	werdest streichen	würdest streichen
er	wird streichen	werde streichen	würde streichen
wir	werden streichen	werden streichen	würden streichen
ihr	werdet streichen	werdet streichen	würdet streichen
sie	werden streichen	werden streichen	würden streichen

	Future Perfect	*(Fut. Perf. Subj.)*	*(Past Conditional)*
		Future Perfect Time	
ich	werde gestrichen haben	werde gestrichen haben	würde gestrichen haben
du	wirst gestrichen haben	werdest gestrichen haben	würdest gestrichen haben
er	wird gestrichen haben	werde gestrichen haben	würde gestrichen haben
wir	werden gestrichen haben	werden gestrichen haben	würden gestrichen haben
ihr	werdet gestrichen haben	werdet gestrichen haben	würdet gestrichen haben
sie	werden gestrichen haben	werden gestrichen haben	würden gestrichen haben

PRINC. PARTS: streiten, stritt, gestritten, streitet
IMPERATIVE: streite!, streitet!, streiten Sie!

to quarrel, dispute

	INDICATIVE		SUBJUNCTIVE	
			PRIMARY	SECONDARY
			Present Time	
	Present		*(Pres. Subj.)*	*(Imperf. Subj.)*
ich	streite		streite	stritte
du	streitest		streitest	strittest
er	streitet		streite	stritte
wir	streiten		streiten	stritten
ihr	streitet		streitet	strittet
sie	streiten		streiten	stritten

	Imperfect
ich	stritt
du	strittest
er	stritt
wir	stritten
ihr	strittet
sie	stritten

			Past Time	
	Perfect		*(Perf. Subj.)*	*(Pluperf. Subj.)*
ich	habe gestritten		habe gestritten	hätte gestritten
du	hast gestritten		habest gestritten	hättest gestritten
er	hat gestritten		habe gestritten	hätte gestritten
wir	haben gestritten		haben gestritten	hätten gestritten
ihr	habt gestritten		habet gestritten	hättet gestritten
sie	haben gestritten		haben gestritten	hätten gestritten

	Pluperfect
ich	hatte gestritten
du	hattest gestritten
er	hatte gestritten
wir	hatten gestritten
ihr	hattet gestritten
sie	hatten gestritten

			Future Time	
	Future		*(Fut. Subj.)*	*(Pres. Conditional)*
ich	werde streiten		werde streiten	würde streiten
du	wirst streiten		werdest streiten	würdest streiten
er	wird streiten		werde streiten	würde streiten
wir	werden streiten		werden streiten	würden streiten
ihr	werdet streiten		werdet streiten	würdet streiten
sie	werden streiten		werden streiten	würden streiten

			Future Perfect Time	
	Future Perfect		*(Fut. Perf. Subj.)*	*(Past Conditional)*
ich	werde gestritten haben		werde gestritten haben	würde gestritten haben
du	wirst gestritten haben		werdest gestritten haben	würdest gestritten haben
er	wird gestritten haben		werde gestritten haben	würde gestritten haben
wir	werden gestritten haben		werden gestritten haben	würden gestritten haben
ihr	werdet gestritten haben		werdet gestritten haben	würdet gestritten haben
sie	werden gestritten haben		werden gestritten haben	würden gestritten haben

169

studieren

to study, be at college

PRINC. PARTS: studieren, studierte, studiert, studiert
IMPERATIVE: studiere!, studiert!, studieren Sie!

	INDICATIVE	SUBJUNCTIVE	
		PRIMARY	SECONDARY
		Present Time	
	Present	(*Pres. Subj.*)	(*Imperf. Subj.*)
ich	studiere	studiere	studierte
du	studierst	studierest	studiertest
er	studiert	studiere	studierte
wir	studieren	studieren	studierten
ihr	studiert	studieret	studiertet
sie	studieren	studieren	studierten

Imperfect
ich	studierte
du	studiertest
er	studierte
wir	studierten
ihr	studiertet
sie	studierten

		Past Time	
	Perfect	(*Perf. Subj.*)	(*Pluperf. Subj.*)
ich	habe studiert	habe studiert	hätte studiert
du	hast studiert	habest studiert	hättest studiert
er	hat studiert	habe studiert	hätte studiert
wir	haben studiert	haben studiert	hätten studiert
ihr	habt studiert	habet studiert	hättet studiert
sie	haben studiert	haben studiert	hätten studiert

Pluperfect
ich	hatte studiert
du	hattest studiert
er	hatte studiert
wir	hatten studiert
ihr	hattet studiert
sie	hatten studiert

		Future Time	
	Future	(*Fut. Subj.*)	(*Pres. Conditional*)
ich	werde studieren	werde studieren	würde studieren
du	wirst studieren	werdest studieren	würdest studieren
er	wird studieren	werde studieren	würde studieren
wir	werden studieren	werden studieren	würden studieren
ihr	werdet studieren	werdet studieren	würdet studieren
sie	werden studieren	werden studieren	würden studieren

		Future Perfect Time	
	Future Perfect	(*Fut. Perf. Subj.*)	(*Past Conditional*)
ich	werde studiert haben	werde studiert haben	würde studiert haben
du	wirst studiert haben	werdest studiert haben	würdest studiert haben
er	wird studiert haben	werde studiert haben	würde studiert haben
wir	werden studiert haben	werden studiert haben	würden studiert haben
ihr	werdet studiert haben	werdet studiert haben	würdet studiert haben
sie	werden studiert haben	werden studiert haben	würden studiert haben

PRINC. PARTS: suchen, suchte, gesucht, sucht
IMPERATIVE: suche!, sucht!, suchen Sie!

to seek, look for

	INDICATIVE	SUBJUNCTIVE	
		PRIMARY	SECONDARY

Present Time

	Present	*(Pres. Subj.)*	*(Imperf. Subj.)*
ich	suche	suche	suchte
du	suchst	suchest	suchtest
er	sucht	suche	suchte
wir	suchen	suchen	suchten
ihr	sucht	suchet	suchtet
sie	suchen	suchen	suchten

	Imperfect
ich	suchte
du	suchtest
er	suchte
wir	suchten
ihr	suchtet
sie	suchten

Past Time

	Perfect	*(Perf. Subj.)*	*(Pluperf. Subj.)*
ich	habe gesucht	habe gesucht	hätte gesucht
du	hast gesucht	habest gesucht	hättest gesucht
er	hat gesucht	habe gesucht	hätte gesucht
wir	haben gesucht	haben gesucht	hätten gesucht
ihr	habt gesucht	habet gesucht	hättet gesucht
sie	haben gesucht	haben gesucht	hätten gesucht

	Pluperfect
ich	hatte gesucht
du	hattest gesucht
er	hatte gesucht
wir	hatten gesucht
ihr	hattet gesucht
sie	hatten gesucht

Future Time

	Future	*(Fut. Subj.)*	*(Pres. Conditional)*
ich	werde suchen	werde suchen	würde suchen
du	wirst suchen	werdest suchen	würdest suchen
er	wird suchen	werde suchen	würde suchen
wir	werden suchen	werden suchen	würden suchen
ihr	werdet suchen	werdet suchen	würdet suchen
sie	werden suchen	werden suchen	würden suchen

Future Perfect Time

	Future Perfect	*(Fut. Perf. Subj.)*	*(Past Conditional)*
ich	werde gesucht haben	werde gesucht haben	würde gesucht haben
du	wirst gesucht haben	werdest gesucht haben	würdest gesucht haben
er	wird gesucht haben	werde gesucht haben	würde gesucht haben
wir	werden gesucht haben	werden gesucht haben	würden gesucht haben
ihr	werdet gesucht haben	werdet gesucht haben	würdet gesucht haben
sie	werden gesucht haben	werden gesucht haben	würden gesucht haben

tragen

to carry, bear, wear

PRINC. PARTS: tragen, trug, getragen, trägt
IMPERATIVE: trage!, tragt!, tragen Sie!

INDICATIVE		SUBJUNCTIVE	
		PRIMARY	SECONDARY
		Present Time	
	Present	*(Pres. Subj.)*	*(Imperf. Subj.)*
ich	trage	trage	trüge
du	trägst	tragest	trügest
er	trägt	trage	trüge
wir	tragen	tragen	trügen
ihr	tragt	traget	trüget
sie	tragen	tragen	trügen

	Imperfect
ich	trug
du	trugst
er	trug
wir	trugen
ihr	trugt
sie	trugen

		Past Time	
	Perfect	*(Perf. Subj.)*	*(Pluperf. Subj.)*
ich	habe getragen	habe getragen	hätte getragen
du	hast getragen	habest getragen	hättest getragen
er	hat getragen	habe getragen	hätte getragen
wir	haben getragen	haben getragen	hätten getragen
ihr	habt getragen	habet getragen	hättet getragen
sie	haben getragen	haben getragen	hätten getragen

	Pluperfect
ich	hatte getragen
du	hattest getragen
er	hatte getragen
wir	hatten getragen
ihr	hattet getragen
sie	hatten getragen

		Future Time	
	Future	*(Fut. Subj.)*	*(Pres. Conditional)*
ich	werde tragen	werde tragen	würde tragen
du	wirst tragen	werdest tragen	würdest tragen
er	wird tragen	werde tragen	würde tragen
wir	werden tragen	werden tragen	würden tragen
ihr	werdet tragen	werdet tragen	würdet tragen
sie	werden tragen	werden tragen	würden tragen

		Future Perfect Time	
	Future Perfect	*(Fut. Perf. Subj.)*	*(Past Conditional)*
ich	werde getragen haben	werde getragen haben	würde getragen haben
du	wirst getragen haben	werdest getragen haben	würdest getragen haben
er	wird getragen haben	werde getragen haben	würde getragen haben
wir	werden getragen haben	werden getragen haben	würden getragen haben
ihr	werdet getragen haben	werdet getragen haben	würdet getragen haben
sie	werden getragen haben	werden getragen haben	würden getragen haben

PRINC. PARTS: treffen, traf, getroffen, trifft
IMPERATIVE: triff!, trefft!, treffen Sie!

INDICATIVE	SUBJUNCTIVE	
	PRIMARY	SECONDARY
	Present Time	
Present	_(Pres. Subj.)_	_(Imperf. Subj.)_
ich treffe	treffe	träfe
du triffst	treffest	träfest
er trifft	treffe	träfe
wir treffen	treffen	träfen
ihr trefft	treffet	träfet
sie treffen	treffen	träfen

Imperfect
ich traf
du trafst
er traf
wir trafen
ihr traft
sie trafen

	Past Time	
Perfect	_(Perf. Subj.)_	_(Pluperf. Subj.)_
ich habe getroffen	habe getroffen	hätte getroffen
du hast getroffen	habest getroffen	hättest getroffen
er hat getroffen	habe getroffen	hätte getroffen
wir haben getroffen	haben getroffen	hätten getroffen
ihr habt getroffen	habet getroffen	hättet getroffen
sie haben getroffen	haben getroffen	hätten getroffen

Pluperfect
ich hatte getroffen
du hattest getroffen
er hatte getroffen
wir hatten getroffen
ihr hattet getroffen
sie hatten getroffen

	Future Time	
Future	_(Fut. Subj.)_	_(Pres. Conditional)_
ich werde treffen	werde treffen	würde treffen
du wirst treffen	werdest treffen	würdest treffen
er wird treffen	werde treffen	würde treffen
wir werden treffen	werden treffen	würden treffen
ihr werdet treffen	werdet treffen	würdet treffen
sie werden treffen	werden treffen	würden treffen

	Future Perfect Time	
Future Perfect	_(Fut. Perf. Subj.)_	_(Past Conditional)_
ich werde getroffen haben	werde getroffen haben	würde getroffen haben
du wirst getroffen haben	werdest getroffen haben	würdest getroffen haben
er wird getroffen haben	werde getroffen haben	würde getroffen haben
wir werden getroffen haben	werden getroffen haben	würden getroffen haben
ihr werdet getroffen haben	werdet getroffen haben	würdet getroffen haben
sie werden getroffen haben	werden getroffen haben	würden getroffen haben

treiben

to drive, push, propel

PRINC. PARTS: treiben, trieb, getrieben, treibt
IMPERATIVE: treibe!, treibt!, treiben Sie!

	INDICATIVE		SUBJUNCTIVE	
			PRIMARY	SECONDARY
			Present Time	
	Present		*(Pres. Subj.)*	*(Imperf. Subj.)*
ich	treibe		treibe	triebe
du	treibst		treibest	triebest
er	treibt		treibe	triebe
wir	treiben		treiben	trieben
ihr	treibt		treibet	triebet
sie	treiben		treiben	trieben

	Imperfect
ich	trieb
du	triebst
er	trieb
wir	trieben
ihr	triebt
sie	trieben

			Past Time	
	Perfect		*(Perf. Subj.)*	*(Pluperf. Subj.)*
ich	habe getrieben		habe getrieben	hätte getrieben
du	hast getrieben		habest getrieben	hättest getrieben
er	hat getrieben		habe getrieben	hätte getrieben
wir	haben getrieben		haben getrieben	hätten getrieben
ihr	habt getrieben		habet getrieben	hättet getrieben
sie	haben getrieben		haben getrieben	hätten getrieben

	Pluperfect
ich	hatte getrieben
du	hattest getrieben
er	hatte getrieben
wir	hatten getrieben
ihr	hattet getrieben
sie	hatten getrieben

			Future Time	
	Future		*(Fut. Subj.)*	*(Pres. Conditional)*
ich	werde treiben		werde treiben	würde treiben
du	wirst treiben		werdest treiben	würdest treiben
er	wird treiben		werde treiben	würde treiben
wir	werden treiben		werden treiben	würden treiben
ihr	werdet treiben		werdet treiben	würdet treiben
sie	werden treiben		werden treiben	würden treiben

			Future Perfect Time	
	Future Perfect	*(Fut. Perf. Subj.)*		*(Past Conditional)*
ich	werde getrieben haben	werde getrieben haben		würde getrieben haben
du	wirst getrieben haben	werdest getrieben haben		würdest getrieben haben
er	wird getrieben haben	werde getrieben haben		würde getrieben haben
wir	werden getrieben haben	werden getrieben haben		würden getrieben haben
ihr	werdet getrieben haben	werdet getrieben haben		würdet getrieben haben
sie	werden getrieben haben	werden getrieben haben		würden getrieben haben

PRINC. PARTS: treten, trat, ist getreten, tritt
IMPERATIVE: tritt!, tretet!, treten Sie!

	INDICATIVE		SUBJUNCTIVE	
			PRIMARY	SECONDARY
			Present Time	
	Present		*(Pres. Subj.)*	*(Imperf. Subj.)*
ich	trete		trete	träte
du	trittst		tretest	trätest
er	tritt		trete	träte
wir	treten		treten	träten
ihr	tretet		tretet	trätet
sie	treten		treten	träten

	Imperfect
ich	trat
du	tratest
er	trat
wir	traten
ihr	tratet
sie	traten

				Past Time	
	Perfect		*(Perf. Subj.)*	*(Pluperf. Subj.)*
ich	bin getreten		sei getreten	wäre getreten
du	bist getreten		seiest getreten	wärest getreten
er	ist getreten		sei getreten	wäre getreten
wir	sind getreten		seien getreten	wären getreten
ihr	seid getreten		seiet getreten	wäret getreten
sie	sind getreten		seien getreten	wären getreten

	Pluperfect
ich	war getreten
du	warst getreten
er	war getreten
wir	waren getreten
ihr	wart getreten
sie	waren getreten

			Future Time	
	Future		*(Fut. Subj.)*	*(Pres. Conditional)*
ich	werde treten		werde treten	würde treten
du	wirst treten		werdest treten	würdest treten
er	wird treten		werde treten	würde treten
wir	werden treten		werden treten	würden treten
ihr	werdet treten		werdet treten	würdet treten
sie	werden treten		werden treten	würden treten

			Future Perfect Time	
	Future Perfect		*(Fut. Perf. Subj.)*	*(Past Conditional)*
ich	werde getreten sein		werde getreten sein	würde getreten sein
du	wirst getreten sein		werdest getreten sein	würdest getreten sein
er	wird getreten sein		werde getreten sein	würde getreten sein
wir	werden getreten sein		werden getreten sein	würden getreten sein
ihr	werdet getreten sein		werdet getreten sein	würdet getreten sein
sie	werden getreten sein		werden getreten sein	würden getreten sein

trinken
to drink

PRINC. PARTS: trinken, trank, getrunken, trinkt
IMPERATIVE: trinke!, trinkt!, trinken Sie!

	INDICATIVE	SUBJUNCTIVE	
		PRIMARY	SECONDARY
		Present Time	
	Present	*(Pres. Subj.)*	*(Imperf. Subj.)*
ich	trinke	trinke	tränke
du	trinkst	trinkest	tränkest
er	trinkt	trinke	tränke
wir	trinken	trinken	tränken
ihr	trinkt	trinket	tränket
sie	trinken	trinken	tränken

	Imperfect
ich	trank
du	trankst
er	trank
wir	tranken
ihr	trankt
sie	tranken

		Past Time	
	Perfect	*(Perf. Subj.)*	*(Pluperf. Subj.)*
ich	habe getrunken	habe getrunken	hätte getrunken
du	hast getrunken	habest getrunken	hättest getrunken
er	hat getrunken	habe getrunken	hätte getrunken
wir	haben getrunken	haben getrunken	hätten getrunken
ihr	habt getrunken	habet getrunken	hättet getrunken
sie	haben getrunken	haben getrunken	hätten getrunken

	Pluperfect
ich	hatte getrunken
du	hattest getrunken
er	hatte getrunken
wir	hatten getrunken
ihr	hattet getrunken
sie	hatten getrunken

		Future Time	
	Future	*(Fut. Subj.)*	*(Pres. Conditional)*
ich	werde trinken	werde trinken	würde trinken
du	wirst trinken	werdest trinken	würdest trinken
er	wird trinken	werde trinken	würde trinken
wir	werden trinken	werden trinken	würden trinken
ihr	werdet trinken	werdet trinken	würdet trinken
sie	werden trinken	werden trinken	würden trinken

		Future Perfect Time	
	Future Perfect	*(Fut. Perf. Subj.)*	*(Past Conditional)*
ich	werde getrunken haben	werde getrunken haben	würde getrunken haben
du	wirst getrunken haben	werdest getrunken haben	würdest getrunken haben
er	wird getrunken haben	werde getrunken haben	würde getrunken haben
wir	werden getrunken haben	werden getrunken haben	würden getrunken haben
ihr	werdet getrunken haben	werdet getrunken haben	würdet getrunken haben
sie	werden getrunken haben	werden getrunken haben	würden getrunken haben

PRINC. PARTS: tun, tat, getan, tut
IMPERATIVE: tue!, tut!, tun Sie!

to do, make, put

	INDICATIVE		SUBJUNCTIVE	
			PRIMARY	SECONDARY
			Present Time	
	Present		*(Pres. Subj.)*	*(Imperf. Subj.)*
ich	tue		tue	täte
du	tust		tuest	tätest
er	tut		tue	täte
wir	tun		tuen	täten
ihr	tut		tuet	tätet
sie	tun		tuen	täten

	Imperfect
ich	tat
du	tatest
er	tat
wir	taten
ihr	tatet
sie	taten

			Past Time	
	Perfect		*(Perf. Subj.)*	*(Pluperf. Subj.)*
ich	habe getan		habe getan	hätte getan
du	hast getan		habest getan	hättest getan
er	hat getan		habe getan	hätte getan
wir	haben getan		haben getan	hätten getan
ihr	habt getan		habet getan	hättet getan
sie	haben getan		haben getan	hätten getan

	Pluperfect
ich	hatte getan
du	hattest getan
er	hatte getan
wir	hatten getan
ihr	hattet getan
sie	hatten getan

			Future Time	
	Future		*(Fut. Subj.)*	*(Pres. Conditional)*
ich	werde tun		werde tun	würde tun
du	wirst tun		werdest tun	würdest tun
er	wird tun		werde tun	würde tun
wir	werden tun		werden tun	würden tun
ihr	werdet tun		werdet tun	würdet tun
sie	werden tun		werden tun	würden tun

			Future Perfect Time	
	Future Perfect		*(Fut. Perf. Subj.)*	*(Past Conditional)*
ich	werde getan haben		werde getan haben	würde getan haben
du	wirst getan haben		werdest getan haben	würdest getan haben
er	wird getan haben		werde getan haben	würde getan haben
wir	werden getan haben		werden getan haben	würden getan haben
ihr	werdet getan haben		werdet getan haben	würdet getan haben
sie	werden getan haben		werden getan haben	würden getan haben

177

überwinden

to overcome, conquer

PRINC. PARTS: überwinden, überwand, überwunden, überwindet
IMPERATIVE: überwinde!, überwindet!, überwinden Sie!

INDICATIVE		SUBJUNCTIVE	
		PRIMARY	SECONDARY
		Present Time	
	Present	*(Pres. Subj.)*	*(Imperf. Subj.)*
ich	überwinde	überwinde	überwände
du	überwindest	überwindest	überwändest
er	überwindet	überwinde	überwände
wir	überwinden	überwinden	überwänden
ihr	überwindet	überwindet	überwändet
sie	überwinden	überwinden	überwänden

	Imperfect
ich	überwand
du	überwandest
er	überwand
wir	überwanden
ihr	überwandet
sie	überwanden

			Past Time	
	Perfect		*(Perf. Subj.)*	*(Pluperf. Subj.)*
ich	habe überwunden		habe überwunden	hätte überwunden
du	hast überwunden		habest überwunden	hättest überwunden
er	hat überwunden		habe überwunden	hätte überwunden
wir	haben überwunden		haben überwunden	hätten überwunden
ihr	habt überwunden		habet überwunden	hättet überwunden
sie	haben überwunden		haben überwunden	hätten überwunden

	Pluperfect
ich	hatte überwunden
du	hattest überwunden
er	hatte überwunden
wir	hatten überwunden
ihr	hattet überwunden
sie	hatten überwunden

		Future Time	
	Future	*(Fut. Subj.)*	*(Pres. Conditional)*
ich	werde überwinden	werde überwinden	würde überwinden
du	wirst überwinden	werdest überwinden	würdest überwinden
er	wird überwinden	werde überwinden	würde überwinden
wir	werden überwinden	werden überwinden	würden überwinden
ihr	werdet überwinden	werdet überwinden	würdet überwinden
sie	werden überwinden	werden überwinden	würden überwinden

		Future Perfect Time	
	Future Perfect	*(Fut. Perf. Subj.)*	*(Past Conditional)*
ich	werde überwunden haben	werde überwunden haben	würde überwunden haben
du	wirst überwunden haben	werdest überwunden haben	würdest überwunden haben
er	wird überwunden haben	werde überwunden haben	würde überwunden haben
wir	werden überwunden haben	werden überwunden haben	würden überwunden haben
ihr	werdet überwunden haben	werdet überwunden haben	würdet überwunden haben
sie	werden überwunden haben	werden überwunden haben	würden überwunden haben

PRINC. PARTS: unterbrechen, unterbrach, unterbrochen, **unterbrechen**
unterbricht
IMPERATIVE: unterbrich!, unterbrecht!, unterbrechen Sie!   *to interrupt*

INDICATIVE	SUBJUNCTIVE	
	PRIMARY	SECONDARY

Present Time

	Present	*(Pres. Subj.)*	*(Imperf. Subj.)*
ich	unterbreche	unterbreche	unterbräche
du	unterbrichst	unterbrechest	unterbrächest
er	unterbricht	unterbreche	unterbräche
wir	unterbrechen	unterbrechen	unterbrächen
ihr	unterbrecht	unterbrechet	unterbrächet
sie	unterbrechen	unterbrechen	unterbrächen

	Imperfect
ich	unterbrach
du	unterbrachst
er	unterbrach
wir	unterbrachen
ihr	unterbracht
sie	unterbrachen

Past Time

	Perfect	*(Perf. Subj.)*	*(Pluperf. Subj.)*
ich	habe unterbrochen	habe unterbrochen	hätte unterbrochen
du	hast unterbrochen	habest unterbrochen	hättest unterbrochen
er	hat unterbrochen	habe unterbrochen	hätte unterbrochen
wir	haben unterbrochen	haben unterbrochen	hätten unterbrochen
ihr	habt unterbrochen	habet unterbrochen	hättet unterbrochen
sie	haben unterbrochen	haben unterbrochen	hätten unterbrochen

	Pluperfect
ich	hatte unterbrochen
du	hattest unterbrochen
er	hatte unterbrochen
wir	hatten unterbrochen
ihr	hattet unterbrochen
sie	hatten unterbrochen

Future Time

	Future	*(Fut. Subj.)*	*(Pres. Conditional)*
ich	werde unterbrechen	werde unterbrechen	würde unterbrechen
du	wirst unterbrechen	werdest unterbrechen	würdest unterbrechen
er	wird unterbrechen	werde unterbrechen	würde unterbrechen
wir	werden unterbrechen	werden unterbrechen	würden unterbrechen
ihr	werdet unterbrechen	werdet unterbrechen	würdet unterbrechen
sie	werden unterbrechen	werden unterbrechen	würden unterbrechen

Future Perfect Time

	Future Perfect	*(Fut. Perf. Subj.)*	*(Past Conditional)*
ich	werde unterbrochen haben	werde unterbrochen haben	würde unterbrochen haben
du	wirst unterbrochen haben	werdest unterbrochen haben	würdest unterbrochen haben
er	wird unterbrochen haben	werde unterbrochen haben	würde unterbrochen haben
wir	werden unterbrochen haben	werden unterbrochen haben	würden unterbrochen haben
ihr	werdet unterbrochen haben	werdet unterbrochen haben	würdet unterbrochen haben
sie	werden unterbrochen haben	werden unterbrochen haben	würden unterbrochen haben

179

verderben

to ruin, spoil, perish

PRINC. PARTS: verderben, verdarb, verdorben, verdirbt
IMPERATIVE: verdirb!, verderbt!, verderben Sie!

INDICATIVE	SUBJUNCTIVE	
	PRIMARY	SECONDARY

Present Time

	Present	*(Pres. Subj.)*	*(Imperf. Subj.)*
ich	verderbe	verderbe	verdürbe
du	verdirbst	verderbest	verdürbest
er	verdirbt	verderbe	verdürbe
wir	verderben	verderben	verdürben
ihr	verderbt	verderbet	verdürbet
sie	verderben	verderben	verdürben

	Imperfect
ich	verdarb
du	verdarbst
er	verdarb
wir	verdarben
ihr	verdarbt
sie	verdarben

Past Time

	Perfect	*(Perf. Subj.)*	*(Pluperf. Subj.)*
ich	habe verdorben	habe verdorben	hätte verdorben
du	hast verdorben	habest verdorben	hättest verdorben
er	hat verdorben	habe verdorben	hätte verdorben
wir	haben verdorben	haben verdorben	hätten verdorben
ihr	habt verdorben	habet verdorben	hättet verdorben
sie	haben verdorben	haben verdorben	hätten verdorben

	Pluperfect
ich	hatte verdorben
du	hattest verdorben
er	hatte verdorben
wir	hatten verdorben
ihr	hattet verdorben
sie	hatten verdorben

Future Time

	Future	*(Fut. Subj.)*	*(Pres. Conditional)*
ich	werde verderben	werde verderben	würde verderben
du	wirst verderben	werdest verderben	würdest verderben
er	wird verderben	werde verderben	würde verderben
wir	werden verderben	werden verderben	würden verderben
ihr	werdet verderben	werdet verderben	würdet verderben
sie	werden verderben	werden verderben	würden verderben

Future Perfect Time

	Future Perfect	*(Fut. Perf. Subj.)*	*(Past Conditional)*
ich	werde verdorben haben	werde verdorben haben	würde verdorben haben
du	wirst verdorben haben	werdest verdorben haben	würdest verdorben haben
er	wird verdorben haben	werde verdorben haben	würde verdorben haben
wir	werden verdorben haben	werden verdorben haben	würden verdorben haben
ihr	werdet verdorben haben	werdet verdorben haben	würdet verdorben haben
sie	werden verdorben haben	werden verdorben haben	würden verdorben haben

verdrießen

PRINC. PARTS: verdrießen, verdroß, verdrossen, verdrießt
IMPERATIVE: verdrieße!, verdrießt!, verdrießen Sie!

to annoy, vex,
displease, grieve

INDICATIVE	SUBJUNCTIVE	
	PRIMARY	SECONDARY
	Present Time	
Present	(*Pres. Subj.*)	(*Imperf. Subj.*)
ich verdrieße	verdrieße	verdrösse
du verdrießt	verdrießest	verdrössest
er verdrießt	verdrieße	verdrösse
wir verdrießen	verdrießen	verdrössen
ihr verdrießt	verdrießet	verdrösset
sie verdrießen	verdrießen	verdrössen

Imperfect
ich verdroß
du verdrossest
er verdroß
wir verdrossen
ihr verdroßt
sie verdrossen

	Past Time	
Perfect	(*Perf. Subj.*)	(*Pluperf. Subj.*)
ich habe verdrossen	habe verdrossen	hätte verdrossen
du hast verdrossen	habest verdrossen	hättest verdrossen
er hat verdrossen	habe verdrossen	hätte verdrossen
wir haben verdrossen	haben verdrossen	hätten verdrossen
ihr habt verdrossen	habet verdrossen	hättet verdrossen
sie haben verdrossen	haben verdrossen	hätten verdrossen

Pluperfect
ich hatte verdrossen
du hattest verdrossen
er hatte verdrossen
wir hatten verdrossen
ihr hattet verdrossen
sie hatten verdrossen

	Future Time	
Future	(*Fut. Subj.*)	(*Pres. Conditional*)
ich werde verdrießen	werde verdrießen	würde verdrießen
du wirst verdrießen	werdest verdrießen	würdest verdrießen
er wird verdrießen	werde verdrießen	würde verdrießen
wir werden verdrießen	werden verdrießen	würden verdrießen
ihr werdet verdrießen	werdet verdrießen	würdet verdrießen
sie werden verdrießen	werden verdrießen	würden verdrießen

	Future Perfect Time	
Future Perfect	(*Fut. Perf. Subj.*)	(*Past Conditional*)
ich werde verdrossen haben	werde verdrossen haben	würde verdrossen haben
du wirst verdrossen haben	werdest verdrossen haben	würdest verdrossen haben
er wird verdrossen haben	werde verdrossen haben	würde verdrossen haben
wir werden verdrossen haben	werden verdrossen haben	würden verdrossen haben
ihr werdet verdrossen haben	werdet verdrossen haben	würdet verdrossen haben
sie werden verdrossen haben	werden verdrossen haben	würden verdrossen haben

181

vergessen

to forget, neglect

PRINC. PARTS: vergessen, vergaß, vergessen, vergißt
IMPERATIVE: vergiß!, vergeßt!, vergessen Sie!

	INDICATIVE		SUBJUNCTIVE	
			PRIMARY	SECONDARY
			Present Time	
	Present		*(Pres. Subj.)*	*(Imperf. Subj.)*
ich	vergesse		vergesse	vergäße
du	vergißt		vergessest	vergäßest
er	vergißt		vergesse	vergäße
wir	vergessen		vergessen	vergäßen
ihr	vergeßt		vergesset	vergäßet
sie	vergessen		vergessen	vergäßen

	Imperfect
ich	vergaß
du	vergaßest
er	vergaß
wir	vergaßen
ihr	vergaßt
sie	vergaßen

				Past Time	
	Perfect		*(Perf. Subj.)*	*(Pluperf. Subj.)*
ich	habe vergessen		habe vergessen	hätte vergessen
du	hast vergessen		habest vergessen	hättest vergessen
er	hat vergessen		habe vergessen	hätte vergessen
wir	haben vergessen		haben vergessen	hätten vergessen
ihr	habt vergessen		habet vergessen	hättet vergessen
sie	haben vergessen		haben vergessen	hätten vergessen

	Pluperfect
ich	hatte vergessen
du	hattest vergessen
er	hatte vergessen
wir	hatten vergessen
ihr	hattet vergessen
sie	hatten vergessen

			Future Time	
	Future		*(Fut. Subj.)*	*(Pres. Conditional)*
ich	werde vergessen		werde vergessen	würde vergessen
du	wirst vergessen		werdest vergessen	würdest vergessen
er	wird vergessen		werde vergessen	würde vergessen
wir	werden vergessen		werden vergessen	würden vergessen
ihr	werdet vergessen		werdet vergessen	würdet vergessen
sie	werden vergessen		werden vergessen	würden vergessen

			Future Perfect Time	
	Future Perfect		*(Fut. Perf. Subj.)*	*(Past Conditional)*
ich	werde vergessen haben		werde vergessen haben	würde vergessen haben
du	wirst vergessen haben		werdest vergessen haben	würdest vergessen haben
er	wird vergessen haben		werde vergessen haben	würde vergessen haben
wir	werden vergessen haben		werden vergessen haben	würden vergessen haben
ihr	werdet vergessen haben		werdet vergessen haben	würdet vergessen haben
sie	werden vergessen haben		werden vergessen haben	würden vergessen haben

PRINC. PARTS: verlieren, verlor, verloren, verliert
IMPERATIVE: verliere!, verliert!, verlieren Sie!

verlieren

to lose

INDICATIVE		SUBJUNCTIVE	
		PRIMARY	SECONDARY
		Present Time	
	Present	*(Pres. Subj.)*	*(Imperf. Subj.)*
ich	verliere	verliere	verlöre
du	verlierst	verlierest	verlörest
er	verliert	verliere	verlöre
wir	verlieren	verlieren	verlören
ihr	verliert	verlieret	verlöret
sie	verlicren	verlieren	verlören

	Imperfect
ich	verlor
du	verlorst
er	verlor
wir	verloren
ihr	verlort
sie	verloren

			Past Time	
	Perfect	*(Perf. Subj.)*	*(Pluperf. Subj.)*
ich	habe verloren	habe verloren	hätte verloren
du	hast verloren	habest verloren	hättest verloren
er	hat verloren	habe verloren	hätte verloren
wir	haben verloren	haben verloren	hätten verloren
ihr	habt verloren	habet verloren	hättet verloren
sie	haben verloren	haben verloren	hätten verloren

	Pluperfect
ich	hatte verloren
du	hattest verloren
er	hatte verloren
wir	hatten verloren
ihr	hattet verloren
sie	hatten verloren

			Future Time	
	Future	*(Fut. Subj.)*	*(Pres. Conditional)*
ich	werde verlieren	werde verlieren	würde verlieren
du	wirst verlieren	werdest verlieren	würdest verlieren
er	wird verlieren	werde verlieren	würde verlieren
wir	werden verlieren	werden verlieren	würden verlieren
ihr	werdet verlieren	werdet verlieren	würdet verlieren
sie	werden verlieren	werden verlieren	würden verlieren

			Future Perfect Time	
	Future Perfect	*(Fut. Perf. Subj.)*	*(Past Conditional)*
ich	werde verloren haben	werde verloren haben	würde verloren haben
du	wirst verloren haben	werdest verloren haben	würdest verloren haben
er	wird verloren haben	werde verloren haben	würde verloren haben
wir	werden verloren haben	werden verloren haben	würden verloren haben
ihr	werdet verloren haben	werdet verloren haben	würdet verloren haben
sie	werden verloren haben	werden verloren haben	würden verloren haben

183

verstehen
to understand

PRINC. PARTS: verstehen, verstand, verstanden, versteht
IMPERATIVE: verstehe!, versteht!, verstehen Sie!

	INDICATIVE		SUBJUNCTIVE		
			PRIMARY		SECONDARY
				Present Time	
	Present		*(Pres. Subj.)*		*(Imperf. Subj.)*
ich	verstehe		verstehe	verstände	verstünde
du	verstehst		verstehest	verständest	verstündest
er	versteht		verstehe	verstände	verstünde
wir	verstehen		verstehen	verständen	*or* verstünden
ihr	versteht		verstehet	verständet	verstündet
sie	verstehen		verstehen	verständen	verstünden

	Imperfect
ich	verstand
du	verstandest
er	verstand
wir	verstanden
ihr	verstandet
sie	verstanden

				Past Time	
	Perfect		*(Perf. Subj.)*		*(Pluperf. Subj.)*
ich	habe verstanden		habe verstanden		hätte verstanden
du	hast verstanden		habest verstanden		hättest verstanden
er	hat verstanden		habe verstanden		hätte verstanden
wir	haben verstanden		haben verstanden		hätten verstanden
ihr	habt verstanden		habet verstanden		hättet verstanden
sie	haben verstanden		haben verstanden		hätten verstanden

	Pluperfect
ich	hatte verstanden
du	hattest verstanden
er	hatte verstanden
wir	hatten verstanden
ihr	hattet verstanden
sie	hatten verstanden

				Future Time	
	Future		*(Fut. Subj.)*		*(Pres. Conditional)*
ich	werde verstehen		werde verstehen		würde verstehen
du	wirst verstehen		werdest verstehen		würdest verstehen
er	wird verstehen		werde verstehen		würde verstehen
wir	werden verstehen		werden verstehen		würden verstehen
ihr	werdet verstehen		werdet verstehen		würdet verstehen
sie	werden verstehen		werden verstehen		würden verstehen

				Future Perfect Time	
	Future Perfect		*(Fut. Perf. Subj.)*		*(Past Conditional)*
ich	werde verstanden haben		werde verstanden haben		würde verstanden haben
du	wirst verstanden haben		werdest verstanden haben		würdest verstanden haben
er	wird verstanden haben		werde verstanden haben		würde verstanden haben
wir	werden verstanden haben		werden verstanden haben		würden verstanden haben
ihr	werdet verstanden haben		werdet verstanden haben		würdet verstanden haben
sie	werden verstanden haben		werden verstanden haben		würden verstanden haben

PRINC. PARTS: verzeihen, verzieh, verziehen,
verzeiht
IMPERATIVE: verzeihe!, verzeiht!, verzeihen Sie!

verzeihen

to pardon, forgive, excuse

INDICATIVE	SUBJUNCTIVE	
	PRIMARY	SECONDARY

Present Time

	Present	*(Pres. Subj.)*	*(Imperf. Subj.)*
ich	verzeihe	verzeihe	verziehe
du	verzeihst	verzeihest	verziehest
er	verzeiht	verzeihe	verziehe
wir	verzeihen	verzeihen	verziehen
ihr	verzeiht	verzeihet	verziehet
sie	verzeihen	verzeihen	verziehen

	Imperfect
ich	verzieh
du	verziehst
er	verzieh
wir	verziehen
ihr	verzieht
sie	verziehen

Past Time

	Perfect	*(Perf. Subj.)*	*(Pluperf. Subj.)*
ich	habe verziehen	habe verziehen	hätte verziehen
du	hast verziehen	habest verziehen	hättest verziehen
er	hat verziehen	habe verziehen	hätte verziehen
wir	haben verziehen	haben verziehen	hätten verziehen
ihr	habt verziehen	habet verziehen	hättet verziehen
sie	haben verziehen	haben verziehen	hätten verziehen

	Pluperfect
ich	hatte verziehen
du	hattest verziehen
er	hatte verziehen
wir	hatten verziehen
ihr	hattet verziehen
sie	hatten verziehen

Future Time

	Future	*(Fut. Subj.)*	*(Pres. Conditional)*
ich	werde verzeihen	werde verzeihen	würde verzeihen
du	wirst verzeihen	werdest verzeihen	würdest verzeihen
er	wird verzeihen	werde verzeihen	würde verzeihen
wir	werden verzeihen	werden verzeihen	würden verzeihen
ihr	werdet verzeihen	werdet verzeihen	würdet verzeihen
sie	werden verzeihen	werden verzeihen	würden verzeihen

Future Perfect Time

	Future Perfect	*(Fut. Perf. Subj.)*	*(Past Conditional)*
ich	werde verziehen haben	werde verziehen haben	würde verziehen haben
du	wirst verziehen haben	werdest verziehen haben	würdest verziehen haben
er	wird verziehen haben	werde verziehen haben	würde verziehen haben
wir	werden verziehen haben	werden verziehen haben	würden verziehen haben
ihr	werdet verziehen haben	werdet verziehen haben	würdet verziehen haben
sie	werden verziehen haben	werden verziehen haben	würden verziehen haben

wachsen
to grow

PRINC. PARTS: wachsen, wuchs, ist gewachsen, wächst
IMPERATIVE: wachse!, wachst!, wachsen Sie!

	INDICATIVE	SUBJUNCTIVE	
		PRIMARY	SECONDARY
		Present Time	
	Present	*(Pres. Subj.)*	*(Imperf. Subj.)*
ich	wachse	wachse	wüchse
du	wächst	wachsest	wüchsest
er	wächst	wachse	wüchse
wir	wachsen	wachsen	wüchsen
ihr	wachst	wachset	wüchset
sie	wachsen	wachsen	wüchsen

	Imperfect
ich	wuchs
du	wuchsest
er	wuchs
wir	wuchsen
ihr	wuchst
sie	wuchsen

			Past Time	
	Perfect	*(Perf. Subj.)*	*(Pluperf. Subj.)*
ich	bin gewachsen	sei gewachsen	wäre gewachsen
du	bist gewachsen	seiest gewachsen	wärest gewachsen
er	ist gewachsen	sei gewachsen	wäre gewachsen
wir	sind gewachsen	seien gewachsen	wären gewachsen
ihr	seid gewachsen	seiet gewachsen	wäret gewachsen
sie	sind gewachsen	seien gewachsen	wären gewachsen

	Pluperfect
ich	war gewachsen
du	warst gewachsen
er	war gewachsen
wir	waren gewachsen
ihr	wart gewachsen
sie	waren gewachsen

			Future Time	
	Future	*(Fut. Subj.)*	*(Pres. Conditional)*
ich	werde wachsen	werde wachsen	würde wachsen
du	wirst wachsen	werdest wachsen	würdest wachsen
er	wird wachsen	werde wachsen	würde wachsen
wir	werden wachsen	werden wachsen	würden wachsen
ihr	werdet wachsen	werdet wachsen	würdet wachsen
sie	werden wachsen	werden wachsen	würden wachsen

			Future Perfect Time	
	Future Perfect	*(Fut. Perf. Subj.)*	*(Past Conditional)*
ich	werde gewachsen sein	werde gewachsen sein	würde gewachsen sein
du	wirst gewachsen sein	werdest gewachsen sein	würdest gewachsen sein
er	wird gewachsen sein	werde gewachsen sein	würde gewachsen sein
wir	werden gewachsen sein	werden gewachsen sein	würden gewachsen sein
ihr	werdet gewachsen sein	werdet gewachsen sein	würdet gewachsen sein
sie	werden gewachsen sein	werden gewachsen sein	würden gewachsen sein

PRINC. PARTS: waschen, wusch, gewaschen, wäscht
IMPERATIVE: wasche!, wascht!, waschen Sie!

INDICATIVE		SUBJUNCTIVE	
		PRIMARY	SECONDARY
		Present Time	
	Present	(*Pres. Subj.*)	(*Imperf. Subj.*)
ich	wasche	wasche	wüsche
du	wäschst	waschest	wüschest
er	wäscht	wasche	wüsche
wir	waschen	waschen	wüschen
ihr	wascht	waschet	wüschet
sie	waschen	waschen	wüschen
	Imperfect		
ich	wusch		
du	wuschest		
er	wusch		
wir	wuschen		
ihr	wuscht		
sie	wuschen	*Past Time*	
	Perfect	(*Perf. Subj.*)	(*Pluperf. Subj.*)
ich	habe gewaschen	habe gewaschen	hätte gewaschen
du	hast gewaschen	habest gewaschen	hättest gewaschen
er	hat gewaschen	habe gewaschen	hätte gewaschen
wir	haben gewaschen	haben gewaschen	hätten gewaschen
ihr	habt gewaschen	habet gewaschen	hättet gewaschen
sie	haben gewaschen	haben gewaschen	hätten gewaschen
	Pluperfect		
ich	hatte gewaschen		
du	hattest gewaschen		
er	hatte gewaschen		
wir	hatten gewaschen		
ihr	hattet gewaschen		
sie	hatten gewaschen		
		Future Time	
	Future	(*Fut. Subj.*)	(*Pres. Conditional*)
ich	werde waschen	werde gewaschen	würde gewaschen
du	wirst waschen	werdest gewaschen	würdest gewaschen
er	wird waschen	werde gewaschen	würde gewaschen
wir	werden waschen	werden gewaschen	würden gewaschen
ihr	werdet waschen	werdet gewaschen	würdet gewaschen
sie	werden waschen	werden gewaschen	würden gewaschen
		Future Perfect Time	
	Future Perfect	(*Fut. Perf. Subj.*)	(*Past Conditional*)
ich	werde gewaschen haben	werde gewaschen haben	würde gewaschen haben
du	wirst gewaschen haben	werdest gewaschen haben	würdest gewaschen haben
er	wird gewaschen haben	werde gewaschen haben	würde gewaschen haben
wir	werden gewaschen haben	werden gewaschen haben	würden gewaschen haben
ihr	werdet gewaschen haben	werdet gewaschen haben	würdet gewaschen haben
sie	werden gewaschen haben	werden gewaschen haben	würden gewaschen haben

187

weichen
to yield, give way

PRINC. PARTS: weichen, wich, ist gewichen, weicht
IMPERATIVE: weiche!, weicht!, weichen Sie!

INDICATIVE	SUBJUNCTIVE	
	PRIMARY	SECONDARY
	Present Time	
Present	*(Pres. Subj.)*	*(Imperf. Subj.)*
ich weiche	weiche	wiche
du weichst	weichest	wichest
er weicht	weiche	wiche
wir weichen	weichen	wichen
ihr weicht	weichet	wichet
sie weichen	weichen	wichen

Imperfect
ich wich
du wichst
er wich
wir wichen
ihr wicht
sie wichen

	Past Time	
Perfect	*(Perf. Subj.)*	*(Pluperf. Subj.)*
ich bin gewichen	sei gewichen	wäre gewichen
du bist gewichen	seiest gewichen	wärest gewichen
er ist gewichen	sei gewichen	wäre gewichen
wir sind gewichen	seien gewichen	wären gewichen
ihr seid gewichen	seiet gewichen	wäret gewichen
sie sind gewichen	seien gewichen	wären gewichen

Pluperfect
ich war gewichen
du warst gewichen
er war gewichen
wir waren gewichen
ihr wart gewichen
sie waren gewichen

	Future Time	
Future	*(Fut. Subj.)*	*(Pres. Conditional)*
ich werde weichen	werde weichen	würde weichen
du wirst weichen	werdest weichen	würdest weichen
er wird weichen	werde weichen	würde weichen
wir werden weichen	werden weichen	würden weichen
ihr werdet weichen	werdet weichen	würdet weichen
sie werden weichen	werden weichen	würden weichen

	Future Perfect Time	
Future Perfect	*(Fut. Perf. Subj.)*	*(Past Conditional)*
ich werde gewichen sein	werde gewichen sein	würde gewichen sein
du wirst gewichen sein	werdest gewichen sein	würdest gewichen sein
er wird gewichen sein	werde gewichen sein	würde gewichen sein
wir werden gewichen sein	werden gewichen sein	würden gewichen sein
ihr werdet gewichen sein	werdet gewichen sein	würdet gewichen sein
sie werden gewichen sein	werden gewichen sein	würden gewichen sein

PRINC. PARTS: weisen, wies, gewiesen, weist
IMPERATIVE: weise!, weist!, weisen Sie!

to point out, show

INDICATIVE		SUBJUNCTIVE	
		PRIMARY	SECONDARY
		Present Time	
	Present	*(Pres. Subj.)*	*(Imperf. Subj.)*
ich	weise	weise	wiese
du	weist	weisest	wiesest
er	weist	weise	wiese
wir	weisen	weisen	wiesen
ihr	weist	weiset	wieset
sie	weisen	weisen	wiesen

	Imperfect
ich	wies
du	wiesest
er	wies
wir	wiesen
ihr	wiest
sie	wiesen

			Past Time	
	Perfect	*(Perf. Subj.)*	*(Pluperf. Subj.)*
ich	habe gewiesen	habe gewiesen	hätte gewiesen
du	hast gewiesen	habest gewiesen	hättest gewiesen
er	hat gewiesen	habe gewiesen	hätte gewiesen
wir	haben gewiesen	haben gewiesen	hätten gewiesen
ihr	habt gewiesen	habet gewiesen	hättet gewiesen
sie	haben gewiesen	haben gewiesen	hätten gewiesen

	Pluperfect
ich	hatte gewiesen
du	hattest gewiesen
er	hatte gewiesen
wir	hatten gewiesen
ihr	hattet gewiesen
sie	hatten gewiesen

			Future Time	
	Future	*(Fut. Subj.)*	*(Pres. Conditional)*
ich	werde weisen	werde weisen	würde weisen
du	wirst weisen	werdest weisen	würdest weisen
er	wird weisen	werde weisen	würde weisen
wir	werden weisen	werden weisen	würden weisen
ihr	werdet weisen	werdet weisen	würdet weisen
sie	werden weisen	werden weisen	würden weisen

			Future Perfect Time	
	Future Perfect	*(Fut. Perf. Subj.)*	*(Past Conditional)*
ich	werde gewiesen haben	werde gewiesen haben	würde gewiesen haben
du	wirst gewiesen haben	werdest gewiesen haben	würdest gewiesen haben
er	wird gewiesen haben	werde gewiesen haben	würde gewiesen haben
wir	werden gewiesen haben	werden gewiesen haben	würden gewiesen haben
ihr	werdet gewiesen haben	werdet gewiesen haben	würdet gewiesen haben
sie	werden gewiesen haben	werden gewiesen haben	würden gewiesen haben

wenden

to turn

PRINC. PARTS: wenden,* wandte, gewandt, wendet
IMPERATIVE: wende!, wendet!, wenden Sie!

	INDICATIVE		SUBJUNCTIVE	
			PRIMARY	SECONDARY
			Present Time	
	Present		*(Pres. Subj.)*	*(Imperf. Subj.)*
ich	wende		wende	wendete
du	wendest		wendest	wendetest
er	wendet		wende	wendete
wir	wenden		wenden	wendeten
ihr	wendet		wendet	wendetet
sie	wenden		wenden	wendeten

	Imperfect
ich	wandte
du	wandtest
er	wandte
wir	wandten
ihr	wandtet
sie	wandten

				Past Time	
	Perfect		*(Perf. Subj.)*		*(Pluperf. Subj.)*
ich	habe gewandt		habe gewandt		hätte gewandt
du	hast gewandt		habest gewandt		hättest gewandt
er	hat gewandt		habe gewandt		hätte gewandt
wir	haben gewandt		haben gewandt		hätten gewandt
ihr	habt gewandt		habet gewandt		hättet gewandt
sie	haben gewandt		haben gewandt		hätten gewandt

	Pluperfect
ich	hatte gewandt
du	hattest gewandt
er	hatte gewandt
wir	hatten gewandt
ihr	hattet gewandt
sie	hatten gewandt

				Future Time	
	Future		*(Fut. Subj.)*		*(Pres. Conditional)*
ich	werde wenden		werde wenden		würde wenden
du	wirst wenden		werdest wenden		würdest wenden
er	wird wenden		werde wenden		würde wenden
wir	werden wenden		werden wenden		würden wenden
ihr	werdet wenden		werdet wenden		würdet wenden
sie	werden wenden		werden wenden		würden wenden

				Future Perfect Time	
	Future Perfect		*(Fut. Perf. Subj.)*		*(Past Conditional)*
ich	werde gewandt haben		werde gewandt haben		würde gewandt haben
du	wirst gewandt haben		werdest gewandt haben		würdest gewandt haben
er	wird gewandt haben		werde gewandt haben		würde gewandt haben
wir	werden gewandt haben		werden gewandt haben		würden gewandt haben
ihr	werdet gewandt haben		werdet gewandt haben		würdet gewandt haben
sie	werden gewandt haben		werden gewandt haben		würden gewandt haben

* The weak forms of the past tense **wendete**, and of the past participle **gewendet** are also found.

PRINC. PARTS: werben, warb, geworben, wirbt
IMPERATIVE: wirb!, werbt!, werben Sie!

to recruit, woo, court, solicit

	INDICATIVE		SUBJUNCTIVE	
			PRIMARY	SECONDARY
			Present Time	
	Present		(*Pres. Subj.*)	(*Imperf. Subj.*)
ich	werbe		werbe	würbe
du	wirbst		werbest	würbest
er	wirbt		werbe	würbe
wir	werben		werben	würben
ihr	werbt		werbet	würbet
sie	werben		werben	würben

	Imperfect
ich	warb
du	warbst
er	warb
wir	warben
ihr	warbt
sie	warben

				Past Time	
	Perfect		(*Perf. Subj.*)	(*Pluperf. Subj.*)
ich	habe geworben		habe geworben	hätte geworben
du	hast geworben		habest geworben	hättest geworben
er	hat geworben		habe geworben	hätte geworben
wir	haben geworben		haben geworben	hätten geworben
ihr	habt geworben		habet geworben	hättet geworben
sie	haben geworben		haben geworben	hätten geworben

	Pluperfect
ich	hatte geworben
du	hattest geworben
er	hatte geworben
wir	hatten geworben
ihr	hattet geworben
sie	hatten geworben

		Future Time	
	Future	(*Fut. Subj.*)	(*Pres. Conditional*)
ich	werde werben	werde werben	würde werben
du	wirst werben	werdest werben	würdest werben
er	wird werben	werde werben	würde werben
wir	werden werben	werden werben	würden werben
ihr	werdet werben	werdet werben	würdet werben
sie	werden werben	werden werben	würden werben

		Future Perfect Time	
	Future Perfect	(*Fut. Perf. Subj.*)	(*Past Conditional*)
ich	werde geworben haben	werde geworben haben	würde geworben haben
du	wirst geworben haben	werdest geworben haben	würdest geworben haben
er	wird geworben haben	werde geworben haben	würde geworben haben
wir	werden geworben haben	werden geworben haben	würden geworben haben
ihr	werdet geworben haben	werdet geworben haben	würdet geworben haben
sie	werden geworben haben	werden geworben haben	würden geworben haben

werden

to become, shall or will†, be††

PRINC. PARTS: werden, wurde*, ist
geworden**, wird
IMPERATIVE: werde!, werdet!, werden Sie!

	INDICATIVE		SUBJUNCTIVE	
		PRIMARY		SECONDARY
			Present Time	
	Present	*(Pres. Subj.)*		*(Imperf. Subj.)*
ich	werde	werde		würde
du	wirst	werdest		würdest
er	wird	werde		würde
wir	werden	werden		würden
ihr	werdet	werdet		würdet
sie	werden	werden		würden

	Imperfect
ich	wurde
du	wurdest
er	wurde
wir	wurden
ihr	wurdet
sie	wurden

			Past Time	
	Perfect	*(Perf. Subj.)*		*(Pluperf. Subj.)*
ich	bin geworden	sei geworden		wäre geworden
du	bist geworden	seiest geworden		wärest geworden
er	ist geworden	sei geworden		wäre geworden
wir	sind geworden	seien geworden		wären geworden
ihr	seid geworden	seiet geworden		wäret geworden
sie	sind geworden	seien geworden		wären geworden

	Pluperfect
ich	war geworden
du	warst geworden
er	war geworden
wir	waren geworden
ihr	wart geworden
sie	waren geworden

			Future Time	
	Future	*(Fut. Subj.)*		*(Pres. Conditional)*
ich	werde werden	werde werden		würde werden
du	wirst werden	werdest werden		würdest werden
er	wird werden	werde werden		würde werden
wir	werden werden	werden werden		würden werden
ihr	werdet werden	werdet werden		würdet werden
sie	werden werden	werden werden		würden werden

			Future Perfect Time	
	Future Perfect	*(Fut. Perf. Subj.)*		*(Past Conditional)*
ich	werde geworden sein	werde geworden sein		würde geworden sein
du	wirst geworden sein	werdest geworden sein		würdest geworden sein
er	wird geworden sein	werde geworden sein		würde geworden sein
wir	werden geworden sein	werden geworden sein		würden geworden sein
ihr	werdet geworden sein	werdet geworden sein		würdet geworden sein
sie	werden geworden sein	werden geworden sein		würden geworden sein

* The past tense form **ward** is sometimes found in poetry.
** In the perfect tenses of the passive voice, the past participle is shortened to **worden** after another past participle.
† When present tense is used as auxiliary in the future.
†† When used as the auxiliary in the passive voice.

PRINC. PARTS: werfen, warf, geworfen, wirft
IMPERATIVE: wirf!, werft!, werfen Sie!

throw, hurl, fling

INDICATIVE	SUBJUNCTIVE	
	PRIMARY	SECONDARY

Present Time

	Present	*(Pres. Subj.)*	*(Imperf. Subj.)*
ich	werfe	werfe	würfe
du	wirfst	werfest	würfest
er	wirft	werfe	würfe
wir	werfen	werfen	würfen
ihr	werft	werfet	würfet
sie	werfen	werfen	würfen

	Imperfect
ich	warf
du	warfst
er	warf
wir	warfen
ihr	warft
sie	warfen

Past Time

	Perfect	*(Perf. Subj.)*	*(Pluperf. Subj.)*
ich	habe geworfen	habe geworfen	hätte geworfen
du	hast geworfen	habest geworfen	hättest geworfen
er	hat geworfen	habe geworfen	hätte geworfen
wir	haben geworfen	haben geworfen	hätten geworfen
ihr	habt geworfen	habet geworfen	hättet geworfen
sie	haben geworfen	haben geworfen	hätten geworfen

	Pluperfect
ich	hatte geworfen
du	hattest geworfen
er	hatte geworfen
wir	hatten geworfen
ihr	hattet geworfen
sie	hatten geworfen

Future Time

	Future	*(Fut. Subj.)*	*(Pres. Conditional)*
ich	werde werfen	werde werfen	würde werfen
du	wirst werfen	werdest werfen	würdest werfen
er	wird werfen	werde werfen	würde werfen
wir	werden werfen	werden werfen	würden werfen
ihr	werdet werfen	werdet werfen	würdet werfen
sie	werden werfen	werden werfen	würden werfen

Future Perfect Time

	Future Perfect	*(Fut. Perf. Subj.)*	*(Past Conditional)*
ich	werde geworfen haben	werde geworfen haben	würde geworfen haben
du	wirst geworfen haben	werdest geworfen haben	würdest geworfen haben
er	wird geworfen haben	werde geworfen haben	würde geworfen haben
wir	werden geworfen haben	werden geworfen haben	würden geworfen haben
ihr	werdet geworfen haben	werdet geworfen haben	würdet geworfen haben
sie	werden geworfen haben	werden geworfen haben	würden geworfen haben

wiederholen

to repeat

PRINC. PARTS: wiederholen, wiederholte, wiederholt, wiederholt
IMPERATIVE: wiederhole!, wiederholt!, wiederholen Sie!

	INDICATIVE	SUBJUNCTIVE	
		PRIMARY	SECONDARY
		Present Time	
	Present	*(Pres. Subj.)*	*(Imperf. Subj.)*
ich	wiederhole	wiederhole	wiederholte
du	wiederholst	wiederholest	wiederholtest
er	wiederholt	wiederhole	wiederholte
wir	wiederholen	wiederholen	wiederholten
ihr	wiederholt	wiederholet	wiederholtet
sie	wiederholen	wiederholen	wiederholten

	Imperfect
ich	wiederholte
du	wiederholtest
er	wiederholte
wir	wiederholten
ihr	wiederholtet
sie	wiederholten

			Past Time	
	Perfect	*(Perf. Subj.)*	*(Pluperf. Subj.)*
ich	habe wiederholt	habe wiederholt	hätte wiederholt
du	hast wiederholt	habest wiederholt	hättest wiederholt
er	hat wiederholt	habe wiederholt	hätte wiederholt
wir	haben wiederholt	haben wiederholt	hätten wiederholt
ihr	habt wiederholt	habet wiederholt	hättet wiederholt
sie	haben wiederholt	haben wiederholt	hätten wiederholt

	Pluperfect
ich	hatte wiederholt
du	hattest wiederholt
er	hatte wiederholt
wir	hatten wiederholt
ihr	hattet wiederholt
sie	hatten wiederholt

			Future Time	
	Future	*(Fut. Subj.)*	*(Pres. Conditional)*
ich	werde wiederholen	werde wiederholen	würde wiederholen
du	wirst wiederholen	werdest wiederholen	würdest wiederholen
er	wird wiederholen	werde wiederholen	würde wiederholen
wir	werden wiederholen	werden wiederholen	würden wiederholen
ihr	werdet wiederholen	werdet wiederholen	würdet wiederholen
sie	werden wiederholen	werden wiederholen	würden wiederholen

			Future Perfect Time	
	Future Perfect	*(Fut. Perf. Subj.)*	*(Past Conditional)*
ich	werde wiederholt haben	werde wiederholt haben	würde wiederholt haben
du	wirst wiederholt haben	werdest wiederholt haben	würdest wiederholt haben
er	wird wiederholt haben	werde wiederholt haben	würde wiederholt haben
wir	werden wiederholt haben	werden wiederholt haben	würden wiederholt haben
ihr	werdet wiederholt haben	werdet wiederholt haben	würdet wiederholt haben
sie	werden wiederholt haben	werden wiederholt haben	würden wiederholt haben

PRINC. PARTS: wiederholen, holte wieder,
wiedergeholt, holt wieder
IMPERATIVE: hole wieder!, holt wieder!, holen
Sie wieder!

wiederholen
to bring or fetch back

	INDICATIVE	SUBJUNCTIVE	
		PRIMARY	SECONDARY
		Present Time	
	Present	*(Pres. Subj.)*	*(Imperf. Subj.)*
ich	hole wieder	hole wieder	holte wieder
du	holst wieder	holest wieder	holtest wieder
er	holt wieder	hole wieder	holte wieder
wir	holen wieder	holen wieder	holten wieder
ihr	holt wieder	holet wieder	holtet wieder
sie	holen wieder	holen wieder	holten wieder

	Imperfect
ich	holte wieder
du	holtest wieder
er	holte wieder
wir	holten wieder
ihr	holtet wieder
sie	holten wieder

		Past Time	
	Perfect	*(Perf. Subj.)*	*(Pluperf. Subj.)*
ich	habe wiedergeholt	habe wiedergeholt	hätte wiedergeholt
du	hast wiedergeholt	habest wiedergeholt	hättest wiedergeholt
er	hat wiedergeholt	habe wiedergeholt	hätte wiedergeholt
wir	haben wiedergeholt	haben wiedergeholt	hätten wiedergeholt
ihr	habt wiedergeholt	habet wiedergeholt	hättet wiedergeholt
sie	haben wiedergeholt	haben wiedergeholt	hätten wiedergeholt

	Pluperfect
ich	hatte wiedergeholt
du	hattest wiedergeholt
er	hatte wiedergeholt
wir	hatten wiedergeholt
ihr	hattet wiedergeholt
sie	hatten wiedergeholt

		Future Time	
	Future	*(Fut. Subj.)*	*(Pres. Conditional)*
ich	werde wiederholen	werde wiederholen	würde wiederholen
du	wirst wiederholen	werdest wiederholen	würdest wiederholen
er	wird wiederholen	werde wiederholen	würde wiederholen
wir	werden wiederholen	werden wiederholen	würden wiederholen
ihr	werdet wiederholen	werdet wiederholen	würdet wiederholen
sie	werden wiederholen	werden wiederholen	würden wiederholen

		Future Perfect Time	
	Future Perfect	*(Fut. Perf. Subj.)*	*(Past Conditional)*
ich	werde wiedergeholt haben	werde wiedergeholt haben	würde wiedergeholt haben
du	wirst wiedergeholt haben	werdest wiedergeholt haben	würdest wiedergeholt haben
er	wird wiedergeholt haben	werde wiedergeholt haben	würde wiedergeholt haben
wir	werden wiedergeholt haben	werden wiedergeholt haben	würden wiedergeholt haben
ihr	werdet wiedergeholt haben	werdet wiedergeholt haben	würdet wiedergeholt haben
sie	werden wiedergeholt haben	werden wiedergeholt haben	würden wiedergeholt haben

195

wiegen
to weigh

PRINC. PARTS: wiegen*, wog, gewogen, wiegt
IMPERATIVE: wiege!, wiegt!, wiegen Sie!

	INDICATIVE	SUBJUNCTIVE	
		PRIMARY	SECONDARY
		Present Time	
	Present	*(Pres. Subj.)*	*(Imperf. Subj.)*
ich	wiege	wiege	wöge
du	wiegst	wiegest	wögest
er	wiegt	wiege	wöge
wir	wiegen	wiegen	wögen
ihr	wiegt	wieget	wöget
sie	wiegen	wiegen	wögen

	Imperfect
ich	wog
du	wogst
er	wog
wir	wogen
ihr	wogt
sie	wogen

			Past Time	
	Perfect	*(Perf. Subj.)*	*(Pluperf. Subj.)*
ich	habe gewogen	habe gewogen	hätte gewogen
du	hast gewogen	habest gewogen	hättest gewogen
er	hat gewogen	habe gewogen	hätte gewogen
wir	haben gewogen	haben gewogen	hätten gewogen
ihr	habt gewogen	habet gewogen	hättet gewogen
sie	haben gewogen	haben gewogen	hätten gewogen

	Pluperfect
ich	hatte gewogen
du	hattest gewogen
er	hatte gewogen
wir	hatten gewogen
ihr	hattet gewogen
sie	hatten gewogen

			Future Time	
	Future	*(Fut. Subj.)*	*(Pres. Conditional)*
ich	werde wiegen	werde wiegen	würde wiegen
du	wirst wiegen	werdest wiegen	würdest wiegen
er	wird wiegen	werde wiegen	würde wiegen
wir	werden wiegen	werden wiegen	würden wiegen
ihr	werdet wiegen	werdet wiegen	würdet wiegen
sie	werden wiegen	werden wiegen	würden wiegen

			Future Perfect Time	
	Future Perfect	*(Fut. Perf. Subj.)*	*(Past Conditional)*
ich	werde gewogen haben	werde gewogen haben	würde gewogen haben
du	wirst gewogen haben	werdest gewogen haben	würdest gewogen haben
er	wird gewogen haben	werde gewogen haben	würde gewogen haben
wir	werden gewogen haben	werden gewogen haben	würden gewogen haben
ihr	werdet gewogen haben	werdet gewogen haben	würdet gewogen haben
sie	werden gewogen haben	werden gewogen haben	würden gewogen haben

* **Wiegen** meaning *to rock, sway* is weak. PRINC. PARTS: wiegen, wiegte, gewiegt, wiegt.

PRINC. PARTS: wissen, wußte, gewußt, weiß
IMPERATIVE: wisse!, wißt!, wissen Sie!

to know (a fact)

INDICATIVE		SUBJUNCTIVE	
		PRIMARY	SECONDARY
		Present Time	
	Present	*(Pres. Subj.)*	*(Imperf. Subj.)*
ich	weiß	wisse	wüßte
du	weißt	wissest	wüßtest
er	weiß	wisse	wüßte
wir	wissen	wissen	wüßten
ihr	wißt	wisset	wüßtet
sie	wissen	wissen	wüßten

	Imperfect
ich	wußte
du	wußtest
er	wußte
wir	wußten
ihr	wußtet
sie	wußten

			Past Time	
	Perfect	*(Perf. Subj.)*	*(Pluperf. Subj.)*
ich	habe gewußt	habe gewußt	hätte gewußt
du	hast gewußt	habest gewußt	hättest gewußt
er	hat gewußt	habe gewußt	hätte gewußt
wir	haben gewußt	haben gewußt	hätten gewußt
ihr	habt gewußt	habet gewußt	hättet gewußt
sie	haben gewußt	haben gewußt	hätten gewußt

	Pluperfect
ich	hatte gewußt
du	hattest gewußt
er	hatte gewußt
wir	hatten gewußt
ihr	hattet gewußt
sie	hatten gewußt

			Future Time	
	Future	*(Fut. Subj.)*	*(Pres. Conditional)*
ich	werde wissen	werde wissen	würde wissen
du	wirst wissen	werdest wissen	würdest wissen
er	wird wissen	werde wissen	würde wissen
wir	werden wissen	werden wissen	würden wissen
ihr	werdet wissen	werdet wissen	würdet wissen
sie	werden wissen	werden wissen	würden wissen

			Future Perfect Time	
	Future Perfect	*(Fut. Perf. Subj.)*	*(Past Conditional)*
ich	werde gewußt haben	werde gewußt haben	würde gewußt haben
du	wirst gewußt haben	werdest gewußt haben	würdest gewußt haben
er	wird gewußt haben	werde gewußt haben	würde gewußt haben
wir	werden gewußt haben	werden gewußt haben	würden gewußt haben
ihr	werdet gewußt haben	werdet gewußt haben	würdet gewußt haben
sie	werden gewußt haben	werden gewußt haben	würden gewußt haben

197

wollen

to want, intend

PRINC. PARTS: wollen, wollte, gewollt (wollen when immediately preceded by another infinitive; see sprechen dürfen), will

IMPERATIVE: wolle!, wollt!, wollen Sie!

	INDICATIVE		SUBJUNCTIVE	
		PRIMARY		SECONDARY
	Present	*(Pres. Subj.)*	*Present Time*	*(Imperf. Subj.)*
ich	will	wolle		wollte
du	willst	wollest		wolltest
er	will	wolle		wollte
wir	wollen	wollen		wollten
ihr	wollt	wollet		wolltet
sie	wollen	wollen		wollten

	Imperfect
ich	wollte
du	wolltest
er	wollte
wir	wollten
ihr	wolltet
sie	wollten

	Perfect	*(Perf. Subj.)*	*Past Time*	*(Pluperf. Subj.)*
ich	habe gewollt	habe gewollt		hätte gewollt
du	hast gewollt	habest gewollt		hättest gewollt
er	hat gewollt	habe gewollt		hätte gewollt
wir	haben gewollt	haben gewollt		hätten gewollt
ihr	habt gewollt	habet gewollt		hättet gewollt
sie	haben gewollt	haben gewollt		hätten gewollt

	Pluperfect
ich	hatte gewollt
du	hattest gewollt
er	hatte gewollt
wir	hatten gewollt
ihr	hattet gewollt
sie	hatten gewollt

	Future	*(Fut. Subj.)*	*Future Time*	*(Pres. Conditional)*
ich	werde wollen	werde wollen		würde wollen
du	wirst wollen	werdest wollen		würdest wollen
er	wird wollen	werde wollen		würde wollen
wir	werden wollen	werden wollen		würden wollen
ihr	werdet wollen	werdet wollen		würdet wollen
sie	werden wollen	werden wollen		würden wollen

	Future Perfect	*(Fut. Perf. Subj.)*	*Future Perfect Time*	*(Past Conditional)*
ich	werde gewollt haben	werde gewollt haben		würde gewollt haben
du	wirst gewollt haben	werdest gewollt haben		würdest gewollt haben
er	wird gewollt haben	werde gewollt haben		würde gewollt haben
wir	werden gewollt haben	werden gewollt haben		würden gewollt haben
ihr	werdet gewollt haben	werdet gewollt haben		würdet gewollt haben
sie	werden gewollt haben	werden gewollt haben		würden gewollt haben

PRINC. PARTS: zeigen, zeigte, gezeigt, zeigt
IMPERATIVE: zeige!, zeigt!, zeigen Sie!

to show, indicate, point out

INDICATIVE		SUBJUNCTIVE	
		PRIMARY	SECONDARY
			Present Time
	Present	*(Pres. Subj.)*	*(Imperf. Subj.)*
ich	zeige	zeige	zeigte
du	zeigst	zeigest	zeigtest
er	zeigt	zeige	zeigte
wir	zeigen	zeigen	zeigten
ihr	zeigt	zeiget	zeigtet
sie	zeigen	zeigen	zeigten

	Imperfect
ich	zeigte
du	zeigtest
er	zeigte
wir	zeigten
ihr	zeigtet
sie	zeigten

Past Time

	Perfect	*(Perf. Subj.)*	*(Pluperf. Subj.)*
ich	habe gezeigt	habe gezeigt	hätte gezeigt
du	hast gezeigt	habest gezeigt	hättest gezeigt
er	hat gezeigt	habe gezeigt	hätte gezeigt
wir	haben gezeigt	haben gezeigt	hätten gezeigt
ihr	habt gezeigt	habet gezeigt	hättet gezeigt
sie	haben gezeigt	haben gezeigt	hätten gezeigt

	Pluperfect
ich	hatte gezeigt
du	hattest gezeigt
er	hatte gezeigt
wir	hatten gezeigt
ihr	hattet gezeigt
sie	hatten gezeigt

Future Time

	Future	*(Fut. Subj.)*	*(Pres. Conditional)*
ich	werde zeigen	werde zeigen	würde zeigen
du	wirst zeigen	werdest zeigen	würdest zeigen
er	wird zeigen	werde zeigen	würde zeigen
wir	werden zeigen	werden zeigen	würden zeigen
ihr	werdet zeigen	werdet zeigen	würdet zeigen
sie	werden zeigen	werden zeigen	würden zeigen

Future Perfect Time

	Future Perfect	*(Fut. Perf. Subj.)*	*(Past Conditional)*
ich	werde gezeigt haben	werde gezeigt haben	würde gezeigt haben
du	wirst gezeigt haben	werdest gezeigt haben	würdest gezeigt haben
er	wird gezeigt haben	werde gezeigt haben	würde gezeigt haben
wir	werden gezeigt haben	werden gezeigt haben	würden gezeigt haben
ihr	werdet gezeigt haben	werdet gezeigt haben	würdet gezeigt haben
sie	werden gezeigt haben	werden gezeigt haben	würden gezeigt haben

199

ziehen

to draw, pull, tug, extract,
bring up, move, go

PRINC. PARTS: ziehen, zog, gezogen, zieht
IMPERATIVE: ziehe!, zieht!, ziehen Sie!

	INDICATIVE		SUBJUNCTIVE	
		PRIMARY		SECONDARY
			Present Time	
	Present	*(Pres. Subj.)*		*(Imperf. Subj.)*
ich	ziehe	ziehe		zöge
du	ziehst	ziehest		zögest
er	zieht	ziehe		zöge
wir	ziehen	ziehen		zögen
ihr	zieht	ziehet		zöget
sie	ziehen	ziehen		zögen

	Imperfect
ich	zog
du	zogst
er	zog
wir	zogen
ihr	zogt
sie	zogen

			Past Time	
	Perfect	*(Perf. Subj.)*		*(Pluperf. Subj.)*
ich	habe gezogen	habe gezogen		hätte gezogen
du	hast gezogen	habest gezogen		hättest gezogen
er	hat gezogen	habe gezogen		hätte gezogen
wir	haben gezogen	haben gezogen		hätten gezogen
ihr	habt gezogen	habet gezogen		hättet gezogen
sie	haben gezogen	haben gezogen		hätten gezogen

	Pluperfect
ich	hatte gezogen
du	hattest gezogen
er	hatte gezogen
wir	hatten gezogen
ihr	hattet gezogen
sie	hatten gezogen

			Future Time	
	Future	*(Fut. Subj.)*		*(Pres. Conditional)*
ich	werde ziehen	werde ziehen		würde ziehen
du	wirst ziehen	werdest ziehen		würdest ziehen
er	wird ziehen	werde ziehen		würde ziehen
wir	werden ziehen	werden ziehen		würden ziehen
ihr	werdet ziehen	werdet ziehen		würdet ziehen
sie	werden ziehen	werden ziehen		würden ziehen

			Future Perfect Time	
	Future Perfect	*(Fut. Perf. Subj.)*		*(Past Conditional)*
ich	werde gezogen haben	werde gezogen haben		würde gezogen haben
du	wirst gezogen haben	werdest gezogen haben		würdest gezogen haben
er	wird gezogen haben	werde gezogen haben		würde gezogen haben
wir	werden gezogen haben	werden gezogen haben		würden gezogen haben
ihr	werdet gezogen haben	werdet gezogen haben		würdet gezogen haben
sie	werden gezogen haben	werden gezogen haben		würden gezogen haben

PRINC. PARTS: zwingen, zwang, gezwungen, zwingt
IMPERATIVE: zwinge!, zwingt!, zwingen Sie!

zwingen

to force, compel

INDICATIVE	SUBJUNCTIVE	
	PRIMARY	SECONDARY
	Present Time	
Present	(*Pres. Subj.*)	(*Imperf. Subj.*)
ich zwinge	zwinge	zwänge
du zwingst	zwingest	zwängest
er zwingt	zwinge	zwänge
wir zwingen	zwingen	zwängen
ihr zwingt	zwinget	zwänget
sie zwingen	zwingen	zwängen

Imperfect
ich zwang
du zwangst
er zwang
wir zwangen
ihr zwangt
sie zwangen

	Past Time	
Perfect	(*Perf. Subj.*)	(*Pluperf. Subj.*)
ich habe gezwungen	habe gezwungen	hätte gezwungen
du hast gezwungen	habest gezwungen	hättest gezwungen
er hat gezwungen	habe gezwungen	hätte gezwungen
wir haben gezwungen	haben gezwungen	hätten gezwungen
ihr habt gezwungen	habet gezwungen	hättet gezwungen
sie haben gezwungen	haben gezwungen	hätten gezwungen

Pluperfect
ich hatte gezwungen
du hattest gezwungen
er hatte gezwungen
wir hatten gezwungen
ihr hattet gezwungen
sie hatten gezwungen

	Future Time	
Future	(*Fut. Subj.*)	(*Pres. Conditional*)
ich werde zwingen	werde zwingen	würde zwingen
du wirst zwingen	werdest zwingen	würdest zwingen
er wird zwingen	werde zwingen	würde zwingen
wir werden zwingen	werden zwingen	würden zwingen
ihr werdet zwingen	werdet zwingen	würdet zwingen
sie werden zwingen	werden zwingen	würden zwingen

	Future Perfect Time	
Future Perfect	(*Fut. Perf. Subj.*)	(*Past Conditional*)
ich werde gezwungen haben	werde gezwungen haben	würde gezwungen haben
du wirst gezwungen haben	werdest gezwungen haben	würdest gezwungen haben
er wird gezwungen haben	werde gezwungen haben	würde gezwungen haben
wir werden gezwungen haben	werden gezwungen haben	würden gezwungen haben
ihr werdet gezwungen haben	werdet gezwungen haben	würdet gezwungen haben
sie werden gezwungen haben	werden gezwungen haben	würden gezwungen haben

INDEX

With the exception of many separable and inseparable prefix verbs,* only the verbs conjugated in this book are listed in the index. Whenever separable and inseparable prefix verbs are listed, the student is referred to the unprefixed form of the verb. Separable prefix verbs have been indicated by a hyphen (-) between the prefix and the verb. Verbs can have both separable and inseparable prefixes (for example, *aus-sprechen*—to pronounce (separable) and *versprechen*—to promise (inseparable)). In both cases the student is referred to *sprechen*. For the fully conjugated forms of separable prefix verbs, the student may refer to *an-fangen, sich an-ziehen,* and *kennen-lernen.* Among the many fully conjugated inseparable prefix verbs are *berichten, erwägen,* and *verstehen.*

Reflexive verbs are indicated by a *sich* preceding the infinitive. The reflexive pronouns of such verbs follow the pattern shown in the conjugation of *sich setzen, sich interessieren für* and *sich an-ziehen.*

Since the German verbs conjugated in the body of this book are in alphabetical order, no page numbers have been given.

* See Foreword.

English-German Verb Index

A

abandon verlassen (*see* lassen)
(to be) able, (can) können
accept an-nehmen (*see* nehmen)
advise raten
animate beleben (*see* leben)
annoy verdriessen
answer antworten (*Dat.*); beantworten (*Acc.*) (*see* antworten)
appear erscheinen (*see* scheinen)
arrive an-kommen (*see* kommen)
ask bitten um (*for something*); fragen (*a question*)
attack an-greifen (*see* greifen); überfallen (*see* fallen)
avoid meiden; vermeiden (*see* meiden)

B

bake backen
be sein; sich befinden (*see* finden)
beat schlagen; hauen
become werden
begin an-fangen; beginnen
behave sich betragen (*see* tragen); sich benehmen (*see* nehmen); sich verhalten (*see* halten)
believe glauben (*Dat.*)
belong gehören (*Dat.*) (*see* hören)
bend biegen
(to give) birth gebären
bite beissen
blow blasen
boil sieden
break brechen
bribe bestechen (*see* stechen)
bring back zurück-bringen (*see* bringen); wieder-holen
burn brennen
burst bersten
buy kaufen

C

call rufen; nennen
carry tragen
carry out hinaus-tragen (*see* tragen); vollziehen (*an order, etc.*) (*see* ziehen)
catch fangen
cheat betrügen
climb steigen
close schliessen; zu-machen (*see* machen)
come kommen
command befehlen; gebieten (*see* bieten)
commit begehen (*see* gehen)
confess bekennen (*see* kennen); gestehen (*see* stehen)
conquer überwinden
consider erwägen; bedenken (*see* denken); sich überlegen (*see* legen)
consist (of) bestehen aus (*see* stehen)
contradict widersprechen (*see* sprechen)
convalesce genesen
converse sich unterhalten (*see* halten)
crawl kriechen
create schaffen
creep schleichen
cut schneiden

D

describe beschreiben (*see* schreiben)
devour schlingen; verschlingen (*see* schlingen)
die sterben
differentiate (distinguish) unterscheiden (*see* scheiden)
dig graben
diminish schwinden; ab-nehmen (*see* nehmen)
disappear schwinden; verschwinden (*see* schwinden)

203

discuss besprechen (sprechen)
do tun
dress sich an-ziehen
drink trinken; saufen (*of animals*)
drip rinnen
drive treiben; fahren (*a car*)
drown ertrinken (*see* trinken)

E

eat essen, fressen (*of animals*)
educate erziehen (*see* ziehen)
endure ertragen (*see* tragen); aus-halten
  (*see* halten) leiden; aus-stehen (*see* stehen)
enjoy geniessen
escape entkommen (*see* kommen); entge-
  hen (*see* gehen); entfliehen (*see* fliehen)
exaggerate übertreiben (*see* treiben)
examine untersuchen (*see* suchen); ver-
  hören (*cross-examine*) (*see* hören)
exclude aus-schliessen (*see* schliessen)
experience erfahren (*see* fahren); erle-
  ben (*see* leben)
(to become) extinguished erlöschen

F

fall fallen
ferment gären
fight fechten
find finden
find out erfahren (*see* fahren); heraus-
  finden (*see* finden)
flee fliehen
flow fliessen
fly fliegen
forbid verbieten (*see* bieten)
force zwingen
forget vergessen
forgive vergeben (*see* geben); verzeihen
freeze frieren
frighten schrecken (*weak verb, aux.*
  haben)
204 (to be) frightened erschrecken

G

gain gewinnen; zu-nehmen (*weight*) (*see*
  nehmen)
get into (a vehicle) ein-steigen (*see*
  steigen)
get out of (a vehicle) aus-steigen (*see*
  steigen)
give geben
glide gleiten
go gehen
grind mahlen
grow wachsen
guess raten; erraten (*see* raten)
gush quellen

H

hang hängen
happen geschehen; vor-kommen (*see* kommen); sich zu-tragen (*see* tragen)
have haben
have to (must) müssen
hear hören
help helfen
hide verbergen (*see* bergen)
hit treffen; schlagen; hauen
hold halten

I

include ein-schliessen (*see* schliessen)
indicate hin-weisen auf (*Acc.*) (*see*
  weisen) an-zeigen (*see* zeigen)
induce bewegen
insist bestehen auf (*Dat.*) (*see* stehen);
  dringen auf (*Acc.*)
(to be) interested (in something) sich
  interessieren für
interrupt unterbrechen
invent erfinden (*see* finden)
invite ein-laden (*see* laden)
irregular weak verbs brennen; bringen;
  denken; kennen; nennen; rennen; senden;
  wenden; wissen; *and the modals* (*q.v.*)

J

jump springen

K

keep halten; behalten (*see* halten)
know wissen (*a fact*); kennen (*a person*); können (*know how to do something, v.g. speak a language*)

L

laugh lachen
learn lernen (*conjugated like* kennen-lernen *without* kennen); studieren
leave lassen; ab-fahren (*see* fahren); weg-ghen (*see* gehen)
lend leihen
let lassen
lie liegen (*be situated*); lügen (*tell a lie*)
lift heben
like gefallen; mögen; gern haben (*see* haben)
load laden
lose verlieren
love lieben
(to be) loved geliebt werden (*passive of* lieben)

M

make machen; tun
manufacture her-stellen (*see* stellen)
measure messen
meet treffen; kennen-larnen
melt schmelzen
modal auxiliaries dürfen, können, mögen, müssen, sollen, wollen
move bewegen (*often reflexive*); aus-ziehen-um-ziehen (*see* ziehen)

N

name nennen, heissen (*be named*)
need brauchen

O

object ein-wenden (*see* wenden)
offer bieten

omit unterlassen (*see* lassen); aus-lassen (*see* lassen)
open auf-machen (*see* machen); auf-schliessen (*see* schliessen)
order befehlen (*command*); bestellen (*food or goods*) (*see* stellen)
originate entstehen (*see* stehen)

P

participate teil-nehmen an (*Dat.*) (*see* nehmen)
penetrate dringen
perceive wahr-nehmen (*see* nehmen); vernehmen (*see* nehmen)
(to be) permitted dürfen (*for conjugation with a dependent infinitive see* sprechen dürfen)
play spielen
polish schleifen
pour giessen
praise preisen
pray beten
prefer vor-ziehen (*see* ziehen); lieber *and* am liebsten haben (*see* haben)
promise versprechen (*see* sprechen)
pronounce aus-sprechen (*see* sprechen)
prove beweisen (*see* weisen); nach-weisen (*see* weisen)
pull ziehen
push schieben; stossen
put stellen; legen; setzen (*see* sich setzen)

Q

quarrel streiten

R

rain regnen
read lesen
receive bekommen (*see* kommen); erhalten (*see* halten); empfangen
recognize erkennen (*see* kennen); an-erkennen (*see* kennen)
recommend empfehlen
refute widerlegen (*see* legen)

reject verwerfen (*see* werfen); zurück-
weisen (*see* weisen)
remain bleiben
repeat wiederholen
represent dar-stellen (*see* stellen); ver-
treten (*see* treten)
resemble gleichen; aus-sehen wie (*look like*) (*see* sehen)
ride reiten (*on horseback*); fahren (*in a vehicle*)
ring klingen
roast braten
rub reiben
ruin verderben
run laufen; rennen

S

salvage bergen
say sagen
scold schelten
scream schreien
see sehen
seek suchen
seem scheinen
seize greifen
select aus-lesen (*see* lesen); aus-suchen (*see* suchen)
sell verkaufen (*see* kaufen)
send senden
sense (feel) empfinden
separate scheiden; trennen
shine scheinen
shoot schiessen
show zeigen, weisen
(to be) silent schweigen
sing singen
sink sinken
sit sitzen
sit down sich setzen
sleep schlafen
sketch entwerfen (*see* werfen)
smell riechen
smile lächeln
snow schneien
solicit werben (um)
206 speak sprechen

spend aus-geben (*money*) (*see* geben);
verbringen (*time*) (*see* bringen)
spin spinnen
split spalten
sprout spriessen
stand stehen
steal stehlen
sting stechen
stipulate (set conditions) bedingen
stop halten; auf-halten (*see* halten); an-
halten (*see* halten); auf-hören (*see*
hören); stehen-bleiben (*see* bleiben)
stride schreiten
stroke streichen
struggle ringen
study studieren
subjugate unterwerfen (*see* werfen)
succeed gelingen; Erfolg haben (*see*
haben)
succumb unterliegen (*Dat.*) (*see* liegen)
suck saugen
suffer leiden
suggest vor-schlagen (*see* schlagen)
(to be) supposed to (should, ought)
sollen
supply versehen (mit) (*see* sehen)
surpass übertreffen (*see* treffen)
swear schwören
swell schwellen
swim schwimmen
swing schwingen

T

take nehmen
take place statt-finden (*see* finden)
tear reissen
think denken; sinnen
thrive gedeihen
throw werfen
tie binden
transfer versetzen (*see* stezen)
translate übersetzen (*see* sich setzen);
übertragen (*see* tragen)
travel fahren
try versuchen (*see* suchen)
turn wenden
turn out (well or badly) geraten

U

understand verstehen
undress sich aus-ziehen (*see* sich an-ziehen)
use gebrauchen (*see* brauchen); verwenden (*see* wenden)

V

(to be) valid gelten
visit besuchen

W

walk (zu Fuss) gehen; laufen; schreiten; treten

want wollen; mögen
wash waschen
wear (clothes) tragen; an-haben (*see* haben)
weigh wiegen
whistle pfeifen
win gewinnen
work arbeiten
write schreiben

Y

yield ergeben (*result*) (*see* geben); nach-geben (*give way to*) (*see* geben); weichen